KB253903

번역과 반역의 갈래에서

인문과 비판 정신이 녹아 있는 개혁 신앙의 부활을 꿈꾸며

어느 번역가의 인문이 담긴
영 / 성 / 이 / 야 / 기

번역과
반역의
갈래에서

박 규 태 지음

Holy
WavePlus

어릴 때 자주 꾼 꿈이 있습니다. 프랑스 작가 쥘 베른Jules Verne(1828-1905)이 쓴 『15소년 표류기』[1]에 나오는 슬라우기Slaugi호 같은 범선을 타고 태평양을 항해하며 무인도를 탐험하는 꿈이었죠. 지금도 가끔씩 그런 범선을 타고 항해하는 꿈을 꿉니다. 3년 전 멕시코 해군 훈련선인 범선 꾸아떼목호[2]가 인천에 왔을 때도 한걸음에 달려가 구경하면서 "이 배를 타고 저 큰 바다들을 누비고 싶구나!"라는 생각을 했죠. 하지만 이제는 슬라우기호나 꾸아떼목호 같은 범선을 타는 꿈보다 더 근사한 꿈들을 많이 꿉니다. "모든 국민을 고귀한 인격체로 끌어올리는 의로운 정치, 선지자의 음성 같은 설교가 울려 퍼지는 교회, 19금 본문도 제대로 살려낸 성경 번역, 인간다움을 지향하는 인문 정신이 살아 있는 세상"을 소망하는 꿈들을 꾸죠. 이 책은 그런 꿈들을 스물네 꼭지 이야기 속에 담아놓은 꿈 덩어리입니다.

꿈 덩어리를 담은 이야기에 반역이라는 테마를 갖다 붙였으니 제가 봐도 좀 엉뚱합니다. 사실 요새같이 어이없고(상식이 통하지 않고) 무서운(말 한 마디 잘못해도 잡아가는) 세상에서는 좀 거시기한 일이죠. 그러나 꿈이 있는 사람은 반역할 수밖에 없다는 생각이 듭니다. 꿈은 현실의 반대쪽, 현재의 건너편에 있습니다. 그 꿈에는 현실에서 볼 수 없는 정의와 평화, 화해와 진실이 있고 아름다움이 있습니다. 추함이 있고 갈등과 거짓, 다툼과 불의가 만연한 현실 속에서 살아가는 우리는 저 건너편에 있는 꿈이 우리 현실이 되기를 간절히 바랍니다. 그 꿈을 우리가 있는 쪽으로 어서 데려와 우리 현실로 만들고 싶어 하죠. 저는 그 바람이 우리 모든 이의 말로, 실천으로 나타난 것을 반역이라 부르고 싶습니다. 꿈을 뒤집어 현실로 만드는 것! 그것이 곧 반역인 셈이죠. "번역은 반역"이라는 말이 있는데, 번역을 한다는 사람이 반역을 테마로 삼은 이야기들을 쓰고 보니, 이 책이 꼭 우연만은 아니라는 생각이 드네요.

이 이야기 속에다 일부러 이 반역하는 번역자가 살아가는 이야기도 집어넣었습니다. 사실 이런 반역을 저지르는 번역자가 어떻게 살아가는지 아시는 분들이 별로 없거든요. 가령 우리 동네 분식집 주인아주머니는 제가 대낮에 순대와 튀김을 사러 가면 "뭔 남자가 대낮에 일도 안하고 순대나 사러 오나?" 하는 표정으로 바라보십니다. 집배원 아저씨는 외국에서 온 책 소포를 전해주시면서 반바지와 러닝셔츠 차림으로 뛰어나온 흰머리 남자를 보고 "이런 남자가 왜 외국에서 이런 소포를 받지?"라며 의아해하셨죠. 이분들이 이 책을 읽어보실 확률은 높지 않지만, 그래도 아마 이 이야기를 읽어보신다면, 제가 낮에도 순대나 튀김을 사러가도 생계를 꾸릴 수 있다는 것을, 대낮에 집에서 반바지와 러닝셔츠 차림으로 소포를 받는 사람이라도 외국에서 책 소포를 받을 수 있는 사람이라는 것을 아실 수 있으리라 믿습니다.

이 책은 독자 여러분께 들려드리는 이야기이기에 정성스럽게 썼습니다. 이야기라는 이름에 어울리지 않게 상세하고 유익한 정보를 담은 주註들과 흥미로운 사진들도 많이 넣었습니다. 부족함이 많은 책이지만, 그래도 한 번 읽고 나서 아무 미련 없이 헌책방에 팔아버리는 책, 이사 갈 때 폐지를 수집하는 동네 할머니께 기꺼이 무상 기증하는 책이 아니라, 가끔은 다시 꺼내서 읽어보고 싶은 책이 되었으면 하고 감히 바랄뿐입니다. 꿈의 뒤편에는 가슴 아프고 괴로운 현실이 있기 마련입니다. 어서 빨리 그런 현실을 벗어나 이 책에서 이야기하는 꿈들이 현실이 되었으면 합니다. 그리하여 더 이상 여기서 말하는 꿈들을 꿈이라고 이야기하는 일이 없기를 바랄 뿐입니다. 어쨌든 서론이 길면 지루한 법! 저도 어서 이야기를 들려드리고 싶어 입이 근질근질하니 빨리 첫 이야기로 가보실까요? 부디 재미나게 읽어주시길!

2012년 여름
박규태 드림

• 주

1. 원래 제목은 『2년의 휴가*Deux ans de vacances*』랍니다. 『15소년 표류기』는 일본 사람들이 이 책을 번역하며 멋대로 붙인 이름이죠. 사실 내용을 보면, 표류는 잠깐이요 체어맨Chairman 섬에 도착하여 2년 동안 생활한 이야기를 다룬 것이니, 기왕 제목을 바꾸려 했다면 『15소년의 체어맨 섬 모험기』로 바꾸는 게 낫지 않았을까요?

2. 멕시코 해군 훈련선인 꾸아떼목호입니다. 슬라우기호보다 9배나 더 큰 1,800톤급입니다. 꾸아떼목Cuauhtémoc(1495-1525)은 멕시코 아즈텍 제국의 마지막 황제이며, 이 이름의 뜻은 "독수리처럼 내려온 사람"입니다.

제1부

반역 이야기

은둔자처럼 살았지만 쏟아내고 싶은 이야기들이 많았습니다. 부족한 이야기지만 그중 몇 자락만 추려 여러분께 들려드립니다. 이런 이야기는 마당에서 판을 벌여놓고 몸짓과 추임새가 오고가며 나누어야 하는데, 아쉬운 대로 여기서 이야기판을 벌여봅니다.

"나는 꼼수다"보다 더 통렬한

"나는 꼼수다"가 장안의 화제입니다. 저는 솔직히 "나꼼수"를 다 들어보지는 않았습니다. 어찌하다 찬송가 747장 〈내곡동 가까이〉라는 노래를 들어본 정도죠. (얼른 들어도 이 747이 보잉 747은 아니라는 것을 알겠더군요. 참고로 한국 찬송가공회가 1983년에 펴낸 찬송가는 찬송이 558장까지, 그 이전에 사용했던 새찬송가는 671장까지, 가장 최근에 발행된 21세기 찬송가는 645장까지 들어 있습니다. 지나가는 소리입니다만 어째서 찬송가는 새로운 찬송가가 나올수록 더 안 좋아지는지 모르겠네요. 찬송가도 돈과 명예를 노리는 정치 목사들의 교회 정치에 희생당한 탓이 아닌지!) 노래를 듣는 순간 배꼽을 잡고 웃었습니다만, 시간이 지나 생각해보니 "나꼼수"가 존재하고 〈내곡동 가까이〉가 등장하는 이 현실이 안타깝고 비참했습니다. 두 가지 이유 때문이었죠. 첫째 이유는 "나꼼수"라는 풍자 비판 언론이 그런 형태로 나타날 수밖에 없는 상황 때문입니다. 권력을 쥔 자는 썩었고 권력을 비판하고 감시하며 바로잡아야 할 언론 역시 함께 썩어 제 역할을 하지 못하는 세상이 되었습니다. 정치를 한다는 인간들이 제구실을 했으면 애초에 이런 욕을 얻어먹지 않아도 되었을 터이요, 언론이 자기 할 일을 했으면 굳이 "나꼼수"가 나설 필요도 없었겠죠. 국민들은 마치 먹은 음식이 체하여 답답하기 이를 데 없는 심정으로 몇 해를 지내다가 이제야 속 시원히 할 말을 해주는 대변인이 나타나니 체증이 확 뚫린 기분일 겁니다.

사실 "나꼼수"가 등장하여 국민들을 확 사로잡은 이유가 무엇일지 생각해보니 그 이유 역시 두 가지인 것 같았습니다. 하나는 "무엇이든 딱 부러지게 이야기한다"는 것이었습니다. 학식을 갖춘 사람들은 쉬운 말도 빙빙 돌려 어렵게 이야기할 때가 많습니다. 게다가 어린 학생도 알 만한 옳고 그름의 기준에 비추어 볼 때 옳은 것은 분명하게 옳다 하고 그른 것은 딱 부러지게 그르다 해야 하는데, 학식깨나 있다는 사람들이 나서면 무슨 일이든 시원하게 결판나는 법이 없습니다. 늘 모호하게 끝나죠. 그런데 나꼼수는 탁 까놓고 "옳은 것은 옳다, 그른 것은 그르다"고 말하는 것 같더군요. 한마디로 화끈한 거죠. 그러니 듣는 이들은 "속이 다 시원하다"는 느낌이 들었을 겁니다.

다른 하나는 "소위 보수 언론의 교묘한 위선僞善에 진저리가 났기 때문"일 것입니다. 작년에 이런 일이 있었습니다. 땡땡일보(한국의 가장 대표적인 보수 우파 신문입니다)가 오래전에 타계한 프랑스 철학자 레이몽 아롱Raymond Aron(1905-1983)을 들먹이며, 소위 "강남 좌파"라는 사람들은 역사의 진실도 인정하지 않는 인간들, 대한민국 정부는 비판하면서 북한은 비판하지 않는, 사르트르Jean Paul Sartre(1905-1980) 같은 인간들이라고 악담을 퍼부은 일이 있었습니다. 철학자 레이몽 아롱은 사실 좀 생소한 인물입니다. 하지만 그가 쓴 『지식인의 아편』(한국에는 안병욱 선생이 번역하여 삼육출판사에서 펴낸 번역서가 나와 있습니다. 아롱이 1950년대에 쓴 책이긴 하지만 흥미롭게 읽을 만한 책입니다. 특히 소위 좌파와 우파라는 개념이 서유럽 사회에서는 분명 우리가 생각하는 그런 "단순한"

개념이 아니라는 것을 확실하게 알려주는 책입니다)이라는 책은 꽤 이름이 있지요. 마르크스는 종교를 인민의 아편이라고 규정했는데, 아롱은 도리어 지식인들이 마르크스주의라는 아편에 빠져 균형 있는 판단력을 잃었다고 비판했습니다. 아마도 땡땡일보는 이런 점을 빙자하여 "봐라, 프랑스의 대철학자 레이몽 아롱도 균형 있는 비판을 강조했는데, 소위 지식인이라는 너희 강남 좌파는 왜 우리는 비판하면서 북한은 비판하지 않느냐?"라고 문제를 제기하는 것 같았습니다.

맞습니다. 레이몽 아롱은 "옳고 그름을 판단할 때 무조건 한쪽만이 옳고 다른 한쪽은 그르다"라고 말하는 태도를 문제 삼았습니다. 아롱이 『지

20세기 프랑스 우파 지성을 대변한 레이몽 아롱. 레이몽 아롱이 대변한 우파 지성을 우리나라에서 찾는다면, 일제 때는 항일 독립 투쟁을 벌이고 한국 전쟁 때는 공산주의에 맞서며 박정희, 전두환 독재 정권 시절에는 독재에 맞서 민주주의를 지키려고 투쟁한 인물이 들어맞을 것입니다. 아마도 돌아가신 김준엽金俊燁 선생(1920-2011)이나 장준하張俊河 선생(1918-1975)이나 리영희李泳禧 선생(1929-2010)이 그에 어울리는 인물일 것입니다.

식인의 아편』이라는 책을 써냈던 1950년대 중반, 프랑스 좌파 지식인들은 소련과 마르크스주의를 무턱대고 두둔하는 성향이 있었습니다. 그런데 소련이 헝가리를 침공하여 (1956년) 한 나라를 짓밟고 공산독재체제를 강요하는데도 이런 지식인들이 침묵으로 일관했습니다. 아롱은 그런 태도를 보면서 이렇게 문제를 제기했습니다. "자본주의 아래에서 나타나는 억압과 부조리, 모순을 예리하게 비판하는 지식인이라면, 평등과 프롤레타리아 해방을 외치면서도 탄압과 독재를 자행하는 마르크스주의 소련에게도 같은 비판을 해야 한다"(아롱은 『지식인의 아편』에서 나치즘과 파시즘이 사이비 우익이라면 스탈린주의는 사이비 좌익이라고 비판합니다). 여기까지 놓고 보면 땡땡일보가 한 말이 맞는 말 같습니다.

그러나 문제는 그 다음입니다. 레이몽 아롱은 인간을 억압하고 인간의 존엄을 억누르는 모든 억압과 구조와 부조리에 반대했습니다. 마르크스주의든, 히틀러의 나치즘이나 무솔리니의 파시즘이든, 혹은 자본주의든, 그것이 인간을 억압하고 인간의 존엄을 억누르는 한, 지식인은 그 모든 것에 똑같은 반대 목소리를 내야 한다고 주장했던 것이지요. 그는 그런 신념을 가지고 있었기에, 마르크스주의가 지배하는 소련이 저지르는 억압과 일당 독재를 날카롭게 비판했습니다. 그러나 그는 동시에 자신이 제2차 세계대전 때 동지로 지지했던(아롱은 제2차 세계대전 때 나치에 저항한 프랑스 저항군, 곧 레지스탕스에 참여했습니다) 드골 정부가 독재 성향을 띠자, 드골에게도 날선 비판을 가했습니다. 아롱은 프랑스가 지배하던 알제리가 독립 전쟁을 펼칠 때 알제리를 독립시켜야 한다고 주장했는데, 이런 주장도 말하자면 약자를 억압하는 강자의 횡포를 용납할 수 없다는 그의 사상을 일관되게 적용한 결과였습니다. 레이몽 아롱이 정녕 말하려 했던 것은 그것이었습니다.

그렇다면 결국 땡땡일보는 레이몽 아롱을 거론할 자격이 없는 셈입니다. 일제 강점기 때는 일본에 충성하고 박정희, 전두환 같은 독재자들이 정권을 잡았던 시절에는 이런 독재자들을 찬미해놓고 이제 와서 강남 좌파만 물고 늘어지는 것은 그야말로 위선 아니겠습니까? 자기들이야말로 무지몽매한 백성들에게 진실을 이야기하여 이 어리석은 백성들을 깨우쳐 주어야 할 참 지식인인 것처럼 행세하지만, 그들이 들먹이는 레이몽 아롱 기준에 비춰보면 이들이야말로 위선자일 뿐입니다. 이제는 국민들도 땡땡일보만큼 알 것 다 알고 혹은 땡땡일보보다 더 위에 있는데, 그 사실을 땡땡일보만 모르는 것이 아닌가 하는 생각이 듭니다. 사람들은 "땡땡일보와 친구들"이라는 그룹이 벌이는 위선 퍼포먼스에 이제 질려버렸습니다. 그러다 보니 자연히 "나는 꼼수다"처럼 얼굴도 그리 잘 생기지 않고 춤도 잘 못 출 것 같은 네 사람으로 이루어진 이 늙은 아이돌 그룹에게 마음을 준 것이죠.

"나꼼수"가 존재하고 〈내곡동 가까이〉가 등장하는 이 현실이 안타깝고 비참한 둘째 이유는 사실 더 비참합니다. 언론이 권력을 쥔 자들을 감시하고 비판하며 바로잡지 못하면 교회라도 "나는 꼼수다" 방송이 되었어야 했는데 교회가 오히려 "나는 꼼수다"에게 욕을 얻어먹는 대상이 되어버렸기 때문입니다. 사실 〈내곡동 가까이〉만 해도 그렇습니다. 성경을 뒤져보면 백성을 괴롭히고 억압하며 제 욕심만 챙기는 사악한 통치자를 이 〈내곡동 가까이〉보다 더 통렬하게 비판하는 내용이 곳곳에서 등장합니다. 한 예를 들어보겠습니다. 구약 시대 이스라엘 왕국은 솔로몬의 아들인 르호보암 시대에 북방 이스라엘과 남방 유다로 갈라집니다. 통일 이스라엘이 쪼개진 내막을 살펴보면 우리가 지혜를 상징하는 왕으로 알고 있는 솔로몬의 혹독한 정치가 그 원인이었음을 알 수 있습니다. 솔로몬은 처음에는 정치를 잘하더니 시간이 흘러갈수록 여색女色에 빠지고 재물에 눈이 멀었습니다. 성경을 읽어보면 그가 13년이나 걸려 지었다는 궁궐이 얼마나 으리으리했는지 잘 알 수 있습니다(열왕기상 7장). 결국 이런 으리으리한 건물들을 지을 인력과 돈이 어디에서 나왔겠습니까? 다 백성들의 피땀이었습니다. 솔로몬이 죽고 그 아들 르호보암이 왕이 되자 마침내 백성들이 새 왕에게 백성을 괴롭히는 혹독한 통치를 그만하라고 요구합니다(열왕기상 12:1-5). 그러나 르호보암은 백성들을 무시하고 더 혹독하고 무섭게 통치하라는 자기 측근들의 말에만 귀를 기울입니다(12:10-15). 결국 그는 인심을 잃었고 이를 계기로 이스라엘 열두 족속 가운데 열 족속이 르호보암을 떠나 이스라엘이라는 독자 왕국을 세웁니다.

이탈리아 구약학자인 알베르토 소진Alberto Soggin(1926-2010)은 그가 쓴 책에서 아주 흥미로운 말을 했습니다. 그는 르호보암에게 가혹한 통치를 중단하라고 요구한 백성들은 통일 이스라엘 왕국의 북쪽 지방 사람들이었을 것이라고 추측합니다. 그 이유는 남쪽 유다 지파 출신인 솔로몬이 자기 출신 지파인 남쪽 유다 사람들만 우대하고 북쪽 이스라엘 사람들을 차별하는 정책을 실시하여 북쪽 사람들을 괴롭혔기 때문에 남쪽 유다 사람들은 솔로몬을 지지하고 북쪽 사람들은 솔로몬에 반감을 품었기 때문이라는 것이죠.[1] 못된 통치자들이 지역 차별 정책이라는 꼼수를 써 먹는 것은 예나 지금이나 똑같나 봅니다. 독일 구약학자인 마르틴 노트Martin Noth(1902-1968)도 이런 솔로몬의 정책 때문에 통일 이스라엘 왕국은 말만 통일 국가였지 이미 두 쪽 나 있었으며 르호보암 시대에 북방 이스라엘과 남방 유다로 갈라진 것은 이미 갈라진 집안이 드러내놓고 딴 살림을 차린 거라고 봅니다.[2] 이렇게 두 쪽 난 이스라엘 왕국은 서로 대립하다가 북방 이스라엘은 기원전 722년에 앗수르(앗시리아) 제국에게 멸망당하고 남쪽 유다도 권력자들이 저지르는 온갖 부패와 외세 침략에 시달리다 멸망하는 길로 치닫습니다.

그러다가 기원전 639년에 요시야라는 훌륭한 왕이 등장합니다. 요시야는 기울어가는 나라를 바로 세워보려고 왕위에 오른 지 11년이 흐른

네덜란드 화가 렘브란트Rembrandt van Rijn(1606-1669)가 그린 〈예루살렘 멸망을 예언하며 탄식하는 예레미야〉. 렘브란트가 24세 때인 1630년에 그린 작품입니다.

뒤부터(즉 기원전 628년부터) 크나큰 개혁을 과감히 실시합니다. 성전을 비롯한 종교 제도를 개혁하고 정치도 바로잡습니다. 백성들에게 선한 정치를 베풀려고 노력하지요(요시야의 개혁 정치는 열왕기하 22-23장이 잘 설명해놓았습니다).

그러나 그런 요시야도 기원전 609년 강국이던 이집트와 전쟁을 벌이다 므깃도에서 파라오인 네코(성경에서는 "느고"라 말합니다. 재위 기원전 609-594년)에게 죽고 맙니다. 이로 말미암아 유다도 이집트가 쥐락펴락하는 꼭두각시가 되고 말죠. 처음에 유다 백성들은 요시야의 아들 여호아하스를 왕으로 세웠으나 이집트 파라오 네코는 곧바로 그를 왕위에서 몰아내고 요시야의 또 다른 아들 여호야김(재위 기원전 608-598년)을 꼭두각시 왕으로 세웁니다. 그런데 이 꼭두각시 왕 여호야김은 강국인 이집트 비위를 맞추며 이집트에게 온갖 것을 갖다 바치면서도 제 뱃속을 채우며 동포들을 괴롭히고 억압하기에 바빴습니다. 아방궁 같은 저택을 짓고 말할 수 없는 사치를 일삼았죠. 유다 백성들의 눈에서는 피눈물이 났을 겁니다. 바로 이때, 기원전 627년에 하나님이 당신 말씀을 이 유다 백성들에게 전할 자로 불러 세우신 선지자 예레미야가 나섭니다. 예레미야는 이 썩은 왕과 어처구니없는 나라를 향한 하나님의 무시무시한 진노를 이런 소름 끼치는 말로 대변합니다.

옳지 않은 방법으로 제 집을 짓고
속여서 빼앗은 돈으로 제 누각을 짓는 이 썩을 놈아!
동족에게 일을 시키고도 품삯을 안 주다니!
"집은 넓게 짓고 누각은 시원하게 꾸며야지" 하면서
창살은 최고급 송백나무(백향목, 레바논 산 최고급 목재입니다)로 만들고
칠까지 멋지게 했다만,
네가 최고급 송백나무를 쓰면 그것이 곧 왕 노릇인 것 같으냐?
네 아비(너보다 앞서 왕을 한 네 아비, 유다의 마지막 개혁자 요시야 왕을 말합니다)는
법과 정의를 펴면서도 먹을 것을 먹고 마실 것을 마시며 잘 살지 않았느냐?

가난하고 궁핍한 자를 변호하면서도 형통하지 않았느냐?

그것이 바로 나 야웨를 아는 지식이 아니냐?

그런데 너는 오로지 탐욕뿐이구나.

그저 죄 없는 사람의 피를 흘리게 하고,

백성들을 억압하고 들볶을 생각만 하는구나.

그래서 야웨께서 유다 왕 요시야의 아들 여호야김을 놓고 이렇게 말
씀하셨다.

네가 죽어도 "가엾어라 우리 형님, 가엾어라 우리 누님"이라 곡하며

슬퍼할 사람이 없으리라.

"불쌍해라 우리 임금, 불쌍해라 우리 왕비"라 곡하며

슬퍼할 사람이 없으리라.

그냥 예루살렘 성문 밖으로 끌어내다

죽은 나귀 묻듯이 묻어버리리라.

(예레미야 22:13-19; 공동번역과 개역개정판 본문을 좀더 쉽게 바꿨습니다)

말하자면 그저 백성을 들볶고 괴롭히고 억압하던 이 여호야김이라는
왕이 천년만년 살 것처럼 백성들을 늑탈한 돈으로 최고급 건축재를 동원
하여 으리으리한 저택을 지었습니다. 그런데 그렇게 백성들을 부려먹고
도 이 백성들의 생계 밑천인 품삯까지 떼먹은 것입니다. 이 얼마나 기막
힌 일입니까? 『춘향전』을 보면 암행어사가 된 이몽룡이 탐관오리인 남원
부사南原府使 변학도 생일잔치에서 변학도 때문에 괴로움을 겪는 백성들의
실상을 절절히 묘사한 시가 한 수 나옵니다.[3] 그래도 이 한시漢詩는 비유
를 사용하기라도 했지만, 예레미야가 퍼붓는 비판은 그야말로 대놓고 하
는 비판인지라 듣는 이가 소름까지 돋을 정도입니다.

이 시대 한국 교회는 성경을 하나님 말씀이라 부르고 믿습니다. 그렇다

면 "나꼼수"가 〈내곡동 가까이〉 같은 풍자 비판 노래를 만들어 부르기 전에 교회가 먼저 예레미야가 2,600년 전에 준엄한 목소리로 외쳤을 저 말씀을 따라 선포했어야 하지 않을까요? 당연히 하나님의 시각을 따라 하나님의 심정으로 하나님 말씀을 그대로 선포했어야 하지 않을까요? 이제 한국 교회는 너무 비참해져버렸습니다. 권력을 쥔 자들, 부를 쥔 자들을 교회의 윗자리에 앉혀놓고 이들이 연보하는 돈으로 목사들이 배 부르다 보니 예레미야와 같은 음성은 사라져버렸습니다. 권력과 부를 쥔 자들과 교회 사이에는 서로 감싸주는 **썩은 동업관계**가 만들어졌습니다. 이제 사람들은 권력을 쥔 자들의 부패를 꾸짖는 선지자의 음성이 교회가 아니라 "나꼼수"에서 울려 퍼지는 이 어이없는 현실을 그냥 당연하게 받아들입니다. 오히려 그런 음성을 교회에서 들으려 하지 않고 "나꼼수"에서 들으려 합니다. 이 현실이 그대로 이어진다면 아마 저 여호야김처럼 이 시대 한국 교회, 특히 한국 목회자들이야말로 예루살렘 성문 밖으로 내쳐져 죽은 나귀 묻듯이 묻힘을 당하는 신세가 되지 않을지 두려운 마음이 듭니다. 교회는 예수 그리스도와 동업하는 곳이지 세상 권력과 부를 자랑하는 부패한 자들과 동업하는 곳이 아닙니다. 이제라도 교회 안에서 "나꼼수"보다 준엄한 하나님의 목소리가 울려 퍼져야 할 텐데, 정말 이 나라 교회가 어디로 가는지 걱정입니다. 교회가 이런 불의를 보고도 계속 침묵한다면 나꼼수가 조만간 찬송가 747장에 이어 찬송가 748장 〈가카를 찬양〉이라는 찬송을 발표하고 "가카를 찬양, 가카를 찬양, 가카를 찬양합시다. 가카를 찬양, 가카를 찬양, 가카를 찬양합시다. 할렐루서!(여기서 "서"는 한자로 鼠입니다) 할렐루서!"[4]를 부르지 않을까요? 제발 이런 일이 일어나지 않기를 바랍니다. 한국 교회가 "**나꼼수보다 더 통렬한**" 선지자의 목소리를 토해내는 날이 어서 속히 임하기를!

• 주

1. Alberto Soggin, *Storia d'Israel* (Brescia: Paideia, 2002), 254.

2. Martin Noth, *Die Welt des Alten Testaments* (Berlin: Alfred Töpelmann, 1962),
   86-89.

3. 금준미주천인혈(金樽美酒千人血)

   옥반가효만성고(玉盤佳肴萬姓膏)

   촉루락시민루락(燭淚落時民淚落)

   가성고처원성고(歌聲高處怨聲高)

   금잔의 달콤한 술은 천 사람의 피요

   옥그릇의 기막힌 안주는 만백성의 기름이라.

   촛농이 떨어질 때 백성의 눈물도 떨어지고

   노래 소리 높은 곳에 원망의 소리도 높더라.

   (『춘향전』[서울: 삼중당, 1984], 166)

4. 본디 이것은 "예수를 찬양, 예수를 찬양, 예수를 찬양합시다. 예수를
   찬양, 예수를 찬양, 예수를 찬양합시다. 할렐루야! 할렐루야!"라는 복
   음성가입니다. "할렐루야"는 본디 히브리어로 "할랄루야halalūyāh"입니
   다. "할랄루"는 "너희는 크게 기뻐하며 찬송하라"는 의미를 가진 말로
   서 히브리어 어근 hll의 Piel형인 힐렐hillēl의 남성, 복수, 명령형이고, 끝
   의 "야yah"는 하나님 야웨를 가리키는 줄임말입니다. 따라서 히브리어
   할랄루야는 "야웨를 크게 기뻐하며 찬송하라"는 뜻이, 할랄루서는 "서
   鼠를 크게 기뻐하며 찬송하라"라는 말이 되지요. 참고. *Wilhelm Gesenius*
   Hebräisches und Aramäisches Handwörterbuch über das Alte Testament, 17.
   Aufl.(Leipzig: F. C. W. Vogel, 1921), 182, 289.

19금 이야기는 19금답게 번역해야지, 이게 뭡니까?

예전에 〈시네마 천국〉이라는 영화가 있었습니다. 그 영화를 보면 주인공 토토가 어린 시절을 보냈던 마을에서 그 마을 교구를 담당하는 신부가 동네 영화관에서 상영할 영화의 표현 수위를 사전 검열하는 장면이 나옵니다. 신부는 동네 영화관에서 상영할 영화를 미리 보고 야한 노출 장면이나 키스 장면이 나오면 여지없이 종을 흔들어 그 장면을 삭제하라고 지시합니다. 그러면 꼬마 토토의 우상인 영화기사 알프레도는 군말 없이 그 부분에 표시를 해두었다가 필름을 잘라내죠. 관객들은 이렇게 신부가 검열한 영화를 보면서 늘 아쉬움과 항의가 뒤섞인 함성을 쏟아냅니다. 아슬아슬 절정을 향해 치닫는 순간에 단 한 번도 짜릿한 그 장면들을 못 보고 그냥 맥없이 밋밋한 다음 장면으로 넘어가야 하기 때문이죠. 그 동네에서 그 짜릿한 장면들을 모두 본 사람은 검열하는 신부와 알프레도뿐입니다. 알프레도는 자신을 따랐던 토토에게 그렇게 잘라낸 야한 장면들을 모두 모아 한 필름으로 편집하여 선물하고 세상을 떠납니다. 어른이 된 토토가 알프레도가 편집한 영화 장면들을 보는 그 장면은 배경음악과 더불어 〈시네마 천국〉을 보고 또 봐도 질리지 않는 영화로 만들어주었습니다. 지금도 가끔 그 마지막 장면을 생각하면 가슴이 찡할 때가 있습니다.

그런데 저는 성경을 읽을 때 가끔씩 신부가 검열한 삭제판 영화를 보았던 토토 동네 사람들 심정을 느낄 때가 있답니다. "찐한" 장면을 맹맹한 번역어로 처리하여 그 장면이 전하려 하는 분위기나 의미를 제대로 전하지 못하는 경우들이 있기 때문입니다. 말하자면 소위 "19금禁 장면들"이 그런 경우죠. 가령 창세기 26:8 같은 곳이 그런 예입니다. 이 구절에서 개역개정판은 "이삭이 그 아내 리브가를 껴안았다"라고 번역해놓았습니다. 그런데 이 번역은 본디 19금인 히브리어 본문을 모든 연령이 읽을 수 있는 장면으로 바꿔놓은 대표 사례입니다. 어쩌면 머리에 피도 안 마른 이팔청춘 춘향과 몽룡이가 첫날밤을 치르는 장면을 묘사해놓은 『춘향전』만큼이나 찐한 장면인데 물을 섞어도 너무 많이 섞어 아무 맛도 나지 않는 장면으로 바꿔버린 거죠. 본디 히브리어 본문은 블레셋 왕 아비멜렉이 창밖을 내다보다 발견한 이 장면을 이렇게 표현해놨습니다. "저게 뭐야? 이츠하크(이삭)가 그 아내 리브카(리브가)를 애무하며 서로 사랑을 나누고 있네!"1 아비멜렉은 놀랐습니다. 이삭은 분명 이 아리따운 리브가를 자기 누이라고 소개했는데(7절), 지금 보니 이 둘이 오라버니와 누이 사이에서는 도저히 할 수 없는, 오로지 부부 사이에나 가능한 19금 행위를 하고 있었기 때문입니다. 어쩌면 개역개정판을 번역하신 분들은 이 대목 히브리어 본문을 본 순간 모두 합심하여 〈시네마 천국〉의 그 신부처럼 요란하게 종을 흔들었을지도 모르겠습니다("공동번역"과 "새번역"은 "애무하다"로 번역해놓았습니다).

사실은 개역개정판이 이 "애무하며 사랑을 나누다"라는 19금 동사를

마을 영화관에서 상영할 영화를 사전 검열하는 신부님. 키스 장면이 나오자 저런 장면은 용납할 수 없다며 삭제하라고 열나게 종을 흔들어댑니다. 신부님은 다 보고 마을 사람들은 못 보게 하는 저 심술! 이래서 사전 검열이 있으면 안 됩니다.

맹맹하게 번역한 곳이 또 있습니다. 창세기 39:14, 17이 바로 그곳입니다. 이곳은 이집트 파라오 친위대장의 부인이 준수한 외모를 가진, 어쩌면 그 시대 이집트를 사로잡은 히브리류("한류"를 본뜬 말입니다)의 원조였을지도 모를 요셉을 유혹하다 실패하자 도리어 요셉이 자기를 겁탈하려 했다고 모함하는 장면입니다. 그런데 가령 17절을 보면 이 웃긴 여자가 요셉을 자기 남편에게 고발하며 이렇게 말합니다. 개역개정판을 그대로 옮겨봅니다. "당신이 우리에게 데려온 히브리 종이 나를 희롱하려고 내게로 들어왔어요!" 이게 뭡니까? 아니 이렇게 중대한 사건을 이렇게 얌전한(!) 말로 고발한단 말입니까? 여기에서도 더 생동감 있게 히브리어 본문을 번역해보면 이렇게 옮길 수 있습니다. "그 히브리 종놈, 당신이 우리에게 데려온 그놈이 내게 와서(내 방에 들어와서) (당신이 내게 하듯이) 나를 애무하려고(애무하고 겁탈하려고) 했단 말이예요!"(번역해놓고 보니 사실은 이것도 좀 강도가 약하네요! 괄호 안은 이 본문의 의미를 더 살려보려고 제가 집어넣은 것입니다) 말하자면 이 여자는 지금 단지 "희롱했다"는 말로 요셉을 고발하는 게 아니라, 요셉이 부부 사이에나 할 일을 자기에게 하려 했다는 말로 고발하는 겁니다. 표현 강도가 엄청나게 센 셈이죠().

이 파라오 친위대장의 아내라는 여자는 요셉을 유혹하여 정욕을 채우려다 실패했으니 아마도 분한 마음, 무시당했다는 마음이 가득했을 겁니다. 게다가 혹시라도 요셉이 이 일을 자기 남편에게 이야기라도 하는 날이면 자기는 끝장이라고 생각했겠죠. 그러니 분명 요셉을 확실하게 제거하여 뒤탈이 없게 해야겠다고 마음먹었을 겁니다. 그랬다면 분명 그 남편이 요셉에게 엄청나게 분노하게 만들어야 했을 테니, 그저 "희롱했다"나 "농락했다"는 표현 정도로 그치지 않고 아주 생생하고 적나라한 표현으로 요셉을 고발했을 겁니다. 그런데 개역개정판은 이런 표현을 그냥 두루뭉술하게 번역하여 독자들이 이 장면을 제대로 읽어낼 수 없게 만들어놓고 말았습니다. 좀 어이가 없죠.

말이 나왔으니 이삭 이야기를 좀더 해야겠습니다. 아브라함-이삭-야곱-요셉을 비롯한 야곱의 아들들로 이어지는 네 대四代를 살펴보면, 역시 이삭이 부부 금슬이 제일 좋지 않았나 하는 생각이 듭니다. 여러 가지 이유가 있었을 겁니다. 아브라함은 이삭을 낳기 전에 아내 사라가 그에게 준 여종 하갈과 동침하여 아들 이스마엘을 낳습니다(이때는 아브라함 이름이 아브람, 사라는 사래였습니다: 창세기 16장). 그러나 이 일은 아브라함 집안에 큰 풍파를 몰고 왔죠. 하갈은 자신이 주인의 아들을 잉태했다는 것을 내세워 여주인 사래를 능멸했습니다. 분노한 사래는 아브람에게 이를 고발합니다. 아마도 엄청난 분노와 히스테리를 쏟아부었을 겁니다. 아브람은 이런 아내 모습에 겁을 먹었는지, 아니면 놀랐는지, 이렇게 말합니다. "그 여종은 원래 당신 여종이잖아요. 당신 마음대로 해요." 사래는 하갈을 학대했고 하갈은 도망칩니다. 그러나 결국 하갈은 여주인 사래에게 복종하라는 야훼 하나님의 명령을 받고 돌아와 이스마엘이라는 아들을 낳습니다.

하지만 이후에 벌어지는 일들을 보면 하갈이 이스마엘을 낳은 일은 아브라함 집안에서 내내 분란거리였습니다. 사라가 이삭을 낳은 뒤에도 마찬가지였죠. 아브라함은 "이삭이야말로 내 뒤를 이을 아들이지만 이스마엘도 내 핏줄"이라는 심정으로 늘 모호한 태도를 취했습니다. 아마도 이 때문에 사라는 더 분을 냈을 겁니다. "당신 아들이 누구인지 확실하게 말해요! 이삭이에요, 아니면 저 하갈이라는 네 가지 없는 얘가 낳은 이스마엘이에요?" 아브라함은 사라로부터 이 말을 수백 번, 수천 번도 더 들었을 겁니다. 아브라함 입장에서는 이스마엘도 핏줄이라고 생각했겠지만, 사라 입장에서는 자기가 낳은 아들이 남편 재산과 이름을 고스란히 물려받느냐 마느냐가 걸린 상황이었기 때문에 더더욱 남편을 들볶았겠죠. 가정에는 조용한 날이 드물었을 겁니다.

게다가 아브라함은 여자를 너무 좋아했던 것 같습니다. 원래 마음이 좀 물러터지고 돈도 있고 용모도 좀 준수하다 싶은 남자들이 바람을 피우는 경우가 많은 게 동서고금의 진리인 것 같은데, 아브라함이 딱 그랬나 봅니다. 창세기 25:1을 보면 "아브라함이 후처後妻 그두라(히브리어로 크투라)를 맞이했다"는 말이 나옵니다. 히브리어 본문도 분명 그두라를 아내(히브리어로 이쉬샤)라고 말합니다. 이 본문만 보면 아브라함이 아내 사라가 죽은 뒤에 새 장가를 들어 그두라라는 여자를 아내로 맞이한 것처럼 보입니다. 그러나 역대상 1:32은 이 그두라를 첩(히브리어로 필레게쉬philegesh)이라고 표현합니다. 그렇다면 아브라함이 아내 사라가 살아있을 때(아마도 사라가 이삭을 낳은 뒤로 보입니다) 그두라라는 여자를 첩으로 맞이했다는 말이 됩니다. 아브라함이 이 그두라로부터 얻은 자식이 여섯이나 되는 걸 보면 어지간히 이 여자를 좋아했나 봅니다. 아마도 사라는 이런 아브라함을 보면서 기가 막히고 코가 막혀서 말이 안 나왔을 것 같습니다. 이 부부 사이에는 뭔가 메워질 수 없는 깊은 틈새가 있었으리라는 생각이 듭니다.

이삭은 아버지와 어머니 사이가 이렇다 보니 늘 힘들고 외로운 마음이었던 것 같습니다. 아버지 아브라함을 보면서 "남자가 왜 저렇게 살까?" 하는 회의가 들었을 수도 있습니다. 아브라함도 이런 아들의 마음을 읽었을 수 있습니다. 사라가 세상을 떠났을 때 특별히 마음을 써서 아내가 잠들 막벨라 굴을 마련한 것도, 그리고 아들인 이삭의 아내를 특별히 그가 가장 신뢰하는 종을 시켜 고르게 한 것도 이삭에게 "아들아, 네가 보기에는 내가 네 엄마를 사랑하지도 않는 것 같고 네게도 마음을 쓰지 않는 것 같다만 실은 그렇지 않단다. 내 진심을 알아다오!"라고 하소연하는 행위가 아니었나 싶습니다. 그래도 이삭은 마음이 많이 힘들고 외로웠던 것 같습니다. 특히 그를 아끼고 사랑했을 어머니가 세상을 떠난 뒤에는 더욱 그러했을 것입니다.

창세기 24:62 이하를 보면 그런 이삭의 마음을 엿볼 수 있는 세 가지 모티프가 나옵니다. 하나는 62절에 있는데, "이삭이 네게브(오늘날 이스라엘 남부의 사막 지대입니다) 지역에 거주했다"는 말이 그것입니다. 이삭이 아버지와 함께 살지 않고 따로 산 것은 유목이라는 일 때문에 그랬을 수도 있지만 어쩌면 자신을 사랑해주었던 어머니도 계시지 않는 집안에서 정이 가지 않는 아버지와 같이 지낸다는 것이 힘들었기 때문일 수도 있습니다. 또 한 모티프는 63절에 있습니다. 이 구절은 날이 저물 때에 들에 나가 깊은 생각에 잠겨 있는 이삭의 모습을 묘사합니다. 날이 저물 때에 집에 있지 않고 홀로 들에서 상념에 잠겨 있는 이 모습은 그야말로 고독한 정경입니다. 마지막 모티프는 67절에서 발견할 수 있습니다. "어머니 사라가 살았던 장막이 비어 있었다"는 말이 그것입니다. 이는 사랑하는 어머니가 이 세상에 계시지 않음을 가리키는 말이기도 하지만 집안의 질서를 잡을 여주인이 없음을 가리키는 말이기도 합니다. 아브라함의 첩인 그두라와 그 자식들이 함께 살았다면 집안 질서는 콩가루였을지도 모릅니다. 아마

렘브란트가 그린 〈이삭과 리브가〉. 인물 생김새와 복장은 렘브란트 시대 인물과 복장입니다. 왼손으로 아내를 살포시 안고 오른손으로 아내 가슴을 만지는 이삭, 쑥스러워하면서도 이런 이삭의 손을 뿌리치지 않는 리브가. 딱 19금 그림입니다만, 이삭과 리브가의 다정한 부부애를 잘 보여주는 장면입니다.

도 이삭은 이런 현실이 싫어 저 남쪽 광야로 가서 살았을 수도 있습니다. 바로 이런 상황에서 이삭은 아내 리브가를 맞이했습니다. 이 리브가가 이삭에게 어떤 존재였는지 창세기 24:67이 분명하게 일러줍니다. 히브리어 본문에서 옮겨봤습니다.

이삭이 그 여자(리브가)를 그의 어머니 사라의 장막으로 들어가게 한 다음, 리브가를 취하여 그에게 아내가 되게 하고, 그 여자(아내)를 사랑하니, 이삭이 그의 어머니(를 여읜) 뒤에 위로를 받았더라.

고통과 슬픔, 고독과 불안이 집안을 지배하던 3년이 흘러가고(이삭이 어

, 마침내 리브가라는 여인이 이 집안에 등장했습니다. 이삭은 리브가를 자기 어머니가 살았던 장막으로 인도합니다. 이는 사라가 갖고 있었던 여주인의 지위를 리브가가 물려받은 것을 의미합니다. 그런 다음, 리브가를 취하여 아내로 삼고 이 아내를 사랑합니다. 여기서 쓴 "사랑하다"(히브리어로 아하브)라는 말은 부부가 나누는 달콤한 애정 표현을 함축한 말입니다.[2] 아마도 이삭은 리브가에게 마음껏 사랑을 표현했던 모양입니다. 그리고 이삭이 "위로를 받았다"는 말이 나오는데, 이 "위로하다"라는 히브리어 동사에는 "고통 가운데 있는 자를 어루만지다, 함께 고통을 나눠지다"라는 뉘앙스가 들어 있습니다.[3] 이러니 이삭이 자기 안전이 위태로울 수 있는 땅에 가서 사느라 마음이 늘 조마조마했을 상황에서도 아내를 애무하며 그 아내와 사랑을 나누었던 것도 충분히 이해할 수 있겠습니다. 나중에 이 부부는 쌍둥이인 야곱과 에서를 낳은 뒤 각각 서로 다른 아들을 편애합니다. 이것이 어쩌면 부부 사이에 갈등을 낳았을 수도 있지만, 성경이 그런 내용을 이야기하지 않는 걸 보면 그래도 이삭과 리브가 부부는 나름 잘 살았던 게 아닌가 싶습니다. 그렇게 본다면 분명 개역개정판 창세기 26:8은 이삭과 리브가 부부의 "찐한" 애정을 잘 살려내지 못한 번역입니다. 아마도 이삭과 리브가가 개역개정판의 이 구절을 읽었다면 늘 19금 수준인 자기 부부의 진한 사랑을 모든 연령이 관람 가능한 수준으로 떨어뜨려버린 성경 번역위원들에게 항의하지 않았을까 하는 생각이 드네요. 아무리 19금이라도 〈시네마 천국〉의 그 신부님처럼 종을 흔들지 마시고 그냥 그대로 놔두면 안 될까요? 19세가 훨씬 지나 알 것 다 아는데도 계속 19금 성경을 읽으려니 정말 맹맹하답니다.

1. 이 히브리어 본문을 라틴 문자로 음역音譯하여 적어보면 이렇습니다. "wehinnēh yichekhāq mechakhēq ēt ribeqāh ishettō"(버힌네 이츠하크 머 차헤크 에트 리브카 이쉬토). 맨 앞에 나온 "힌네"는 마치 이 장면을 발견 한 사람이 이 본문을 읽는 독자에게 "여기 좀 봐요!" 혹은 "저게 뭐야, 저거 봐!"라고 외침으로써 지금 뭔가 놀라운 일이 본문 속에서 일어 나고 있음을 깨우쳐주는 역할을 합니다. 여기서 문제가 된 동사가 바 로 mechakhēq입니다. 이 말은 "누군가를 애무하며 사랑을 나누다"라 는 뜻을 가진 히브리어 동사 chkhq의 Piel형, 능동분사입니다. 참고. *Wilhelm Gesenius Hebräisches und Aramäisches Handwörterbuch über das Alte Testament*, 17. Aufl.(Leipzig: F. C. W. Vogel, 1921), 680.

2. 앞의 책, 12.

3. 앞의 책, 487-488.

우리나라 국가 조찬기도회에서도
이런 설교 좀 들어봤으면!

제가 요새 관심을 갖고 지켜보는 신학자가 있습니다. 그는 예일대 신학대학원 교수인 미로슬라브 볼프 Miroslav Volf(1956-) 교수입니다(이분 부인도 예일대 신학대학원에서 신약신학을 가르치는 교수입니다. 참고로 미인이십니다!). 볼프 교수에게 관심을 갖게 된 것은 그가 배제가 아니라 포용, 거짓 화해가 아니라 진짜 화해에 관심을 두고 있음을 알게 되었기 때문입니다.

얼마 전 저는 볼프 교수가 어느 조찬기도회에서 한 설교를 입수하여 번역하고 읽어보게 되었습니다. 저는 이 설교를 읽으며 크게 놀랐고 큰 감명을 받았습니다. 우선 저는 이 설교가 이루어진 날과 장소 때문에 놀랐습니다. 이 설교가 이루어진 날짜와 시간이 바로 알카에다가 미국 뉴욕 세계무역센터와 워싱턴 국방부 건물을 공격했던 바로 그날(2001년 9월 11일) 그 시간이었기 때문입니다. 볼프 교수가 설교한 조찬기도회는 바로 그해 유엔 총회 개막을 앞두고 유엔 총회에 참석하고자 뉴욕에 온 고위 인사들과 유엔 주재 각국 외교관 그리고 유엔 사무처 직원들이 함께한 유엔 조찬기도회였습니다. 더욱이 이 조찬기도회가 열린 장소는 공격을 받은 세계무역센터로부터 얼마 떨어져 있지 않은 곳이었습니다. 볼프 교수는 자기 조국 크로아티아에서 벌어진 과거사를 염두에 두고 설교했지만, 이제 와 생각해보면 그의 설교는 그날 그 시간과 그 시간 이후에 벌어질 일을 놓고 하나님이 전 세계 사람들에게 미리 주신 말씀이 아니었나 하는 생각이 듭니다. 마치 미래에 있을 큰 보복과 전쟁(9·11 테러에 보복한다며 미국 부시 행정부가 이라크와 아프가니스탄을 보복 공격한 일을 말합니다)을 내다보기라도 한 것처럼, **악을 악으로 갚아서는 안 된다**고 경고하는 예언처럼 들리는 말씀이었죠. 그러나 그 설교가 제 가슴에 더 사무치게 다가왔던 이유는 따로 있었습니다. 그것은 그 설교가 정녕 우리나라 현대사를 가로지르는 아픔과 갈등을 치유할 수 있는 하나님의 지혜로 다가왔기 때문입니다.

볼프 교수가 이날 조찬기도회에서 설교한 핵심은 **참된 화해를 이룰 수 있는 길**이었습니다. 볼프 교수는 참된 화해를 이루려면 우리가 하지 말아야 할 일이 두 가지가 있다고 말합니다. 그 첫째가 "값싼 화해"입니다. 이 말은 볼프 교수가 지어낸 말이 아니라, 이미 있던 말을 가져다 쓴 것입니다. 그는 "과거사는 무조건 다 덮어두고 다 용서하자. 그리고 이제는 미래만 이야기하자"는 식의 화해를 "값싼 화해"라고 부릅니다. 예를 들면 과거에 독재 권력을 휘둘러 수많은 이들을 억압하고 목숨까지 빼앗았던 자들을 무조건 용서하고 덮어버리는 사례가 바로 그런 화해에 해당합니다. 볼프 교수는 값싼 화해는 정의와 평화에 어긋나는 것으로, 자유를 지키려는 투쟁을 포기하는 것이요 정의를 추구하지 않는 것이라고 말합니다. 더욱이 이런 값싼 화해는 불의와 폭력 때문에 고통당한 이들을 배신하는 일로서 기독교 신앙에도 어긋난다고 말합니다. 볼프 교수는 기독교 신앙에서는 정의와 평화를 추구하는 선지자 정신이 분명 한 흐름을 이룬다고 선언합니다. 그는 과거에 억압받았던 이들의 고통을 전혀 배려하지 않는 이런 "값싼 화해"는 도저히 화해를 이루지 못한다고 단언합니다.

그러나 볼프 교수는 이런 값싼 화해와 함께 "먼저 정의를 실현하고 그 다음에 화해하자"는 주장에도 반대합니다. 그는 이런 주장에 반대하는 근거로 다음과 같이 세 가지를 제시합니다. 첫째, "정의"라는 개념 자체만 놓고 봐도 이 사람은 이것이 정의라 말하고 저 사람은 저것이 정의라 말하기 때문에 무엇이 정의인지 모호할 때가 있다는 것입니다. 자칫하면 "정의가 무엇인가"를 놓고 다시 싸움이 일어날 수 있다는 것이지요. 둘째, 설령 정의를 이루었다 해도, 과거 역사를 살펴보면, 그것이 모든 이를 하나가 되게 하는 결과는 이루어주지 못했다는 것입니다. 셋째, 구약 성경은 정의를 실현하는 한 방편으로 "눈에는 눈, 이에는 이"를 제시하지만, "되로 받은 것을 말로 갚아주고 싶어하는 것"이 인간의 자연스러운 성정이기 때문에, 결국 이런 식으로 정의를 실현하면 인간 사회가 존속할 수 없다는 것입니다.

그렇다면 참된 화해를 이룰 길은 어디에 있을까요? 볼프 교수는 **그리스도의 십자가** 사건에서 그 길을 찾습니다. 그는 이 사건을 하나님이 지극히 악한 원수에게도 아무 조건 없이 사랑을 베푸시고 화해를 이뤄주신 사건으로 정의하면서, 바로 이 사건에서 우리가 참된 화해를 이뤄갈 길을 찾아야 한다고 역설합니다. 볼프 교수는 이런 하나님의 화해를 본받아 우리가 참된 화해를 이뤄갈 길로 다음과 같은 네 가지 지침을 제시합니다. 첫째, 먼저 다른 사람을 포용하고 용서하려는 의지를 갖되, 이 의지에는 아무 조건을 붙이지 말자고 이야기합니다. 우리가 믿는 하나님도 우리와 화해를 이루려하실 때 우리에게 아무 조건을 붙이지 않으셨기 때문입니다. 둘째, 그러나 불의한 핍박으로 고통을 안겨준 가해자들을 "실제로" 포용하고 용서할 때는 그 전제조건으로서 우선 진실 규명과 정의가 실현

되어야 한다고 주장합니다. 예를 들어 수많은 이들에게 고통을 안겨준 독재자라도 용서하겠다는 의지를 가져야 하지만, 그러려면 우선 그 독재자가 저지른 죄악을 낱낱이 규명하고 그에 따른 합당한 대가를 치르게 해야 한다는 것이지요. 셋째, 그러나 진실을 규명하고 정의를 실현하는 조치를 취할 때에도 그 밑바탕에는 포용하고 용서하려는 의지가 깔려 있어야 한다고 주장합니다. 그렇지 않으면 말 그대로 이런 조치가 보복이 될 수 있다는 것이지요. 넷째, 마지막으로 이런 모든 일을 통해 포용하고 용서했다면, 이 포용과 용서를 이제는 모든 이가 과거와 같은 불의를 용납하지 않고 정의를 이뤄가려는 투쟁의 발판(지평)으로 삼아야 한다고 말합니다. 볼프 교수가 이런 설교를 하게 된 이유는 아마도 그의 조국이 겪은 전쟁 때문일 것입니다.

볼프 교수의 조국은 크로아티아입니다. 발칸 반도에 있는 이 조그만 나라는 1991년 이전만 해도 세르비아, 보스니아-헤르체고비나, 마케도니아 같은 나라들과 함께 구 유고슬라비아에 속해 있었습니다. 제1차 세계 대전이 끝나고 1929년에 탄생한 유고슬라비아 왕국은 종교만 해도 세르비아 정교회, 로마 가톨릭, 그리스 정교회, 이슬람교, 유대교가 뒤섞여 있고, 민족도 세르비아계, 알바니아계, 터키계, 게르만계가 뒤죽박죽 섞여 있었습니다. 이들은 비록 한 나라를 이루었지만 이들 사이에는 슬픈 갈등과 분열의 역사가 있었습니다. 과거에 이슬람교 국가인 터키로부터 지배를 받을 때는 기독교 계통인 정교회 신자들이 혹독한 탄압을 받고, 그 뒤 게르만 계통인 오스트리아-헝가리 제국의 영향 아래 있을 때는 이 게르만계와 대립하던 슬라브계 민족인 세르비아 사람들이 큰 탄압을 받았습니다. 특히 이런 외세는 이 땅을 쉽게 지배할 목적으로 민족과 종교가 다른 이들을 부추겨 서로 미워하고 싸우며 죽이게 만들었습니다. 이 바람에 한 지역, 한 동네에 살던 이들도 민족과 종교가 다르면 원수가 되어버리

는 일이 일어났죠.[1]

그런데 도저히 같은 하늘을 이고 살 수 없는 원수가 된 이들을 하나로 묶어준 강력한 카리스마를 발휘한 지도자가 하나 나타납니다. 그가 바로 구 유고슬라비아 대통령 티토Josip Broz Tito(1892-1980)였습니다. 티토는 제2차 세계대전 당시 발칸 반도를 점령한 나치에 맞서 게릴라 투쟁을 벌이면서 지도자로 떠올랐습니다. 그리고 그는 전쟁이 끝난 뒤 탄생한 새 유고슬라비아 공화국의 대통령이 되었죠. 티토는 사회주의자였으나 사회주의 우두머리였던 소련 쪽과 거리를 두었습니다. 나라를 지키는 전투기조차도 미국제 전투기를 가져다 쓸 정도였죠. 그는 미국 쪽에도, 소련 쪽에도 가담하지 않는 제3세계의 지도자였습니다. 국제 무대에서 능란한 외교술을 발휘하던 티토는 국내 문제에서도 절대 권력을 쥐고 여러 민족, 여러 종교가 뒤섞인 유고를 하나로 묶어 이끌어나갔습니다.

옛 유고슬라비아의 국민 작가 이보 안드리치가 그의 대표작 『드리나 강의 다리』에서 메흐메드 파샤가 지은 다리라고 말한 바로 그 드리나 강의 다리입니다. 유고슬라비아의 역사를 그대로 지켜본 다리입니다. 마치 한 폭의 그림 같은 이 사진은 1900년에 촬영한 것입니다.

　　그러나 티토가 세상을 떠나고 이런 절대 권력이 사라지자, 세르비아 사람들, 보스니아 사람들, 크로아티아 사람들, 마케도니아 사람들의 가슴 깊숙한 곳에 도사리고 있던 증오와 원한이 화산 폭발하듯 터지기 시작했습니다. 특히 1987년 유고 연방 대통령이 된 세르비아 출신 슬로보단 밀로셰비치 Slobodan Milošević(1941-2006)가 드러내놓고 세르비아 우월주의를 표방하며 크로아티아계와 보스니아계를 탄압하자, 민족 갈등은 마침내 전쟁으로 치달았습니다. 밀로셰비치의 탄압을 견디지 못한 크로아티아계는 1991년, 독립을 선언하고 유고 연방에서 탈퇴하여 크로아티아 공화국 탄생을 선포합니다. 그러자 밀로셰비치가 이끄는 유고 연방군이 크로아티아를 침공했고, 결국 1995년까지 비참한 전쟁이 이어졌습니다. 볼프 교수 조국인 크로아티아만 해도 15,000명에 가까운 사람들이 죽었고 수십만이 난민이 되었습니다. 이 전쟁은 유고슬라비아를 파괴한 내전의 일부분이었습니다. 유고슬라비아는 민족과 민족, 종교와 종교가 다른 사람들끼리 10년에 걸쳐(1991년부터 2001년까지) 처참한 내전을 치렀습니다. 특히 전쟁 기간 동안에 밀로셰비치가 이끄는 세르비아가 코소보에서 보스니아 사람들을 상대로 저지른 소위 인종 청소는 히틀러가 이끄는 나치가 저지른 유대인 대학살에 버금가는 만행이었습니다. 결국 북대서양조약기구가 개입하여 이 내전을 끝내긴 했지만, 그래도 한때는 친구로 지냈던 한 마을 사람들이 이제는 세르비아계라는 이유로, 보스니아계라는 이유로 죽어서도 용서할 수 없는 원수가 되어 이쪽에서 저쪽으로, 저쪽에서 이쪽으로 오고 갈 수 없는 증오와 원한만이 남았습니다. 2001년은 이런 유고 내전의 총소리가 멎은 해였고 전쟁을 마무리 지을 일들을 시작한 해였습니다. 바로 그 무대가 유엔이었습니다. 싸움과 살육을 그치고 이제 화해할 길을 찾아야 할 그 시점에 볼프 교수는 참된 화해를 이룰 길을 제시하는 메시지를 들고 그 조찬기도회 자리에 섰던 것입니다.

우리나라 현대사도 옛적 유고슬라비아만큼이나 외세의 침략, 민족 내부의 갈등, 독재로 말미암아 큰 상처를 입었습니다. 그리고 우리 현대사에도 늘 가해자와 피해자가 있었습니다. 일제 강점기 시절에서는 민족을 저버리고 침략자 일본에게 붙어 호사를 누렸던 친일 집단이라는 가해자들이 있었는가 하면 이들에게 온갖 핍박과 수모를 당했던 독립 운동가들을 비롯한 피해자들이 있었습니다. 독재자들이 정권을 쥐고 국민들을 괴롭히던 시절에도 이 독재자들과 독재자들에 빌붙어 부패와 악행을 일삼던 가해자들이 있었는가 하면 이들로 말미암아 불구가 되고 명예를 잃어버리고 심지어 생명까지 잃어버린 수많은 피해자들이 있었습니다.

그러나 우리나라는 이런 아픈 현대사를 한 번도 말끔하게 정리하지 못했습니다. 해방 이후에도 일제에 빌붙어 민족을 괴롭혔던 친일/반민족 행위자들을 청산할 기회가 찾아왔지만 권력욕에 사로잡힌 이승만 정권은 도리어 이들 친일 세력과 손을 잡고 이들이 득세하도록 도와주었습니다.[2] 이 친일 세력은 한국 전쟁이라는 민족 갈등을 겪을 때 반공 투사로 변신하여 자기들이 살 길을 기막히게 확보하는 모습을 보여주었고 그 세력의 잔재는 지금까지도 이어지고 있습니다. 독재 정권이 저지른 죄악도 마찬가지였습니다. 박정희 정권 시절에 독재자와 독재자에 충성했던 집단이 저지른 죄악은 아직까지도 전 국가 차원에서 말끔하게 정리하지 못했습니다. 국가가 과거사 청산 위원회를 꾸려 과거 독재 정권 시절에 가해자들이 저지른 악행을 밝히고 진실을 규명하려 해도 여전히 사회에서 세력을 누리는 가해자 집단 때문에 과거의 찌꺼기들을 말끔히 정리했다는 인상을 받지 못합니다. 1980년 광주 민주화 운동 당시 저질러진 시민 학살 같은 일도 아직까지 시민들에게 총을 쏘라고 명령한 자가 누구인지, 왜 그런 명령을 내렸는지 밝혀지지 않고 있습니다.

그런데도 독재자와 그에게 충성한 가해자 집단은 늘 자신들이 정당했

다며 우겨대고 지금도 호의호식하며 부귀영화를 누립니다. 우리 현대사
는 단 한 번도 볼프 교수가 말한 참된 화해를 이루지 못했습니다. 악행의
진실을 밝히려는 노력도 번번이 여전히 남아 있는 가해자 집단의 저항에
부딪혔습니다. 참된 화해의 첫 단계인 진실 규명과 정의 실현부터 이루어
지지 않은 셈입니다. 이러다 보니 결국 화해라는 이름으로 이루어졌던 여
러 가지 행위들(가해자가 잘못했다고 고백하며 용서를 비는 기자회견, 강제로 빼앗은 재산
을 돌려주고 피해를 배상하는 조치, 각종 청문회와 조사를 통한 진상 규명 작업, 처벌, 그리고 화
합이라는 이름을 내세운 사면 행위들 등등)이 모두 "쇼"에 불과했고 아무 의미가 없
는 일이 되어버렸습니다. 자신이 잘못했다고 용서를 빈다고 말하던 독재
자는 어느새 말을 바꿔 자기가 정당했다고 주장하고 자기가 저지른 잘못
을 원상회복시키라는 요구에도 눈 하나 꿈쩍하지 않습니다. 상황이 이러
니 아무리 피해자들이 가해자들을 용서하려는 의지를 갖고 있다 해도 어
떻게 참된 화해가 이루어질 수 있겠습니까?

　　지금 한국 사회를 들여다보면, 지역과 지역, 세대와 세대, 계층과 계층
사이에 갈등이 존재하는 것처럼 보이지만, 사실 이런 갈등의 뿌리에는 과
거에 우리 현대사에서 저질러졌던 온갖 악행을 말끔히 정리하지 못한 채
단 한 번도 참된 화해를 이루지 못한 역사가 자리하고 있습니다. 특히 지
금까지도 그 맥을 이어오며 버젓이 행세하는 가해자 집단은 자기 기득권
을 지키려고 참된 화해로 나아가기를 거부합니다. 일제에 충성했던 친일
행위를 옹호하는 이들은 당시 상황 때문에 어쩔 수 없는 행위였다는 식으
로 어물쩍 넘어가며 자신들의 잘못을 인정하려 하지 않고,[3] 독재자와 독
재자에 충성했던 집단들도 나라가 위급했기 때문에 나라를 지키려면 어
쩔 수 없었다는 식으로 변명해버립니다. 권력을 앞세워 국민의 재산을 빼
앗아간 이도 그가 빼앗은 돈을 다시 내놓으라는 판결이 나왔건만 통장에
29만 원밖에 없다며 배짱을 퉁기고 있죠. 가해자들이 여전히 이런 식으로

나오는데, 참된 화해가 어떻게 이루어질 수 있겠습니까?

볼프 교수가 설교했던 조찬기도회처럼 우리나라에도 조찬기도회란 것이 있습니다. 특히 매년 한 번씩 대통령까지 초청하여 국가 조찬기도회란 것을 엽니다. 그러나 이 국가 조찬기도회 자리에서 볼프 교수처럼 참된 화해로 나아갈 길을 제시하며 국가 내부, 민족 내부의 갈등을 해결할 길을 선지자처럼 선포한 설교가 있었습니까? 사실은 한국 교회도 민족에 지은 죄를 아직까지 정리하지 않았습니다. 일제 때 총회 차원에서 신사 참배에 동참하고 일본 침략자들에게 헌물을 바친 일,[4] 독재 정권 시절에 독재자들에게 아부하고 이 독재자들을 찬양한 일, 정치와 종교는 무관하다며 "정교분리政教分離"를 내세워 독재자들이 온갖 악행을 저질러도 이를 못 본 체한 일, 권력과 부와 명예를 우상으로 섬기는 자들과 한 통속이 되어 이런 자들과 똑같은 길로 나아간 일을 회개하지 않았습니다. 그러니 한국 교회(특히 소위 보수 신앙을 지녔다는 교회)에 선지자처럼 날선 비판을 퍼붓는 설교가 있을 수 있겠습니까? 권력자부터 앞장서서 부동산 투기를 일삼아도 "가옥에 가옥을 이으며 논밭에 논밭을 더하여 빈틈이 없게 하고 이 땅에 홀로 거주하려 하는 자들에게 화禍가 있으리라"(이사야 5:8)고 선포하는 이가 어디 있었습니까? 하나님이 지역과 세대, 계층 사이의 갈등을 증폭시켜 자기들 권력을 유지하려 하고 독재를 저지르는 자들을 심판하실 것이라고 선포하는 이가 과연 있었습니까?

지금 한국 교회가 할 일은 국가 조찬기도회란 것을 비싼 호텔에서 거창하게 열어놓고 대통령을 불러다가 우리 위세가 이만큼 크다고 과시하는 일이 아니라, 한국 교회 자신부터 민족에게 용서를 빌고 참된 화해를 이루는 길로 나아가는 일입니다.[5] 오늘날 썩고 또 썩고 또 썩어 오히려 신자가 아닌 이들이 "미래에도 살아남을지 모르겠다"며 염려해주는 집단으로 전락해버린 한국 교회에서 볼프 교수의 설교 같은 설교가 나올 수 있을지 모르겠습니다. 이런 한국 교회가 국가 조찬기도회에서 소위 스타(설마 이 스타가 "스스로 타락한"의 줄임말은 아니겠죠?) 목사를 내세워 한다는 설교는 불의한 권력, 가진 자와 힘 있는 자들에게 아첨하는 말뿐이요 시대의 징조도 분별할 줄 모른다는 것을 드러내는 자기고백뿐입니다. 그래도 기왕 국가 조찬기도회 같은 것을 열었다면 이 나라, 이 민족을 짓누르는 갈등을 풀 수 있는 길이 참된 화해라는 것을 선포하고 역사와 민족 앞에 죄를 지은 모든 이들에게 진정 회개할 것을 독려해야 할 터인데, 정말 암담한 현실입니다. 한국 교회가 과연 선지자 정신을 회복하고 생명을 지닌 주님의 교회로 거듭날 수 있을지? 물음표를 찍을 수밖에 없지만 그런 기적이 일어나길 기도할 뿐입니다.

• 주

1. 유고 국민이 사랑하는 국민 작가요 1961년에 노벨 문학상을 받았던 이보 안드리치Ivo Andrić(1892-1975)는 그의 대표작 『드리나 강의 다리 *Na Drini ćuprija*』에서 16세기부터 20세기 초까지 펼쳐진 그런 갈등의 역사를 생생히 증언했습니다. 다음 페이지의 사진은 옛 유고슬라비아의 국민 작가 이보 안드리치가 세르비아어로 쓴 걸작 『드리나 강의 다리』 세르비아어판(2011년판, 안드리치의 노벨 문학상 수상 50주년 기념판)의 표지입니다. 옛 유고슬라비아의 수도이자 현재 세르비아의 수도인 베오그라드에 있는 노보스티 출판사에서 펴낸 책입니다.

2. 대한민국 첫 국회는 대한민국 첫 헌법 101조에 따라 1948년 9월에 반민족행위처벌법을 제정하고 이 법에 근거한 특별 위원회를 구성하여 일제 때 반민족행위를 저지른 자들을 조사하고 처단하려 했지만, 친일파들과 손잡은 이승만 정권의 방해 때문에 뜻을 이루지 못했습니다.

단지 나무를 베다가 무심코 부른 노래 가사 때문에 독립 운동가로 몰려 처참한 고문을 당하고 죽어간 이의 이야기, 원치 않는 이에게 시집을 가라는 아버지의 명령을 거부하고 혼인식 날 드리나강의 다리에서 몸을 던진 한 아리따운 규수의 이야기. 세르비아 정교와 이슬람교라는 서로 다른 종교의 성직자이지만 수십 년을 한 동네에서 친구로 지내온 두 사람이 오스트리아라는 외세 앞에서 마을 공동체의 안위를 함께 걱정하는 가슴 찌릿한 장면, 그리고 수십 년을 고통 속에서도 자그마한 호텔을 경영하며 가족을 부양하고 마을 사람들에게 즐거운 휴식 공간을 안겨주다 비참하게 몰락해가는 노처녀 로티카의 이야기 등등, 읽으면 읽을수록 마음을 움켜잡는 절절한 이야기들이 가슴을 파고듭니다.

3. 2006년부터 친일반민족행위자들이 일제에 충성한 대가로 부정하게 얻은 재산을 국고로 되돌리는 일을 하고 있지만, 그런 친일파 자손들이 드러내놓고 반발하며 재산을 못 내놓겠다고 버티는 경우들을 보십시오.

4. 대한예수교장로회 총회는 1938년 9월 총회에서 신사참배를 결의하고 해방이 될 때까지 신사참배를 총회 차원에서 실시했습니다. 또 총회 차원에서 돈을 거둬 일본의 전쟁 수행 자금으로 갖다 바쳤고 전승戰勝 축하회 같은 집회를 통해 일제의 침략 행위를 찬양했습니다.

5. 예수는 골방에 들어가 은밀히 기도하라고 말씀하셨는데(마태복음 6:6) 아침부터 비싼 호텔에 떼로 모여 비싼 음식을 먹으며 무슨 기도를 한다는 것인지 알다가도 모를 일입니다. 이런 기도회에 참석해야 교계에서 대접받는다 생각하여 목사들이 이런 기도회에 초청받는 것을 영광으로 안다 하니 정말 기가 막힌 현실입니다.

글로벌리제이션은
"세계화"가 아니라 "미국 따라가기" 아닌가요?

번역을 하다 보면 원서가 내놓은 단어 하나를 우리말로 어떻게 옮길까 고민하느라 하루 온종일을 보내는 때가 있습니다. 정말 큰 고민에 빠질 때는 밥상에 앉아도 반찬에서 그 단어만 보입니다. 화장실에 가도 그 단어만 생각하느라 내보낼 것을 못 내보내 하루 종일 뽈록한 배를 보듬고 살아야 하고 잠을 자려 해도 천정에서 단어가 왔다갔다 합니다. 그렇게 고민하다가 아주 가끔은 사전이 제시하는 의미를 싹 무시해버리고 새 의미를 사전에 적어 넣고 싶을 때가 생깁니다. 그런 고민을 안겨준 단어 가운데 지금도 고민 중인 단어가 바로 이번 이야기 소재인 글로벌리제이션 *globalization* 입니다(그 고민을 시작한 게 7년 전 『기독교의 미래』를 번역할 때였으니 올해로 벌써 7년째 고민이군요! 7년이라는 세월을 고민해왔지만 다행히 하나님은 은혜를 베푸셔서 제 "배 뽈록"이 아주 낮은 높이에서 멈추게 해주셨습니다!).

영한사전들은 하나같이 globalization을 세계화로 풀어놨습니다. 하지만 이 말을 세계화로 번역하는 것이 과연 옳은 일인지 고민입니다. 이런 고민을 하게 된 것은 두 가지 이유 때문입니다. 첫째는 세계화라는 말 자체가 말이 되지 않기 때문입니다. globalization을 세계화로 번역한 것은 아마도 …ization이나 …isation이 붙은 단어를 보통 "…화"로 번역하는 패턴을 그대로 따른 결과일 것입니다. globalize가 "세계, 지구"를 뜻하는 globe와 연결된 동사임을 생각하여 단순하게 "세계"에 "화"를 덧붙여 세계화라는 말을 만들었을 것입니다. 얼핏 보면 사람들이 늘 쓰던 패턴대로 번역한 것 같아 아무 문제가 없어 보입니다.

그러나 양파 껍질 벗기듯 껍질을 벗기고 그 속살을 들여다보면 큰 문제가 있습니다. 세계화를 한문으로 적으면 世界化입니다. 그런데 化라는 한자는 "…가 되다, …로 바뀌다"라는 뜻입니다. 이 뜻을 世界化라는 말에 적용하여 풀어보면 "세계가 되다, 세계로 바뀌다"가 됩니다. 이게 무슨 뜻일까요? 세계가 되다니? 가령 "한국을 세계화하자"라는 구호를 가끔씩 듣는데, 이 말을 곧이곧대로 풀어보면 "대한민국을 세계가 되게 하자"라는 말이 됩니다. 이게 대체 뭔 말입니까? 우리가 사는 대한민국은 지금까지 세계가 아니었나요? 멀쩡하게 세계 안에, 지구 가운데 자리한 나라를 세계가 되게 하자니, 그렇다면 대한민국은 여태껏 아기공룡 둘리가 여행한 저 먼 별나라에 자리한 나라였나요? 물론 이런 의문을 던지면 제가 괜한 시비를 건다고 생각하시는 분들이 계실 겁니다. 세계화라는 말을 들으면 "세계 기준에 맞춰감", "세계 수준에 맞게 발전해감"이라는 뜻인 줄 다 아는데, 그런 것도 몰라서 삐딱한 말을 하느냐고 생각하시는 거죠. 그런데 저는 오히려 바로 그런 뜻 때문에 globalization을 세계화로 번역하는 것이 과연 옳은 일인지 더 고민합니다. 실은 이게 제가 고민을 하게 된 둘째 이유요 가장 큰 이유입니다.

우선 그런 질문을 드리고 싶어요. 세계화라는 것이 "세계 기준에 맞춰감"이라는 뜻이라면 **세계 기준은 대체 무엇인가**라는 질문 말이죠. 제 생각은 그렇습니다. 세계 기준이라면 말 그대로 세계 모든 나라가 함께 뜻을 모아 정한 기준일 것입니다. 중요한 것은 이렇게 뜻을 모을 때 세계 모든 나라가 정말 평등하게 참여할 수 있어야 한다는 거죠. 모든 나라가 어떤 나라의 눈치도 보지 않고 정말 자유롭게 자기 나라의 생각을 표현하고 자기 의사를 주장하며 동등한 한 표를 행사할 수 있어야 비로소 이 모든 나라가 정한 기준이 **진짜** 세계 기준이라고 말할 수 있을 겁니다. 그런데 세계화는 "세계 기준에 맞춰감"이라는 뜻이라지만, 실제 돌아가는 세상 형편을 보면 여기서 말하는 세계 기준은 방금 제가 말씀드린 진짜 세계 기준은 아니라는 생각이 듭니다. 오히려 세계 기준은 세계를 좌지우지하는 나라, 세계를 자기 입맛대로 주무를 수 있는 정치력과 군사력과 경제력을 가진 나라가 세운 기준을 가리킨다고 보는 것이 솔직할 겁니다. 그렇게 생각한다면 **세계 기준은 곧 미국 기준**이라고 봐도 될 것 같습니다. 근래에 들어와 과거 미국과 맞장을 떴던 옛 소련蘇聯(소비에트 사회주의 공화국연방)이 누렸던 위세를 되찾으려고 애쓰는 러시아 그리고 미국의 라이벌로 무섭게 떠오르는 중국이 미국을 견제하며 자기 목소리를 내긴 하지만, 아직도 미국이 제일 큰 위세를 부린다는 데 반대하는 분들은 없으실 겁니다.

미국 경제가 빚더미에 올라앉아 있다지만, 이스라엘과 팔레스타인이 충돌하여 중동 사태가 급박하게 돌아가거나 동북아시아 상황이 심상치 않게 돌아가면 세계에서 힘깨나 쓴다는 나라 수뇌들이 일제히 다이얼을 돌려 전화를 걸고 어떻게 하실 거냐고 여쭤보는 상대는 여전히 저 하얀 집의 오바마 형입니다. 이스라엘은 핵탄두를 가져도 될 뿐 아니라 이 핵탄두를 싣고 가서 상대방을 공격할 수 있는 제리코(여리고) 탄도 미사일(이스라엘이 스스로 개발해낸 핵미사일이랍니다. 이 미사일로 인공위성도 쏘아 올립니다)과 돌핀 잠수함(이스라엘이 독일에서 수입한 잠수함이랍니다. 크기는 자그마한데 특별하게 개조하여 잠수함에서 핵탄두를 실은 미사일을 쏠 수 있게 만들어놓았습니다)을 가져도 되지만 이란은 그런 무기를 가져서는 안 된다고 결정하는 나라도, 인도는 중국을 견제해줄 나라이기 때문에 핵무기와 항공모함을 가져도 되지만(인도는 오래전부터 항공모함을 가졌습니다. 지금은 예전에 영국 해군이 썼던 항공모함을 가져다 쓰는데, 조만간 새 항공모함들을 가질 거라고 합니다) 중국은 미국을 성가시게 할 나라이기 때문에 항공모함을 가질 이유가 없다고 결정하는 나라도 미국입니다(중국은 옛 소련이 망하면서 돈이 없어 다 완성하지 못하고 방치해둔 항공모함 바리야그Varyag를 사다가 자기네 항공모함으로 만들어냈습니다. 이를 처음 바다에 띄운 날, 이미 항공모함을 11척이나 가진 미국이 대뜸 그랬습니다. "야, 중국, 너희가 항공모함을 가질 이유가 뭔데?"). 이스라엘과 인도는 되는데 이란과 중국은 안 되는 이유를 물어보면 미국은 그렇게 대답할 겁니다. "내 맘이야!"

어디 그뿐입니까? 미국은 세계 각국의 살림살이도 쥐락펴락합니다. 우리가 은행에서 돈을 빌려 쓰면 이자를 뭅니다. 이때 돈을 빌리는 사람이 미더운 사람이면 이자를 덜 물고 미덥지 못한 사람이면 이자를 더 뭅니다. 이런 상황이 세계 경제에서도 그대로 벌어집니다. 경제 상황이 미더운 나라가 다른 나라 은행에서 빚을 얻으면 이자를 조금 물어도 되지만 경제 상황이 미덥지 못한 나라가 빚을 얻으면 이자를 많이 물어야 합니다. 그런데 그 나라 경제 상황이 미더운지 못 미더운지 결정하는 곳이 미국 신용 평가 회사 삼총사(무디스, 스탠더드 앤드 푸어스, 피치)입니다. 누가 이 친구들에게 이런 것을 결정할 권세를 주었는지 모르겠는데, 하여간 이 친구들은 제멋대로 각 나라 점수를 매깁니다. 어떤 때는 아예 어떤 나라를 상대로 "지금까지 너희들 미더운 축에 넣어주었는데, 너희 하는 걸 보니 영 네[四] 가지가 없다! 다음 달부터 너희는 미덥지 못한 축에 넣을 테니 그리 알아!"라고 으름장을 놓습니다. 정말 또 묻고 싶습니다. 누가 이 친구들에

게 이런 권세를 주었습니까? 하나님입니까? 오바마 형입니까? 아니면 개
그콘서트에서 모호한 것을 다 결정해주던 저 애정남이 "자, 이럴 때는 미
덥고 못 미더운 것을 누가 결정할지 참 애매해요"라고 말하다가 뜬금없이
이 친구들에게 이런 권세를 준 겁니까? 이런 상황을 보면 세계가 따를 기
준을 결정하는 주체는 말 그대로 세계가 아니라 미국입니다. 그야말로 미
국이 세계요 세계가 미국인 셈입니다!

사실 미국이 이런 위세를 부리기 시작한 것은 한 세기도 채 되지 않았
습니다. 제1차 세계대전(1914-1918)이 시작될 때만 해도 세계에서 가장 큰
정치력, 세계에서 가장 큰 군사력을 가진 나라는 영국이었습니다. 세계
육지 가운데 4분의 1이 영국 땅이었고 군함 톤수가 무려 1,300만 톤에 이
르는 대 해군을 보유한 나라가 영국이었습니다(지금 미국이 자랑하는 항공모함
이 한 척에 10만 톤입니다. 이런 항공모함이 130척이 있다고 생각해보십시오. 어마어마한 해군
입니다). 세계 정치의 중심도 유럽이었지 미국이 아니었습니다. 그러나 제1
차 세계대전은 이런 상황을 바꿔놓았습니다. 1917년 미국은 독일 잠수함
이 자기 국민들이 탄 배(루시타니아호)를 공격하자 유럽에서 벌어진 전쟁을
외면하던 태도를 바꿔 영국 및 프랑스와 한편이 되어 싸우기로 결심합니
다. 그리고 유럽으로 많은 병사들을 보냈죠.

1년 뒤 전쟁이 끝났을 때, 세계 무대에서 미국이 차지하는 위치는 이
전과 달라져 있었습니다. 미국 대통령 우드로 윌슨Woodrow Wilson(1856-1924)
은 숙적 독일에게 잔인한 보복을 펼치려는 프랑스를 말리며 짐짓 너그러
운 어른 행세를 하고 소위 민족자결주의란 것을 내세워 세계 질서를 새롭
게 짜는 주인공 역할을 맡기 시작했죠. 독일과 싸울 돈을 마련하느라 미
국에게 큰돈을 꿔 쓴 영국은 졸지에 빚더미에 앉은 나라가 되고 말았습니
다. 이제 세계를 좌지우지하던 중심축은 유럽에서 대서양을 건너 미국으
로 옮겨가기 시작했습니다. 비록 미국은 국내 반대로 참여하지 않았지만

제1차 세계대전 이후 세계 질서를 이끌어갈 국제기구인 국제연맹을 미국 주도로 창설한 일이나 워싱턴 회의(1921-1922)를 통해 제1차 세계대전 이후 세계 군사력 판도를 결정할 해군력을 미국과 영국이 우위를 차지하도록 결정한 일은 이제 미국이 세계 으뜸으로 등장하기 시작했음을 보여준 증거였습니다. 그러나 이때도 유럽이 완전히 힘을 잃은 것은 아니었습니다. 영국은 여전히 방대한 식민지를 갖고 있었고 프랑스와 일본이 상당한 힘을 갖고 있었기 때문이죠.

오히려 미국이 확실하게 1인자 자리를 굳힐 수 있었던 것은 제2차 세계대전(1939-1945) 때문이었습니다. 제2차 세계대전이 터졌을 때도 미국은 "유럽에서 벌어진 전쟁과 우리는 상관없다"며 중립을 선언했습니다. 독일 잠수함들이 뉴욕 앞 바다까지 와서 활개치고 다닐 때도 그냥 내버려두었죠. 유럽에서는 영국이 홀로 독일에 맞서 고군분투했습니다. 영국 수상 처칠Winston Churchill(1874-1965)은 제1차 세계대전 때처럼 어떻게든 미국을 자기편으로 끌어들여 전쟁에 뛰어들게 하려고 애썼지만, 미국 대통령 루스벨트Franklin Roosevelt(1882-1945)는 자기네가 쓰다 남은 헌 구축함 50척을 선물하며 그걸로 독일 잠수함이나 잘 잡으라고 덕담이나 건네고 시큰둥했습니다(우리가 걸출한 재상으로 알고 있는 처칠이 위스키를 병째로 마시며 일해야 할 정도로 알코올에 의존했던 이유 중에는 아마 자기보다 한참이나 어린 루스벨트의 이런 네 가지 없는 모습도 하나 들어 있었을 것 같습니다!).

그러나 1941년에 이르러 상황이 바뀝니다. 일본이 미국 하와이 진주만을 공격한 것이죠(영국은 아마 일본이 정말 고마웠을 겁니다. 일본이 진주만을 공격한 덕분에 결국 미국이 참전했고 영국의 바람대로 미국이 영국과 한편이 되었으니까요). 루스벨트는 즉각 독일, 이탈리아, 일본에게 선전포고를 하고 전쟁에 뛰어듭니다. 절정기에는 하루에 항공모함을 한 척씩 만들어낼 수 있었던 미국의 무시무시한 공업생산력이 위력을 발휘하자 전세가 연합국 쪽으로 유리하게 기울어지기 시작합니다. 그러자 미국은 이번에는 전쟁이 끝난 뒤 세계 질서를 아예 자기 마음대로 짜야 되겠다는 야심을 드러내기 시작합니다. 그러나 미국의 이런 꼼수를 미리 내다본 고수들이 있었습니다. 그들이 바로 처칠과 소련의 독재자 스탈린Josef Stalin(1879-1953)이었습니다. 특히 처칠은 자신과 견원지간인 프랑스 장군 드골Charles de Gaulle(1890-1970)이 이끄는 자유 프랑스를 적극 지원했는데, 이는 드골이 나름대로 강단이 있는 인물인 만큼 드골과 손을 잡으면 제2차 세계대전이 끝난 뒤에도 미국이 유럽을 제 입맛대로 요리하려 할 경우 이를 함께 막아낼 수 있으리라는 계산이 깔려있었습니다.

아니나 다를까 처칠이 예상했던 그대로 루스벨트는 자기 수를 내보이

카사블랑카 회담에서 루스벨트가 드골(우)과 지로(좌)를 인사시키는 장면. 루스벨트는 드골 표정이 어떤지 살피고, 처칠(오른쪽 끝)은 이 어색한 광경을 일부러 외면하는 것 같습니다. 역시 드골 표정이 좋아 보이지는 않는군요

고 맙니다. 영국은 어찌하지 못하겠지만 히틀러Adolf Hitler(1889-1945)에게 맥없이 항복한 프랑스는 전쟁 뒤에 자기 꼭두각시로 삼아야겠다는 속내를 그대로 드러내고 말지요. 그 사건이 바로 1943년 1월에 열린 모로코 카사블랑카 회담이었습니다. 미국과 영국이 제2차 세계대전 전략을 논의하고 핵무기 개발 문제를 다룬 이 회담에 미, 영 양국은 프랑스 대표도 초대했습니다. 처칠은 드골을 프랑스 대표로 초대했지만, 루스벨트는 그를 프랑스 대표로 인정하지 않고 엉뚱한 인물을 프랑스 대표로 불렀습니다. 말하자면 자기 말을 잘 들을 만한 인물을 대표랍시고 불러들인 셈이죠. 그 대표가 바로 앙리 지로Henri Giraud(1879-1949) 장군이었습니다. 결국 한 나라 대표로 두 사람이 참석하는 어이없는 일이 벌어지고 맙니다. 루스벨트는 회담장에서 드골과 지로를 좌우에 앉힌 뒤 둘을 일으켜 세워 인사를 시킵니다.[1]

> "아, 드골, 인사해. 이 양반이 지로 장군이야. 그러고 보니 당신보다 한참 형님이군. 앞으로 깍듯이 모시라고!"
> "아, 그리고 지로 장군, 이 드골이란 친구가 성질이 좀 더럽다고 하니 너그럽게 이해하면서 잘 이끌어주시오. 난 당신만 믿소!" (드골이 런던에서 망명 정부인 자유 프랑스를 이끌 당시, 처칠과 자주 말다툼을 벌이곤 했는데, 둘이 얼마나 심하게 싸우던지 처칠 비서들이 저러다 드골이 처칠 수상을 권총으로 쏴버리는 것은 아닌가 걱정할 정도였다는 말이 있을 정도로 드골 성질이 장난이 아니었다고 합니다.)

당시 이 장면을 찍은 기록 영화를 보면, X 썹은 표정으로 일어나 마지못해 지로와 인사하는 드골의 참담한 모습과 이 모습을 옆에서 어이없다는 듯이 지켜보며 "루스벨트, 얘 지금 뭘 하는 거야?"라고 생각하는 것 같은 처칠의 모습이 잘 나타납니다. 나중에 드골이 프랑스 대통령이 되어 "위대한 프랑스"를 외치며 미국 보기를 X 보듯 했던 것은 아마도 이때 당한 수모를 잊지 않았기 때문이었나 봅니다.

하지만 전쟁이 끝나고 미국은 그 소원대로 1인자가 됩니다. 군사력이나 정치력에서는 소련이라는 호적수가 나타나 맞장을 뜨기 시작했지만, 경제력에서는 소련이 미국 적수가 되지 못했습니다. 근대 문명과 지성의 요람인 유럽은 폐허 속에서 살 길을 찾느라 바빴습니다. 승전국인 영국에서도 어린이들이 먹을 것을 얻으러 동냥을 다녀야 했습니다. 그러나 미국은 천국이었죠. 세계 GDP의 절반이 미국 차지였으니 오죽했겠습니까? 1950년대 미국은 〈벤허〉 같은 영화를 만들어 미국이 하나님이 주신 복을 다 차지한 나라임을 은근히 선전했고, 아주 너그러운 부자인 것처럼 유럽과 아시아에 적선을 베풀었습니다.

그랬던 미국이 1960년대 중반에 큰 고비를 겪으면서 가라앉기 시작합니다. 그 고비는 바로 베트남 전쟁이었습니다. 미국은 이 전쟁에 50만 명이 넘는 군대와 엄청난 전비戰費를 쏟아부었습니다. 이 전쟁이 미국과 경쟁하던 소련과 중국을 대리한 북베트남(월맹)과 미국을 대리한 남베트남(월남)이 맞붙은 전쟁이었기에 미국 입장에서는 결코 질 수 없었습니다. 날마다 미국 젊은이들이 열대 전선에서 죽어가고 마침내 반전反戰 여론이 타오르기 시작했지만, 미국은 멈출 수 없었습니다. 그런데 이때 미국은 중대한 패착敗着을 두고 맙니다. 베트남에 쏟아 부은 막대한 전비를 빚을 내서(그러니까 국채를 찍어) 마련한 것입니다. 병사들을 먹이고 무기를 만드는데 엄청난 돈이 들어갔지만 이 돈을 마련하겠다고 세금을 올렸다간 국민들의 원성이 높아져 선거에 질 것 같다고 느낀 미국 행정부가 전쟁에서도 이기고 선거에서도 이길 묘안으로 **빚을 내 전쟁하기**를 택한 것입니다. 미국은 결국 린든 존슨 행정부(1963-1969) 시절에 빚더미에 올라앉습

미국이 베트남 전쟁에서 패배했음을 알리는 사진 중 하나입니다. 1975년 4월 말, 미국이 도운 남베트남의 장교 하나가 가족과 함께 베트남군 소속 UH1 헬기를 몰고 미 해병대 상륙함 오키나와호로 도망쳐왔습니다. 미 해병대 병사들은 북베트남에게 함락당하는 남베트남 수도 사이공(지금 호치민)에서 미국인들을 탈출시키고 있었기 때문에 탈출한 사람들을 싣고 온 헬기들이 착륙할 공간을 갑판에 마련해야 했습니다. 그래서 남베트남군 장교 가족이 타고 온 헬기를 바닷속에 빠뜨려버립니다. 이런 식으로 바다에 버린 멀쩡한 헬기들이 한두 대가 아니었습니다. 1970년대 미국의 쇠퇴를 상징하는 한 장면입니다.

니다. 나라 살림은 엉망이 되었습니다. 게다가 4차 중동전(1973)과 함께 세계를 강타한 오일 쇼크는 순식간에 미국 경제에 큰 타격을 안겨주었습니다. 몇 달 사이에 배럴당 유가가 네 배로 뛰는 바람에 하마처럼 거대하여

기름을 엄청나게 잡아먹는 미국 자동차들은 판매가 줄어들었고 이전에는 거들떠보지도 않았던 일본 소형 자동차들이 득세하기 시작합니다. 사실 이미 1950년대 중반부터 경제 부흥을 이루기 시작한 아시아의 일본과 유럽의 서독(독일이 통일되기 전의 서부 독일)은 1960년대 말에 이르러 세계 2, 3위 경제대국으로 올라서더니 미국이 베트남전 전비 조달 목적으로 발행한 국채들을 사들여 막강한 채권국가로 등극해 있었습니다. 1960년대 중반부터 1970년대를 거치며 미국 경제가 가라앉기 시작하는 동안, 일본과 서독이 치고 올라온 것이죠.[2]

미국은 베트남 전쟁에서 지면서 세계 정치 무대에서도 추락하는 모습을 보여주었습니다. 미국은 아시아에서 발을 뺄 테니 아시아 일은 아시아 사람들이 알아서 하라고 선언한 닉슨 독트린[3]이 그 좋은 예였고, 1979년에 일어난 이란 주재 미국 대사관 인질 사건이 또 다른 좋은 예였습니다. 특히 이 인질 사건은 미국이 후원했던 이란의 팔레비 왕정을 무너뜨리고 등장한 이슬람 정권이 미국 외교관들을 인질로 잡은 사건이었는데, 미국은 이들을 구하려는 작전을 감행하다 헬기가 추락하여 결국 실패하고 마는 수모를 겪습니다. 1인자 미국은 베트남에게, 이란에게 두들겨 맞는 동네북이 되었습니다. 미국에게 1970년대는 기억하기 싫은 10년이었습니다!

이렇게 흔들리는 미국을 보면서 미국 국민들은 불안을 느낍니다. 이러다가 세계 으뜸 자리를 뺏기지 않나 하는 두려움이 미국 사람들을 사로잡았죠. 이럴 때 이런 미국 사람들의 마음을 읽은 한 전직 영화배우가 미국 대통령이 됩니다. 그가 바로 로널드 레이건Ronald Reagan(1911-2004, 재임 1981-1989)입니다. 그는 미국 사람들의 마음을 꿰뚫어보고 위대한 미국을 재건하겠다고 선언합니다. 그는 우선 가라앉는 미국 경제를 살리겠다며 레이거노믹스Reaganomics(=Reagan+economics)라는 처방을 내놓습니다. 이 처방에는 다양한 방책이 들어있었으나 그 **핵심은 부자들과 기업들에게 세금 깎아주기였습니다**(어려운 경제학 용어로 공급중시 경제학이 제시한 이론을 따른 처방이었으나 그 이론을 굳이 여기서 설명할 필요는 없을 것 같습니다). 말하자면 이런 것이었습니다. 어느 기업이 1년에 100억을 버는데, 지금까지 그중 10억을 세금으로 내왔다고 합시다. 그런데 레이건은 이 세금을 5억으로 줄여주겠다고 선언합니다. 이렇게 세금을 줄여주면 그 기업은 세금으로 나가지 않은 5억을 기술개발이나 설비투자에 쓸 것이고, 이렇게 되면 생산이 늘어나 일자리도 늘어날 것이며, 그러면 고용이 늘어 개인 소득이 늘어난다는 논리였습니다. 이렇게 소득이 늘면 소비가 늘고 이는 다시 생산증가로 이어져 결국 경제성장이 이루어진다는 것이 레이거노믹스가 내놓은 설명이었습니다.

그런가 하면 레이건은 1970년대에 미국에게 수모를 안겨준 베트남과 이란의 배후에 자리한 소련을 확실히 눌러버리겠다며 엄청난 군비 확장에 나섭니다. 제2차 세계대전 이후 가장 큰 해군력을 건설하는 데 착수하는가 하면(1척당 가격이 1조 원이나 하는 이지스 구축함도 레이건 시절에 처음 등장했습니다), 우주 전쟁Star Wars 계획을 세워 소련이 발사하는 핵미사일들을 우주 공간에서 모조리 파괴해버리겠다는 야심찬 모험을 시작합니다. 레이건이 얼마나 결연한 의지를 가졌던지 그를 암살하려는 한 젊은 친구가 쏜 총탄이 그의 몸속에 박혔는데도 고희를 넘은 이 노인은 하루 종일 걸린 대수술을 이겨내고 살아납니다(그 친구 이름은 존 힝클리였습니다. 자기가 짝사랑하는 여자배우 조디 포스터에게 자기 존재를 과시하려고 레이건을 권총으로 쐈다 합니다. 조디 포스터! 정신 나간 인간에게도 짝사랑을 받을 만큼 연기를 잘했죠! 영화 〈양들의 침묵〉에서는 FBI 미녀 수사관 역할을 맡아 훌륭한 연기를 보여주었고 〈택시 드라이버〉에서도 소녀 창녀 역할을 맡아 센세이션을 일으켰습니다).

미국을 살려보겠다는 레이건의 굳건한 의지가 미국 사회에 영향을 주었는지는 모르겠지만, 실제로 망하기 직전까지 갔던 미국 3대 자동차 회사 중 하나인 크라이슬러는 1980년대 초반에 흑자를 기록하는 회사로 탈바꿈하며 다시 살아납니다. 이때 이 회사를 살려낸 경영자 리 아이아코카 Lee Iacocca(1924-)는 전 세계를 아우르는 스타가 되어 여기저기 경영 비법을 전해주기도 했습니다. 한국에도 와서 자동차 산업에 뛰어들겠다고 벼르던 삼성 회장에게 한 수 조언을 해주기도 했으니까요(아마 그때 아이아코카가 비법을 제대로 알려주지 않았나 봅니다. 삼성 자동차가 프랑스 르노 자동차에게 팔려간 걸 보면!).

하지만 모든 게 뜻대로 이루어지지는 않았습니다. 엄청난 군비 확장에는 성공했지만, 경제는 살아나지 않았죠. 오히려 미국은 빚이 늘어나 재정만 더 나빠졌습니다. 막대한 군비 지출 때문에 돈 들어갈 곳은 많은데 대책 없이 세금만 줄여놓으니 결국 군비를 늘릴 돈은 빚을 내 마련해야 했습니다. 레이거노믹스가 가졌던 순진한(?) 환상, 다시 말해 부자들과 기업들에게 세금을 깎아주면 깎아준 만큼 나라와 국민을 생각하여 투자를 늘리고 기술 개발에 나서리라는 환상은 물거품이 되었죠. 애초부터 이런 세금 깎아주기는 레이건의 둥지인 공화당을 지지하는 미국의 부유한 보수 백인 지배층의 이익을 챙겨주는 것에 불과했습니다. 이런 부자들이 세금을 깎아줬다고 가난한 동포들을 생각하여 투자를 늘리고 기술개발에 나설 리는 만무했습니다. 오히려 더 큰 돈을 만질 수 있는 곳에 자금을 쏟아붓는 투기에 바빴죠(2008년부터 한국에서 펼쳐지는 경제 상황과 똑같습니다!).[4] 돈을 쥔 세력과 결탁한 정치인들이 권력을 잡으려고 달콤한 말로 국민들을 구슬려 환상을 심어준 것이 레이거노믹스였습니다. 미국의 저명한 역사가인 하워드 진Howard Zinn(1922-2010)은 그의 유명한 저서인 『미국 민중사』에서 아주 의미심장한 말을 했지요. 꼼수를 부리는 정치인들이 뒤에서 돈줄을 쥔 세력과 결탁하여 막대한 이득을 챙기는데도 멍청한 시민들은 이 정치인들이 자신들에게 아주 조금 던져주는 떡고물에 넘어가 이런 정치인들을 지지한다고! 하워드 진은 미국 초기 정치인들의 실상을 고발하며 그런 말을 했지만, 냉철히 돌아보면 그가 한 말은 80년대 미국에도 (그리고 어쩌면 2007년 12월 한국에도) 그대로 들어맞는 말이 아닐까 싶습니다.

그런데 이렇게 여전히 허덕이던 미국에게 돈줄이 되어준 곳이 일본과 서독이었습니다. 일본은 1980년대에 황금기를 구가했습니다. 경제면에서는 조만간 미국을 추월할 것 같은 기세였죠. 쌓여만 가는 돈을 주체하지 못한 일본은 미국이 자랑하는 록펠러 센터를 사들이고 뉴욕 크리스티 경매장에 나오는 유명 화가들의 값비싼 걸작을 모조리 사들이는 큰손이 되었습니다. 서독도 마찬가지였죠. 서독이 만든 벤츠는 미국이 자랑하는 캐딜락을 뛰어넘어 미국 부호들이 선호하는 자동차가 되었습니다. 외화내빈外華內貧이라는 한자성어가 있죠. 겉은 번지르르한데 속은 거지라는 뜻입니다. 이 무렵 미국이 그랬습니다. 바로 이런 시대상을 엿볼 수 있는 영화 하나가 1988년에 나와 대히트를 쳤습니다. 그게 바로 브루스 윌리스가 영웅으로 등장하는 〈다이 하드Die Hard〉입니다.

대체 얼마나 죽여주는 하드(막대에 꽂혀 있는 빙과류입니다. 제가 어릴 때는 모든 빙과류를 "하드"로 불렀습니다. 소위 "콘"은 비싼 아이스크림으로서 특별한 때나 먹을 수 있는 사치품이었죠!)이기에 영화 제목을 〈죽는다 하드〉라고 붙였을까요? 이 영화에는 의미심장한 상징들이 많이 들어 있습니다. 주인공인 존 맥클레인(브루스 윌리스)은 뉴욕에서 일하는 형사인데, 크리스마스를 맞아 LA에서 일하는 아내를 찾아옵니다. 두 사람은 사실상 이혼 상태인 부부죠. 부부라는 공동체보다 개인의 성공을 우선시하는 미국의 개인주의 풍토를 그대로 보여주는 장면입니다. 아내는 미국에 들어와 성공한 일본계 기업 나카토미 상사에서 일본인 사장을 모시고 간부로 일하는 능력자였죠. 이 나카토미 상사 금고에는 미국 재무부가 발행한 미국 국채가 가득 들어 있었습니다. 일본인이 사장으로 등장하는 것이나 일본계 기업이 금고에 미국으로부터 받아낼 빚을 증명하는 유가증권을 가득 갖고 있다는 것은 금방이라도 미국을 추월할 것처럼 의기양양하던 일본 경제를 상징합니다.

그런데 바로 이 나카토미 상사에 무시무시한 독일 테러단이 찾아옵니다. 서독이 자랑하던 명품 기관단총 MP5와 오스트리아가 자랑하던 소총 쉬타이어로 무장한 채 나카토미를 급습한 이들이 노린 것은 나카토미 금고 안에 든 미국 국채였습니다. 이들의 빈틈없는 작전은 게르만 민족의 치밀함을 상징하는 것 같았고, 이들이 들고 온 무기는 게르만 제품의 우수성을 과시하는 상징이었죠. 특히 이 테러단이 군대처럼 행동하며 서독제와 오스트리아제 무기를 사용한 것은 오스트리아 출신인 히틀러가 독일 총통이 되어 오스트리아와 독일을 하나로 만든 뒤 침략 전쟁에 나섰던 제2차 세계대전을 떠올리게 했습니다. 결국 〈죽는다 하드〉는 일본을 미국 돈을 빼앗아 미국 위에 군림하는 존재로, 서독을 치밀한 조직과 우수한 성능을 가진 제품으로 역시 미국 돈을 빼앗아가려는 집단으로 묘사합니다. 이들과 맞서는 인물 존 맥클레인은 초라하기 그지없는 모습입니다. 그가 가진 무기는 베레타 권총(이것도 미국제가 아니라 이탈리아제네요!) 한 자루, 그가 입은 전투복은 시큼한 땀 냄새가 확 풍겨올 것 같은 러닝셔츠입니다. 마치 살림살이가 거덜 난 미국을 상징하는 것 같습니다.

테러범들은 나카토미 상사 사장에게 금고를 열라고 요구하지만, 사장은 어떻게든 시간을 끌면서 금고를 열지 않으려고 합니다. 결국 사장은 테러범 두목에게 죽고 맙니다. 이 장면은 비싼 돈이 들어가는 안보安保는 미국에 떠넘긴 채 그저 미국 돈을 긁어모으기에만 정신이 없었던 일본을 고약한 놈들로 여기던 당시 미국의 속내를 그대로 드러냅니다. 슬금슬금 미국 돈이나 빼가면서 미국에게 안보나 의지하다간 총에 맞아 죽고 말 거라는 경고였겠죠. 마치 일본에게 그렇게 살다간 머지않아 망하고 말 것이라고 저주하는 것 같았습니다. 그전보다 덜했지만 그래도 당시는 여전히 미국과 소련이 냉전을 벌이던 때였습니다. 1980년대 미국은 빚더미 국가였기 때문에 돈 많은 일본에게 더 많은 군사비를 지출하여 소련을 막는 데 힘을 보태라고 요구했습니다. 그때 일본은 군사력 보유를 금지한 자기들의 "평화 헌법"이란 것을 핑계로, 그리고 자기들이 큰 군사력을 가지면 주변 아시아 국가들이 경계한다는 이유로 GDP 1퍼센트 이내에서만 군사비를 지출하겠다고 말했습니다. 그러면서 소위 "전수방위專守防衛" 원칙을 천명합니다. 적이 공격할 때 이를 막을 수 있을 만큼만 군사력을 가지며 그런 군사력을 유지할 정도의 군사비만 지출하겠다는 원칙이었습니다. 이런 원칙은 제2차 세계대전 이후 일본 총리였던 요시다 시게루吉田茂 (1878-1967; 한국 전쟁이 일어났을 때 일본이 부흥할 계기를 잡았다고 좋아하고 재일 한국인을 벌레 취급했던 인물이었습니다)가 "안보는 힘센 미국에게 떠맡기고 우리는 열심히 경제를 재건하여 부자가 되자"고 주장했던 것과 같은 흐름이었습니다. 말하자면 제2차 세계대전 패배 이후 40여 년 동안 그런 원칙을 고수해온 셈이었죠. 미국이 돈이 많을 때야 일본이 굽실거리며 상전으로 떠받들어 주니까 좋았을 것입니다. 그러나 이제는 일본이 돈이 많아졌다고 미국의 자존심까지 건드리는 상황이 되었습니다. 이런 상황에서 일본이 여전히 비싼 돈이 들어가는 안보는 미국더러 책임지라 하고 경제 쪽에서는 미국 등골을 야금야금 빼먹었으니, 미국 친구들이 기분이 좋았겠습니까?

어쨌든 〈죽는다 하드〉는 거지꼴을 한 존 맥클레인이 서독 테러범들을 모두 물리치고 위대한 영웅이 되는 장면으로 끝을 맺습니다. 훌륭한 무기와 조직력을 갖춘 테러범들이었지만 정의감과 기지奇智가 넘치는 이 무적 형사에게는 상대가 되지 않았습니다. 실제로 영화를 보면 우연히 존 맥클레인과 테러범 두목이 마주치는 장면이 나옵니다. 여기서 맥클레인은 자기 앞에 있는 사람이 테러범 두목임을 눈치 채고 총알이 없는 권총을 건네주며 같이 테러범들을 몰아내자고 제의하죠. 선량한 사람인 체하며 총을 건네받은 두목은 즉시 부하들에게 이런 무전을 날립니다. "Komm, komm, schnell, schnell, sofort!"(와라, 와라, 빨리, 빨리, 당장!) 비록 나지막한 목소리로 한 말이었지만, 그 다급한 말투에는 "야, 놈을 찾았다! 근데 나 혼자 이 녀석을 상대하기는 불가능하니, 너희들 빨리 와서 도와라! 이건 명령이다!"라는 속뜻이 들어 있는 것 같았습니다. 이는 뒤집어보면 미국이 서독을 상대로 "서독, 너네는 겁쟁이야! 1대1로 붙으면 우리와 상대가 안 돼!"라고 비꼬는 장면이라는 생각이 듭니다. 결국 이 두목도 맥클레인에게 비참한 최후를 맞죠.

〈Die Hard〉라는 영화 제목은 아마도 "끈질기게 버티며 저항하는 사람"이라는 뜻을 가진 diehard라는 단어에서 가져온 것 같습니다. 이 제목이 암시하듯 이 영화는 우선 미국에게 "영화 속의 주인공 존 맥클레인처럼 끈덕지게 버텨내며 지혜로 난관을 뚫고 나가면 언젠가는 승리를 얻고 영광을 얻으리라"는 메시지를 제시했습니다. 그런가 하면 일본에겐 "곱상한 양복을 자랑하고 막대한 채권을 자랑하며 1인자 노릇을 하려고 하지만, 너희가 믿는 그 돈 때문에 언젠가는 기필코 망하고 말리라"는 예언을, 서독에겐 "너희가 아무리 훌륭한 기술과 좋은 제품을 자랑해도 너희에겐 아직도 나치와 같은 집단주의 문화가 남아 있으며, 너희도 필경 우리에게 무릎을 꿇으리라"는 메시지를 던졌습니다. 결국 미국이 마지막 승리와 영광을 누릴 것이며, 지금은 멋모르고 까부는 일본과 서독은 미국에게 머리를 숙일 것이라는 것이 이 영화가 던진 위로요 예언이었습니다.

그런데 이 〈죽는다 하드〉가 예언한 일이 정말 일어나고 맙니다. 〈죽는다 하드〉가 죽여주는 히트를 친 다음 해인 1989년, 현대사를 뒤흔든 격변이 일어납니다. 제2차 세계대전 이후 세계 질서를 결정해왔던 동서 냉전의 상징인 베를린 장벽이 무너진 것입니다. 이어 1990년에는 독일이 통일되고, 그 다음 해인 1991년에는 마침내 1917년 혁명 이후 사회주의의 중심 역할을 해왔던 소련이 문을 닫고 러시아를 비롯한 독립국가연합으로 쪼개집니다. 이는 냉전이 미국이 대표하는 서방 세계의 승리로 끝났음을 알려주는 장면 같았습니다. 통일 독일은 이때부터 통일 비용을 감당하느라 경제가 주춤거리기 시작합니다. 마치 밑 빠진 독에 물을 붓는 것처럼 옛날 동독 지역을 재건하는 데 어마어마한 돈을 쏟아부어야 할 처지가 되었습니다.

게다가 1989년에 이르러 그때까지 하늘 높은 줄 모르고 솟아오르던 일본 경제가 무너지기 시작합니다. 이전에 누렸던 영화榮華가 모두 거품(버블)이라는 것을 증명해주는 것처럼 일본 경제는 속절없이 무너졌고 그 침체는 지금까지 이어지고 있습니다. 당시 일본 주식시장의 닛케이 평균주가는 3만 엔이 넘었는데, 지금은 1만 엔대를 오르락내리락합니다. 수치만 놓고 봐도 일본 기업의 가치가 3분의 1 수준으로 떨어져버린 셈이죠. 때마침 일본 경제가 내리막을 걷기 시작한 1989년에 일본 왕 히로히토가 죽습니다. 그는 제2차 세계대전 전범이었지만, 그 이후 1950-1960년대를 거치며 일본이 다시 일어서면서 활력을 회복하는 모습을 지켜본 왕이었습니다. 때문에 요즘 일본 사람들은 이 시대를 히로히토 연호를 써서 "황금 시절인 쇼와昭和 시대"라 부르며 그리워하고 그 시절로 돌아가고 싶어 난리입니다. 이 히로히토가 저지른 죄악이 얼마나 큰가는 새까맣게 잊어버린 채 그저 그 시대에 누린 번영, 잘 먹고 잘 살았던 것만 추억하는 것이죠.

일본은 과거에 자신들이 저지른 죄를 잊어버렸다기보다 애초부터 죄로 생각하지 않는 것 같습니다. 오히려 자신들을 패전에 따른 멍에를 뒤집어쓴 피해자로 여긴다는 생각이 듭니다. 유명한 영화감독 이마무라 쇼헤이今村昌平(1926-2006)가 감독한 〈간장선생〉(여기서 간장은 차두리 선수가 부른 히트송 "간肝 때문이야!"에서 말하는 그 간입니다) 같은 영화를 봐도 그렇습니다. 영화를 보면, 간장 선생이 일본을 폭격하다 격추당한 연합군 폭격기 조종사를 몰래 숨겨놓고 치료해주는 장면이 나오고 마지막 부분에서 일본에 원자 폭탄이 떨어지는 장면이 나오는데, 결국 이것은 "일본인은 본디 적의 생명도 소중히 여기는 박애주의자다!", "일본은 가해자가 아니라 피해자야!"라고 억지를 부리는 것 같습니다.

어쨌든 군사력과 국제 정치 무대의 라이벌인 소련이 무너지고 일본과 독일이 내리막길을 걸으면서, 마침내 미국은 〈죽는다 하드〉가 예언한 대로 영광스러운 1인자 자리를 확고하게 되찾습니다. 이제 미국 앞에는 거칠 것이 없었습니다. 1989년에 등장한 미국 부시(2001년부터 8년 동안 미국 대통령을 한 아들 부시의 아버지입니다. 미국 학자들이 조사한 미국 역대 대통령 지능 조사 결과, "아버지만한 아들 없다"는 것을 증명해보인 아버지입니다. 아들 부시가 최저 점수를 받았기 때문이죠) 행정부는 우선 본보기로 파나마를 두들겨 팹니다. 명목은 파나마 지도자인 노리에가가 미국에 마약을 팔았다는 것이었지만, 실은 파나마가 미국 군사 전략상 중요한 파나마 운하를 붙잡고 미국에 대든 것이 원인이었죠(마치 1956년에 이집트 대통령인 낫세르가 수에즈 운하를 이집트 것으로 삼겠다고 선언하니까, 이 운하 때문에 막대한 이득을 챙기던 영국과 프랑스가 이스라엘과 함께 이집트를 공격한 것과 마찬가지였습니다). 미국은 한 나라 지도자인 노리에가를 자기 나라로 붙잡아와 법정에 세웁니다. 그리고 1990-1991년에는 쿠웨이트를 침공한 이라크군을 박살 냅니다. 자기를 돕지 않는 나라는 우방으로 간주하지 않겠다는 식으로 으름장을 놓아 수많은 나라로부터 군대와 돈을 모으더니, 이들을 데리고 이라크군을 공격하여 불과 나흘 만에 전멸시켜버립니다. 이제 바야흐로 세계는 미국 천하가 되었습니다. 정치도 군사도 미국 천하가 되었고, 경제도 미국 천하가 됩니다. 부시 행정부에 이어 등장한 클린턴 행정부(1993-2001)는 재정 적자를 줄이는 데도 성공하여 미국 경제도 다시금 살아나게 되었죠.

사막 폭풍Desert Storm 작전 당시 미군과 미국이 주도한 다국적군을 이끈 두 장군 콜린 파월(좌) 미 합참의장과 노먼 슈워츠코프(가운데) 다국적군 사령관. 사막 폭풍 작전은 1990년 말 이라크 가 쿠웨이트를 침공하자, 미국을 비롯한 여러 나라 군대가 1991년 1월부터 2월까지 이라크를 공 격하여 궤멸시켜버린 군사 작전 이름입니다. 이 두 사람의 매서운 눈빛은 이제 누구라도 미국에 대드는 자가 있으면 박살 내버리겠다는 의지를 보여주는 것 같습니다. 이 작전은 세계 1인자 미 국의 부활을 확실히 알린 사건이었습니다.

　이때부터 확연히 미국식 제도, 미국식 가치가 세계를 아우르는 제도 와 가치로 등장하기 시작합니다. 이미 1980년대부터 **신자유주의**라는 이름 으로 등장한 이 미국식 질서는 겉으로는 공정한 경쟁과 효율을 외치는 것 같았지만 실은 약자라고 해서 특별히 보호함이 없이 말 그대로 맨몸으로 경쟁하여 이기는 자가 승리자라는 논리를 내세웠습니다. 고전파 자유주 의 경제학의 아버지인 애덤 스미스Adam Smith(1723-1790)조차 이기심에 따른 이윤 추구를 옹호하면서도 이 "이윤 추구는 만인에게 공감을 얻을 수 있 는 것이어야 한다"고 강조했건만, 신자유주의에서는 그런 모습을 찾아보 기가 힘들었습니다. 철저히 약육강식이었습니다. 신자유주의는 마치 19 세기부터 20세기 초까지 전 세계를 휩쓴 제국주의처럼 무력과 정치력을 앞세워 경제 자유주의를 강요하는 형태로 나타나고 있습니다. 자본과 기술을 앞세운 강국이 자기 나라 산업과 시장을 지킬 힘이 없는 약소국에게 이 약소국이 가진 모든 제조업과 서비스 시장을 다 열라고 협박합니다. 이 협박에 넘어가지 않으면 정치 수단을 앞세워 말을 안 듣는 나라를 고립시키거나 심지어 무력을 동원하여 혼내주기도 합니다. 이 신자유주의의 선두에 다시금 세계 1인자 자리를 굳힌 미국이 자리해 있습니다.

미국은 세계무역기구인 WTO에 가서도, 세계 금융 질서를 논하는 IMF에 가서도, 세계 각 나라가 원자력을 평화롭게 이용할 수 있는 안전장치로 만들어놓은 IAEA에서도, 심지어 세계의 교육과 문화 발전을 논의하는 유네스코에서도 자기 기준을 강요하고 자기 말만 따르라고 외칩니다. 이런 상황에서 세계 모든 나라가 동등하게 참여하여 자유롭게 결정한 진짜 세계 기준, 세계 질서라는 것이 과연 있을 수 있을까요? 이름은 세계 기준이요 세계 질서이지만 실상은 미국이 정해놓은 기준, 미국이 정해놓은 질서 아닌가요? 그렇다면 세계화가 앞에서 말한 대로 흔히 사람들이 이해하듯이 "세계 기준에 맞춰감", "세계 기준에 맞게 발전해감"이라는 뜻이라면, 이는 곧 "미국 기준에 맞춰감", "미국 기준에 맞게 발전해감"(미국 기준에 맞춰가는 것이 과연 "발전"인지 의문입니다만)이라는 뜻이 아닐까요? 결국 그렇다면 globalization이라는 단어는 세계화로 번역할 게 아니라 솔직하게 "미국 따라가기, 미국이 시키는 대로 순종하기"로 번역해야 하지 않을까요? 그렇다면 차라리 globalization이라는 말은 americanization으로 바꿔 쓰는 것이 말이 가진 의미를 제대로 담아낼 수 있을 것 같습니다.

7년 전, 영국의 석학 알리스터 맥그라스Alister McGrath(1953-)가 쓴 『기독교의 미래』를 번역할 때 그 책 2장 첫머리에 등장한 이 globalization을 어떻게 번역할까를 놓고 참 고민을 많이 했습니다. 결국 제가 택한 번역어는 "세계를 하나의 체제로"였고 이런 번역어를 택한 이유를 이런 역주로 붙여놓았습니다. "globalization은 단순히 '세계화'라는 말로 번역할 수 없는 말이다. 우선 '세계화'라는 말 자체가 문법에 어긋날 뿐 아니라, 정작 globalization이 함축한 뜻을 전혀 나타내지 못하기 때문이다. 정치, 경제, 사회, 문화 전반에 걸쳐 문제가 되고 있는 이 말은 각 나라, 각 민족, 각 체제의 개성보다 미국식의 정치 가치, 경제 질서, 문화 행태를 중심으로 전 세계를 미국의 패권 아래 하나의 체제로 묶으려는 움직임을 나타낸다. 미국이 WTO와 IMF를 통해 전 세계에 자신이 의도하는 질서를 심으려고 시도하는 것에 맞서 멕시코 칸쿤이나 체코 프라하에서 격렬한 반대 시위가 일어나고 프랑스가 강력한 프랑스어 보호법을 실시하게 된 것은 결국 이 거짓 세계화가 지향하는 것에 맞서 반대 의사를 표시한 것이라고 말할 수 있을 것이다." 그러나 아쉽게도 출간된 책은 편집 과정에서 globalization을 세계화로 바꿔놓았고 이 역주도 편집 과정에서 살아남지 못했습니다.

우리 중에는 오늘날 한미 FTA, 한-유럽 FTA를 체결해야 세계 기준에 맞춰갈 수 있고 orange를 "어륀지"로 발음하며 우리 국어와 국사까지 영어로 가르쳐야 세계 기준에 맞는 나라가 될 수 있다고 생각하는 이들이 있습니다. 그것이 과연 세계화라면, 박경리 선생의 『토지』도, 조세희 선생의 『난장이가 쏘아 올린 작은 공』도, 걸쭉한 사투리가 배어나는 조정래 선생의 『태백산맥』도, 뭇 여성의 질타를 받은 이문열 선생의 『선택』도, 이상 선생의 『날개』도 영어로 배워야 하고 심지어 이육사 선생과 윤동주 선생과 박인환 선생이 쓴 시도 영어로 번역하여 배워야 할지 모릅니다. 무조건 외국을 배척하자는 말이 아닙니다. 다만 globalization을 정말 세계화로 옮길 수 있는 말인지 한 번이라도 진지하게 고민해보았으면 합니다. 그저 이 미력한 번역자는 여전히 떳떳하게 globalization을 세계화로 옮길 수 없는 현실을 하루 빨리 벗어나 **진정한 의미의 세계화**로 마음 편히 번역할 수 있는 날이 오기를 간절히 바랄 뿐입니다.

1. 드골은 프랑스가 나치 독일에게 항복한 1940년에 영국으로 망명하여 자유 프랑스를 이끌고 있었지만 미국은 애초부터 드골을 프랑스를 대표하는 사람으로 생각한 적이 한 번도 없었습니다. 심지어 나치가 프랑스에 세운 꼭두각시 비쉬 정부에 속해있었고 나치와 협력했던 프랑수아 다를랑François Darlan(1881-1942)을 프랑스 정부를 대표하는 인물로 여기기까지 했죠. 이 다를랑이 암살당한 뒤에 미국이 대타로 내세운 인물이 바로 앙리 지로였습니다. 참고. 앙드레 모루아, 『프랑스사』(서울: 홍성사, 1985), 554-556.

2. 일본은 이미 1965년부터 미국을 상대로 무역 흑자를 내기 시작했고, 1967년에는 100억 달러 수출을 이루었으며, 1968년에는 GDP 기준으로 서독을 제치고 세계 두 번째 경제 대국(소련을 포함하면 세 번째)으로 올라섭니다. 그런가 하면 1949년 독일연방공화국으로 재탄생한 서독은 바로 그해부터 1950년대 전반까지 해마다 무려 평균 15퍼센트씩 산업 생산이 늘어나면서 경제 강국으로 다시 일어섭니다. 서독은 1962년에 수출 100억 달러를 달성했습니다. 독일은 여전히 수출 강국인데, 세계 무역 기구가 발표한 2011년 세계 무역 순위를 보면, 수출은 중국이 1위고 그 다음이 독일이었습니다.

3. 미국 대통령 리처드 닉슨Richard Nixon(1913-1994, 재임 1969-1974년. 1972년 대선 당시 미국 민주당 선거본부를 도청한 워터게이트 사건이 들통 나 의회가 탄핵 절차에 들어가자 스스로 사임했습니다. 이 워터게이트 사건은 영화 〈포레스트 검프〉에서도 한 토막 소재가 되었습니다)이 1969년에 발표한 미국의 대외정책 원칙입니다. 미국은 앞으로 베트남 전쟁 같은 지역 분쟁에는 개입하지 않을 것이며, 아시아 동맹국들이 위협을 받을 경우에도 핵무기 같은 것으로 공격을 받는 경우가 아니면 아시아 국가들이 알아서 해결하는 것을 미국의 대외정책 원칙으로 삼겠다는 것이 핵심 내용이었습니다. 이것은 미국이 해외 분쟁에 개입하여 군사력을 사용하는 것을 버거워할 정도로 미국 경제력과 대외 영향력이 줄어들었음을

보여주는 증거였습니다.

4. 경제학에서는 경제 정책의 근간을 크게 재정 정책과 금융 정책으로
나눕니다. 세금을 깎거나 국가의 재정 투자를 늘려 국민들에게 돌아
가는 수입을 늘려줌으로써 국민들이 쓸 수 있는 돈을 늘려주고, 이
를 바탕으로 국민들이 소비를 많이 하면, 다시 이 소비 증가를 토대
로 생산이 늘어나게 함으로써 소비자도 생산자도 국가도 다 잘 살
게 해보려는 정책이 재정 정책입니다. 그 좋은 예가 미국이 1929년에
시작된 대공황을 극복하려고 실시한 뉴딜New Deal 정책입니다. 이 정
책에 아이디어를 제공한 인물이 영국의 저명한 경제학자 케인즈J. M.
Keynes(1882-1945)입니다. 케인즈는 국가가 댐 건설 같은 사회 간접 자본
에 투자를 늘려 실업자들을 많이 고용하면, 실업이 줄어들고 국민 소
득이 늘어나 국민의 지갑이 두둑해진다고 말합니다. 이 돈을 먹을 것
도 사고, 옷도 사고, 차도 사고, 라디오도 사는 데 쓰면, 다시 이런 제
품이나 물건을 만드는 공장이나 농장이 생산이 늘어나 돈을 벌게 됩
니다. 그러면 이들이 국가에 세금을 더 많이 내게 되고, 국가는 다시
그 세금으로 투자를 더 늘림으로써 이런 소득 증대 효과를 더 크게 만
들 수 있다고 주장했지요(소위 "유효 수요 이론"입니다). 당시 대통령 루스
벨트는 "케인즈가 열심히 설명하는 말이 무슨 말인지 못 알아들었지
만 그럴싸하다고 생각하여" 그대로 받아들입니다. 그리하여 후버 댐
같은 큰 댐도 짓고 도로도 건설하여 고용을 늘림으로써 케인즈가 기
대한 효과를 실제로 이루어냈죠.

지금 정부가 실시하는 4대강 사업인지 뭔지는 이 정책들을 본받아
실시하는 것 같습니다. 그러나 케인즈는 루즈벨트에게 앞과 같은 정
책을 조언하면서 중요한 단서를 달았습니다. 가능한 한 많은 실업자
들을 고용할 수 있고, 가능한 한 많은 사람들이 소득 증대 혜택을 누
리며, 이들이 늘어난 소득을 사용할 경우 가능한 한 많은 생산자들이
혜택을 볼 수 있는 분야에 투자하라는 것이었습니다. 그런데 4대강을
개발한답시고 주변의 농경지는 다 없애버리고 문화재는 망가뜨리는
가 하면, 그저 강에서 모래나 열심히 파내고 강이 흘러가는 길을 곧

게 만드는 바람에 오히려 홍수 위험이 커지는 등 손실만 더 커지는 일을 투자라는 이름으로 벌이고 있으니, 이게 과연 경제를 살리는 재정 정책입니까? 국가 자신이 발표한 통계치를 봐도 고용 효과 역시 지극히 미미하다 하니, 대체 가장 큰 효과를 볼 수 있는 분야에 투자하라는 충고는 어디서 까먹고 이런 일을 벌인 것인지 이해가 가지 않습니다.

이 정부는 금융 정책도 엉망입니다. 본디 금융이라는 것이 경제의 혈관과 같은 작용을 하는 것이라 이 정책을 잘못하면 경제의 혈액 순환이 망가져 나라가 도탄에 빠지고 말지요. 그런데 이 정부는 이를 알았는지 몰랐는지 금융 정책도 역사가 일러준 교훈을 무시했습니다. 이 정부가 편 금융 정책의 대표 사례가 고환율 정책이었습니다. 말하자면 이전에는 1달러에 1,000원이었다면 일부러 1달러에 1,300원 혹은 1,400원이 되도록 만든 것이지요. 이렇게 할 경우, 가령 미국에 승용차 1대를 3만 달러에 수출했던 기업은 가만히 앉아 30-40퍼센트 수입이 늘어납니다. 말하자면 수출 기업들은 가만히 앉아 돈을 더 버는 셈이지요.

그러나 이런 정책은 옛날 박정희 정권 시절에나 쓸 만한 일입니다. 우선 수출 기업들은 정부가 올려준 환율 덕분에 가만히 앉아서 돈을 버니, 굳이 더 고급 기술을 개발하거나 마케팅 전략을 발전시키려 하지 않습니다. 그냥 수출을 더 늘리고 싶다면, 이전에 3만 달러를 받았던 것을 2만9천 달러만 받고 팔아버립니다. "가격이 떨어지면 수요가 늘어난다"라는 경제 원리에 호소하는 거지요. 하지만 이는 "한국 제품은 싸구려"라는 인식을 불러올 수 있는데다가 결국 기술 혁신에서도 뒤떨어지는 기업을 만들어내어 먼 안목으로 보면 우리나라에 좋지 않은 결과만 가져다줍니다. 뿐만 아니라, 가령 환율이 30퍼센트 높아지면 국제 시장에서 원유 가격이 1배럴에 그대로 100달러일지라도 우리는 가만히 앉아서 원유 대금을 30퍼센트나 더 내야 합니다. 원자재 가격이 엄청나게 오르는 것이지요. 그렇지 않아도 우리나라는 석유, 가스, 석탄, 철, 밀, 콩, 옥수수 같은 것들을 거의 다 수입해옵니다. 이런 원자재 가격이 순식간에 30퍼센트, 40퍼센트 오른다고 생각해보십시오. 이런 원자재를 바탕으로 제품을 만들어 국내 시장에 내놓는 기업들은 살아남으려고 국내 판매가를 대폭 올릴 수밖에 없습니다. 그러면 국내 물가가 엄청나게 올라서 국민들이 실제로 쓸 수 있는 소득은 그만큼 줄어들 수밖에 없습니다. 이전에 100만 원 벌었던 가족이 80만 원을 소비하고 20만 원을 저축했다 합시다. 이때 평균 물가가 10퍼센트 올라 소비 지출을 10퍼센트 늘려야 했다면 그 집은 이제 88만 원을 쓰고 12만 원밖에 저축할 수 없는 처지가 되고 말지요. 지금 빚더미에 올라앉은 집들이 많다고 말하는데, 그것은 그만큼 물가가 국민들이 감당할·수 있는 수준을 넘어섰다는 말이 될 것입니다. 이런 상황에서는 아무리 4대강이니, XX 노믹스니 해서 국민들 소득을 늘려준다 해도 국민들이 실제로 쓸 수 있는 소득은 도리어 마이너스가 되고 맙니다. 케인즈는 분명하게 말했습니다. "공황을 극복하려면 국민들이 이것저것 공제하고 실제로 쓸 수 있는 소득을 늘려주어야 한다"고. 하지만 지금과 같은 상황에서는 요순堯舜이 들어선다 해도 이 나라 경제를 살리지 못할 것입니다. 왜냐하면 모든 이가 다 자기만 잘 살려 하고 공동체는 생각하지 않기 때문입니다. 순진한 공급중시 경제학자들은 부자들이 선할 것이라고 믿었지만, 부자들은 선하지 않았습니다. 이 학자들이 마태복음 19:16-22의 부자 청년 이야기만 잘 알았더라도 그런 실수는 하지 않았을 겁니다.

아니, 신학자가 스카치위스키를 마신다고?

"**번역**은 상당히 정직한 일이구나!"라고 느낄 때가 가끔 있습니다. 원문을 처음부터 끝까지 하나도 빼놓지 않고 옮겨야 하는 것도 그렇고, 원문이 쓴 말을 그 말이 가진 의미 범위 안에서 그대로 옮겨놔야 하는 것도 그렇고, 또 일한 만큼만 번역비를 받는다는 점도 그런 생각을 하게 만드는 이유입니다. 그런데 그런 정직함 때문에 고민했던 일이 하나 있습니다. 허타도 교수가 쓴 『주 예수 그리스도』를 번역할 때였습니다. 저는 보통 번역을 하면 처음부터 끝까지 순서대로 번역을 해가기 때문에 끝에 이르면 모든 번역을 마칩니다. 그런데 이 책은 그렇지 않았습니다. 끝까지, 심지어 색인까지 번역을 마쳤는데도, 정작 책 첫머리에 있는 헌사獻大辭는 번역하지 못한 채 그대로 남아 있었습니다. 사전을 뒤져봐도, 자료를 찾아봐도 도무지 그 의미를 알 수 없는 수수께끼들이 이 헌사 안에 숨어 있었기 때문입니다. 헌사 원문은 이랬습니다.

"To the EHCC Scholarship, friendship, a sense of humor,

Highland Irrigation"

　이 짧은 헌사 원문은 제가 풀어야 할 두 가지 수수께끼를 안겨주었습니다. 저는 그 수수께끼들을 반드시 풀어야 했습니다. 그래야 번역 원고를 출판사에 넘겨줄 수 있을 테고, 그래야 번역비를 다 받을 수 있기 때문이고, 그래야 가족을 부양할 책임을 다할 수 있었기 때문입니다(이래 뵈도 나름 성실하게 살려고 노력하는 가장이랍니다). 그 두 수수께끼 가운데 첫 번째는 맨 앞에 나온 "EHCC의 정체가 무엇인가?" 하는 것이었습니다. 그리고 두 번째는 맨 마지막에 나온 "Highland Irrigation이 무슨 뜻인가?"라는 문제였습니다. 우선 순서대로 첫 번째 수수께끼부터 풀기로 했습니다. EHCC는 정말 말 그대로 "듣보이"(듣지도 보지도 못한 이름)였습니다. 헌사 문맥으로 보아 EHCC는 저자인 허타도 교수가 이 책을 헌정하는 대상인 것 같았습니다. 일단 저는 이 "듣보이"가 사람 이름이 아니라 단체 이름인 것 같다는 것, 그리고 EHCC는 무슨 머리글자를 따서 만든 것이라는 추리를 했죠. 이런 추리를 바탕으로 이 EHCC가 무엇의 머리글자일까 곰곰이 생각해보았습니다. 인터넷을 뒤져보다가 EHCC가 초기 고기독론 클럽Early High Christology Club의 약자임을 알려주는 사이트를 한 군데 찾아내긴 했습니다. 허타도 교수가 신학자이고 또 이미 초기 교회 당시부터 예수가 하늘에서 내려오신 하나님으로서 참 사람이 되신 분으로 믿었다[1]는 것이 『주 예수 그리스도』의 주장이었기 때문에 EHCC가 초기 고기독론 클럽일 수도 있겠다고 생각했지만, 확신이 서질 않았습니다.

　그래서 여러 가지 가능성을 추측해봤죠. 우선 허타도 교수가 에든버러 대학교 교수라는 것과 이 헌사에 "장학금"으로도 해석할 수 있는 scholarship이라는 단어가 들어있다는 점에 착안하여 이 EHCC가 Edinburgh

Home Coming Committee(에든버러 고향 방문 협회) 같은 단체가 아닐까 생각해봤습니다. 말하자면 이 단체가 에든버러 대학생들에게 장학금을 주며 에든버러를 많이 사랑해주도록 애쓴 점에 감사하여 이 책을 헌정한 게 아닐까 하는 생각을 해봤죠. 하지만 그럴 가능성은 희박해보였습니다. 전문 신학서를 그런 단체에 헌정할 리는 없다는 생각이 들었기 때문이죠. 그래서 그 다음으로 생각해본 가능성이 이 단체가 혹시 무슨 친목 모임이 아닐까 하는 것이었습니다. 마침 헌사에 friendship이라는 단어가 있었기 때문에 충분히 친목 모임일 수 있다는 생각이 들었습니다. 말하자면 Edward와 Hurtado와 Cabin과 Carl이 만든 부부 동반 친목계 모임 같은 거죠. 그러나 영국에 친목계가 있을 리 만무했기 때문에 이 가능성도 접었습니다.

그 다음으로 생각한 것이 England High-quality Comedy Committee였습니다. a sense of humor(유머감각)라는 말에 착안하여 생각해본 것인데, 이것 역시 좀 우스웠습니다. 코미디면 코미디지 단체 이름에 고품질 코미디라는 말을 쓴다는 게 우습지 않겠습니까? 게다가 에든버러는 늘 잉글랜드와 다른 나라임을 주장하며 독립하려고 애쓰는 스코틀랜드의 수도이고 에든버러 대학교는 그런 스코틀랜드가 자랑하는 유서 깊은 대학인데 그런 대학교의 신학대학 학장이 이런 사정도 모르고 England라는 단어가 들어간 단체에게 자기 책을 헌정할 리가 없겠죠. 결국 이래저래 고민하다가 아예 순서를 바꿔 두 번째 수수께끼부터 풀어보기로 했습니다. 두 번째 수수께끼를 풀면 첫 번째 수수께끼도 풀릴지 모른다는 생각을 한 거죠.

그런데 이 두 번째 수수께끼도 만만치가 않았습니다. Highland Irrigation! 두 단어를 따로 떼어놓고 보면 어려운 뜻은 아니었습니다. Highland는 보통 스코틀랜드의 별명처럼 쓰는 말입니다. 원래 스코틀랜드는 북쪽의 산악지대인 Highlands와 남쪽의 Lowlands로 나뉩니다. 양쪽은 문화나 언어 면에서 차이가 있죠. 에든버러는 지리상 Lowlands에 속해 있습니다. 그러나 대개 Highland 하면 스코틀랜드를 가리키는 말로 알아듣습니다. 그리고 두 번째 단어인 Irrigation 역시 어렵지 않았습니다. 메마른 땅에 물을 대어 농사를 지을 수 있게 하거나 사람이 살 수 있게 하는 관개灌漑를 가리키는 말이었기 때문입니다. 그런데 이 두 단어를 붙여 써놓으니 도통 알 수 없는 말이 되고 말았습니다. "아니, 스코틀랜드에 관개를 하다니? 스코틀랜드에 물을 대서 농지를 늘렸나? 이게 대체 뭔 말이여?" 물을 댄다면 어디서 물을 끌어와 댄다는 것인지 지도를 놓고 찾아봐도 물을 댈 만한 곳이 없더군요. 그러다가 이런 생각까지 했습니다. "그래, 스코틀랜드에 관개를 했을 수도 있겠다. 그렇다면 EHCC는 혹시 England Highland Cooperation Committee(잉글랜드 스코틀랜드 협력 협회) 같은 게 아닐까? 잉글랜드와 스코틀랜드는 서로 앙숙이잖아? 원래는 다른 나라였는데, 잉글랜드가 18세기 초에 스코틀랜드를 집어삼켰지. 그래서 스코틀랜드가 자꾸 독립하려 하는 거고. 그런데 요새 영국 처지가 말이 아니잖아. 그래서 잉글랜드와 스코틀랜드의 몇몇 사람들이 뭉쳤을지도 몰라. 외국 친구들이 영국보고 종이호랑이라고 손가락질하는데, 우리 서로 싸우지 말고 힘을 합쳐 강한 나라를 만들어보자고. 그렇게 연합한 기념으로 스코틀랜드에서 관개 사업을 했을지도 몰라!" 상상하다가, 상상하다가 결국에는 영국 역사를 통째로 바꿔놓을 수 있는 상상까지 한 셈입니다. 도무지 알 수 없는 수수께끼였습니다.

저는 이 수수께끼에 말 그대로 수수께끼인 이니그마enigma라는 별명을 붙여주었습니다. 제2차 세계대전 당시 독일 해군이 사용했던 유명한 암호 이름이 바로 이니그마였습니다. 영국 해군은 이 암호를 해독하지 못하여 결국 독일 잠수함 U보트들에게 수많은 배를 잃었죠. 그러다가 정말 하나님이 도우셨는지 고장 난 U보트 한 척을 사로잡습니다. 통신 시설도 고장 나 본국에 자기 잠수함이 고장 났다는 것도 알리지 못한 채 표류하던 잠수함을 영국 해군이 붙잡은 거죠. 그런데 독일 잠수함 승무원들은 붙잡힐 당시 깜박 하고 이니그마 해독기를 그대로 놔둔 채 붙잡히고 말았습니다. 이 잠수함을 수색하던 영국 해군은 이 해독기를 발견하고 이를 자기 나라로 가져가 마침내 독일 해군 암호를 풀어내는 데 성공합니다. 그 결과 영국 해군은 독일 해군을 손바닥 들여다보듯이 들여다보게 되었고 결국 바다 싸움에서 이길 수 있는 계기를 잡았다고 합니다. 그런데 독일은 제2차 세계대전이 끝날 때까지 자기네 이니그마가 영국 손에 넘어간 줄도 모르고 그 잠수함이 침몰한 줄로 알았다는군요. 어쨌거나 제게도 Highland Irrigation은 이니그마였습니다. 이 이니그마를 해독하려면 이를 풀 해독기를 손에 넣어야 했습니다. 곰곰 생각해보니 결국 그 해독기는 이 말을 써놓은 허타도 교수 자신이겠더군요. 그래서 결국 허타도 교수께 메일을 보냈습니다. 이런 사연을 설명하고 대체 EHCC는 무엇이며 Highland Irrigation은 무엇인지 여쭤본 거죠. 이윽고 허타도 교수로부터 답을 받았습니다. 그런데 그때부터 또 다른 고민이 시작되었습니다.

허타도 교수가 보내온 답신은 이랬습니다. "EHCC는 초기 고기독론

제2차 세계대전 당시 독일 해군이 사용한 이니그마 암호책입니다.

클럽의 약자가 맞습니다. 그리고 Highland Irrigation은 내가 구사한 위트랍니다. 스코틀랜드는 위스키가 유명한데, 나는 해마다 좋은 위스키가 나오면 이를 EHCC로 가져가 내 친구들과 시음한답니다." 아니 이게 무슨 소리입니까? 명색이 신학 교수라는 사람들이 독주라는 스카치위스키를 마신다니! 큰일이었습니다. 이 헌사를 허타도 교수가 일러준 그대로 번역하면 "학문과 우정과 유머 감각과 스카치위스키를 함께 나눈 EHCC에게 이 책을 바친다"로 옮겨야 할 판이었습니다. 그런데 그렇게 옮겼다간 신학 교수가 스카치위스키를 마시는 일을 도저히 받아들이지 못할 것 같은 한국 교회의 정서가 걱정되었습니다. 그래서 할 수 없이 타협하기로 했습니다. 일단 저는 "학문과 우정과 유머 감각과 스코틀랜드산 생수를 함께 나눈 EHCC에게 이 책을 바친다"로 옮겼습니다. 그리고 역자 주를 달아 "사실은 이 스코틀랜드산 생수가 스카치위스키를 의미한다는 것, 그리고 유럽은 수질이 좋지 않아 어쩔 수 없이 술도 음용할 수밖에 없다는 것"을 밝혀놓았죠.

하지만 허타도 교수가 이렇게 번역한 사실을 알면 아마 많이 서운해했을 것 같습니다. 자신과 친구들이 나눈 깊은 우정을 은유하는 말로 스코틀랜드가 자랑하는 명품 스카치위스키를 적어놓았는데, 자신들의 우정을 한국의 어느 속없는(?) 번역자가 맹맹한 생수로 바꿔놓았으니, 얼마나 어이가 없겠습니까? 그러나 허타도 교수도 이해하리라 믿었습니다. 자기 책 앞부분에 분명히 **"많은 독자들이 이 책을 읽기 바란다"**고 적어놓았으니, 한국 교회 현실에 따른 부득이한 번역이라고 설명하면 충분히 이해할 테죠. 그래도 진한 스카치위스키를 맹물로 바꿔놓은 것은 너무 했다 싶었는지, 그리고 역주 내용이 결국은 음주를 불편하게 여기는 한국 교회 정서를 자극하리라고 생각했는지, 편집자는 이 책을 편집하며 스코틀랜드산 생수를 스코틀랜드산 활력수活力水로 바꿔놓았습니다. 활력수! 저는 이

제까지 한 번도 마셔보지 못한 물입니다만 말만 들어도 엄청나게 귀한 물임을 느낄 수 있습니다. 아브라함의 집에서 내쫓겨 광야에서 헤매다 죽음 앞까지 이르렀던 하갈 모자母子를 살려준 물(창세기 21:19)이 바로 이 활력수 아니겠습니까? 오히려 허타도 교수에게 더 큰 선물을 안겨준 셈이 되었네요.

저는 이 일 때문에 그리스도를 믿는 이들이 술을 마시고 담배를 피우는 문제를 다시 한 번 생각해보았습니다. 우리나라 교회 중 소위 보수 신앙을 견지한다 하는 교회들은 신자들이 음주하고 흡연하는 것을 불편하게 여깁니다. 제가 어릴 때만 해도 교회에서 이 문제를 엄히 금하는 말씀을 여러 번 들었습니다. 그런데 근래에는 음주와 흡연을 금하는 말을 듣기가 힘듭니다. 암암리에 음주하고 흡연하는 신자들이 엄존하는 현실을 인정하기 때문인지 모르겠으나 어쨌든 예전보다 그런 말을 듣기는 힘듭니다. 실제로 어떤 모임이나 자리에 나가보면 가끔씩 이런 말을 들을 때가 있습니다. "나도 교회 다니지만, 술 마셔! 성경에 술 취하지 말라고 나와 있지 술을 마시지 말라는 말은 없잖아! 술 마신다고 해서 구원 못 받는다는 말도 없잖아! 성경대로 안 취할 만큼만 마시면 되지 않겠어?" 그러면서도 가끔은 뭔가 마음에 켕기는 것이 있는지 목사라는 이름표를 달고 있는 이 사람에게 살짝 물어보는 이들이 있습니다. "신자는 정말 술을 마시면 안 되나요?"

사실, 맞는 말입니다. 성경 어디를 봐도 "술을 마시면 구원 받은 백성이 아니다, 담배를 피우면 지옥행을 예약한 사람이다" 같은 말은 없습니다. 오히려 참 인간이 되신 참 하나님 예수 그리스도도 이 땅에 계실 때 "포도주를 즐기는 사람"(마태복음 11:19)이라는 말을 들으신 것으로 보아 분명 술의 일종인 포도주를 드셨습니다. 이 구절에서 그리스어 본문이 사용한 그리스어 단어가 오이노포테스oinopotēs입니다. 우리말 성경(개역개정판)은

이 말을 "포도주를 즐기는 사람"으로 번역해놓았는데, 이 번역만 보면 그 냥 근사하게, 마치 와인을 한 모금 입에 물고 그 향과 맛을 음미한 뒤 우 아하게 목으로 넘기는 사람처럼 보이지만(제가 와인을 마시기 때문에 이런 말을 쓴 게 아니고 텔레비전에서 본 모습을 그대로 적어보았습니다), 사실 이 말은 "술고래, 술 꾼"[2]을 가리키는 말입니다.

실제로 예수는 술고래라 불리실 정도로 술을 많이 드시고 술이 세신 분이었을지도 모르겠습니다. 가령 어떤 사람은 예수께서 잡히시던 밤에 겟세마네 동산에서 기도하실 때 베드로와 세베대의 두 아들 야고보와 요 한더러 당신과 함께 깨어 있으라고 명하시는 장면(마태복음 26:36 이하)을 이 야기하면서, 제자들이 그때 깨어 있지 못했던 것은 마지막 만찬에서 포도 주를 많이 마시는 바람에(속된 말로 "술이 떡이 되어") 술을 이기지 못하여 그런 것이나 예수 그리스도는 술을 잘 드셔서 깨어 기도하실 수 있었다고 말하 는 이도 있더군요. 뭐, 성경을 상당히 깊이 들여다본 사람입니다만, 그래

프랑스 화가 파스칼 다냥 부브레Pascal Dagnan-Bouveret(1852-1929)가 그린 〈마지막 만찬〉. 주 님이 포도주 잔을 들고 서 계십니다. 주님은 저 포도주가 무엇을 의미하는지 제자들에게 일러주 셨지만, 제자들은 그 말씀을 깨닫지 못했습니다. 이 그림을 보면서 "주님도 오이노포테스!"라고 말 하는 사람은 없겠죠!

도 예수가 술에 강하셨기 때문에 깨어서 기도하셨다고 보는 것은 도저히 받아들일 수 없는 해석입니다.

아무튼 예수 그리스도뿐 아니라 이스라엘 사람들은 거의 다 포도주를 마셨습니다. 실제로 제사장 같은 이들은 성전에서 제사를 지내고 율법이 자기들에게 분깃으로 준 고기를 바로 그 자리에서 먹어야 했는데, 이 경우 제물이 많아 먹어야 할 고기가 많을 경우에는 소화제로 포도주를 마셨습니다. 예수께서 첫 표적을 행하셨던 갈릴리 가나의 혼인 잔치 장면(요한복음 2:1-12)을 봐도 포도주는 이스라엘 사람들의 삶을 즐겁게 해준 한 요소였습니다. 이렇게 이스라엘 사람들이 포도주를 마신 데는 이스라엘 땅에서 나는 물이 마시기에 적당하지 않은 석회수가 많다는 점도 한 이유가 되었을 것입니다. 초기 교회 신자들도 성찬을 함께하며 주님이 그들에게 나눠주신 살과 피를 기념할 때 분명 포도주를 마셨습니다. 오히려 절제하지 못하여 취하는 바람에 문제가 되기도 했다는 것을 바울 사도의 증언을 통해 알 수 있죠(고린도전서 11:21). 여기에서도 개역개정판은 점잖게 "취하다"로 번역해놓았지만, 사실 헬라어 본문이 사용한 동사는 "만취하여 정신을 놔버리다"라는 뜻을 가진 메뛰오methuō입니다.[3] 성찬에서 망나니가 되도록 퍼마시고 정신을 놔버리는 이들이 있을 정도였으니, 바울 사도가 그 다음 구절인 22절에서 노발대발한 것도 당연한 일입니다.

이렇게 성찬 때 포도주를 과음하여 인사불성이 되어버리는 폐단은 이후 역사에서도 계속 되었던 것 같습니다. 그래서 중세 가톨릭교회는 아예 성찬 의식을 거행하면서 일반 신자들에겐 포도주를 나눠주지 않았습니다. 종교개혁자들도 술을 마셨습니다. 루터도 맥주를 마셨고 칼뱅도 포도주를 마셨습니다. 이런 관습 때문인지 몰라도 유럽 교회는 음주 자체를 금하지는 않는 것 같습니다. 저는 유럽을 한 번도 가보지 않았고 유럽 교회를 체험해보지도 않았기 때문에 그 실상을 속속들이 모릅니다. 그러나 목회자도 맥주를 마시고 포도주를 마신다는 말을 들었으며, 그것 자체를 금기로 여기거나 허물로 여긴다는 말은 듣지 못했습니다. 흡연도 마찬가지입니다. 적어도 실상만 놓고 보면, 유명한 신학자 칼 바르트, 헬무트 틸리케는 물론이요 나치가 주창하는 거짓 복음에 맞서다 순교한 행동하는 신앙인으로 꼽는 본회퍼Dietrich Bonhoeffer(1906-1945), 그리고 이름난 기독교 변증가요 영문학자이며 저술가인 루이스Clive S. Lewis(1898-1963)도 다 흡연자였습니다.

그렇다면 우리는 신자가 술을 마시고 담배를 피우는 문제를 어떻게 바라봐야 할까요? 저는 다음과 같이 네 가지 생각을 제시하고 싶습니다. 첫째, 이 음주와 흡연 문제는 율법 문제가 아닙니다. 다시 말해 성경이 혹은 교회가 하지 말라 하여 하지 않고, 금하지 않는다 하여 할 수 있는 일은 아니라는 것입니다. 둘째, 유럽이나 북미 교회가 음주와 흡연을 금하지 않으나 그것을 우리 신자들 자신이 술을 마시고 담배를 피워도 된다는 근거로 활용할 수는 없습니다. 그것은 그쪽 사정이고 우리는 또 우리 사정이 있으니까요.

셋째, 이 음주와 흡연 문제는 이제 우리가 그리스도 예수 안에서 누리는 신앙 양심의 자유를 따라 결정해야 할 문제라고 봅니다. 저는 그런 예로 바울 사도가 그리스도 안에서 아들처럼 여겼던 디모데를 들고 싶습니다. 디모데는 원래 약골이었기 때문인지, 아니면 어린 나이에 힘든 목회를 감당하느라 마음이 힘들었기 때문인지 위장병을 앓았던 것 같습니다(디모데전서 4:12이 디모데더러 "누구라도 네 나이가 어리다 하여 업신여기지 못하게 하라"고 당부하는 것은 아마도 디모데가 섬기는 에베소 교회에서 실제로 그런 일이 있었기 때문인지도 모르겠습니다. 정녕 그런 일이 있었다면 디모데가 많이 힘들었을 겁니다. 또 에베소 교회에서는 유대 율법주의와 헬레니즘 사상에 물든 자칭 선생들이 기승을 부렸기 때문에 이들에 맞서 순전한 복음을 전파하는 일도 여간 힘든 일이 아니었을 것입니다). 그런데 당시 사람들은 평상시에 이런 위장병을 치료하는 약으로 포도주를 조금씩 마셨나 봅니다.

하지만 디모데는 포도주를 전혀 마시지 않고 물만 마시는 생활을 했던 것 같습니다. 바울 사도가 디모데에게 "네 위장과 자주 나는 병을 생각하여 포도주를 조금씩 쓰라"(디모데전서 5:23)고 당부하는 것을 보면 디모데가 포도주조차도 아예 입에 대지 않는 생활을 했음을 알 수 있습니다. 헬라어 본문을 보면 실제로 "포도주를 조금씩 마시라"로 기록해놓지 않고 "포도주를 조금씩 활용해라"("사용하다, 활용하다"라는 뜻을 가진 그리스어 동사 크라오마이chraomai를 썼습니다)로 기록해놓았는데, 이는 디모데가 포도주를 마시는 차원이 아니라 약으로 활용하는 것조차도 하지 않았다는 것을 보여줍니다. 디모데는 왜 그랬을까요? 여러 가지 이유가 있었을 것 같습니다. 어려서부터 순전한 믿음 가운데 자라나 경건이 몸에 배었을 수도 있고(디모데후서 1:5), 혹은 어려운 목회 환경 속에서 술로 말미암아 몸과 마음이 흐트러지는 모습을 보일 경우 돌아올 비난을 경계했기 때문일 수도 있습니다. 어떤 이유든 그가 포도주를 약으로 활용하는 것조차 행하지 않은 것은 분명 그의 신앙 양심에 따른 판단이요 분별이었을 것입니다. 아마도 하나님 앞에서 흔들림 없는 경건을 지키고 싶었을 것입니다. 여기서 성경은 신자들이 이런 판단을 내리고 분별하는 데 참고하도록 술이 어떤 해악을 지녔는지 생생하게 일러줍니다(잠언 23:29-35). 이런 디모데 사례는 오늘 우리나라 신자들이 음주와 흡연이라는 문제를 놓고 어떤 판단을 내려야 하는지 결정할 때 훌륭한 길잡이가 될 수 있다고 봅니다.

그리고 마지막으로 넷째, 우리 신자들이 음주와 흡연 여부를 결정할 때는 바울 사도가 우리에게 준 이 권면을 유념했으면 합니다. "너희의 자유가 믿음이 약한 자들에게 걸려 넘어지게 하는 것이 되지 않도록 조심하라"(개역개정판, 고린도전서 8:9). 사도는 고린도전서 8장에서 "그리스도인이 우상에게 바친 제물을 먹어도 되는가?"라는 문제를 다룹니다(고린도전서 8:1-

13). 당시에는 소 같은 것을 잡으면 일단 가장 좋은 고기를 로마 사람들이 섬기는 신을 모신 신전에 가서 바쳤습니다. 그러면 이들 신에게 바치는 제사를 주관하는 사제는 신의 몫으로 일정 부분을 떼어냈으며(이 고기는 이 사제들과 신전에서 일하는 사람들이 차지했습니다) 나머지 부분은 시장에 내다 팔게 했습니다. 때문에 좋은 고기를 사먹으려면 자연히 우상에게 바친 고기를 먹을 수밖에 없었을 겁니다.[4] 바울 사도는 "우상은 아무것도 아니요 하나님은 한 분뿐이시니 이렇게 우상에게 바친 고기를 먹는다 하여 양심에 죄책감을 느낄 필요가 없다"며 그리스도인이 누리는 자유를 선포합니다. 그러나 바울 사도는 여기서 한 가지 단서를 답니다. 그는 이렇게 묻습니다. "우리는 얼마든지 그런 자유를 누릴 수 있다. 그러나 믿음이 약한 친구들이 우리가 그런 자유를 행사하며 심지어 우상을 섬기는 신전에 앉아 우상에게 바친 고기를 먹는 장면을 보면 어떤 마음을 품겠느냐? '아, 저렇게 해도 상관이 없구나!' 하는 마음을 품지 않겠느냐?" 그러면서 바울 사도는 아주 무시무시한 경고를 던집니다. "네 그 알량한 지식, 네가 누리는 자유 때문에 믿음이 약한 친구, 곧 그리스도가 위하여 죽으신 네 형제가 멸망할 것이다"(고린도전서 8:11). 사도는 이를 분명 죄라고 규정합니다(8:12).

오늘날 신자의 음주와 흡연도 마찬가지입니다. 가령 어떤 모임에 갔을 때 "나도 교회 다니지만 양심에 거리끼지 않아. 신자로서 자유를 누리지. 술을 마시고 안 마시는 것은 나를 구속하는 율법이 아니거든!"이라고 말하며 술을 마시는 신자가 있다 합시다. 그는 정말 그리스도 안에서 신앙의 양심에 거리낌이 없는 자유인일 수 있습니다. 그러나 저쪽 구석에서 이 모습을 지켜보던 한 연약한 신자, 아직 신앙의 양심이 무엇인지 생각조차 해보지 못한 어린 신자는 이 선배의 자유로운 모습을 보고 무한한 담력을 얻어 기꺼이 알코올의 세계로, 환락이 넘치는 세계로 빠져들지도 모릅니다. 그러면 이 신앙의 자유를 구가한 신자는 그리스도 앞에 죄를 지은 것입니다.

오늘 한국 사회는 확실히 술 권하는 사회입니다. 그리스도인들의 수가 무시 못할 정도고 소위 사회에서 힘깨나 쓰는 자리에 있어서 사람들에게 영향을 끼칠 만한 자리에 있는 그리스도인들이 그렇게 많다 하는데도, 소설가 현진건(1900-1943)이 "술 권하는 사회"(1921)를 발표한 지 한 세기가 다 되어가는 데도, 여전히 술 권하는 사회입니다. 그 시대의 술 권하는 사회는 일제 강점기를 겪으며 무엇 하나 마음대로 할 수 없고 탈출구도 없는 현실에 좌절하여 술도 마시고 끝내 유곽에서 간음도 하여 아내에게 몹쓸 성병까지 옮겨놓는 사회였지만, 이 시대의 술 권하는 사회도 어쩌면 원인만 달랐지 역시 절망과 고달픔이 결국 술로 이어지고 이 술이 다시 퇴폐와 타락으로 이어지는 모습을 그대로 보여주는 것 같습니다. 신자이지만 먹고 사는 문제 때문에 어쩔 수 없이 술을 마셔야 하고 담배를 피우는 이들도 있다고 말하는데, 이들에게도 역시 저는 그렇게 말하고 싶습니다. "술을 마시고 담배를 피우는 것은 주님이 그대에게 선물로 주신 신앙의 양심을 따라 결단하십시오. 그러나 그 결단 때문에 연약한 지체들이 넘어질 수 있다는 것을 잊지 마십시오."

그렇지만 저는 한국 교회를 바라보며 더 걱정하는 문제가 있습니다. 이처럼 신자 각자가 신앙 양심에 따라 결정할 문제인 음주와 흡연 문제는 마치 엄히 지켜야 할 율법 문제인 것처럼 다루면서, 정작 주님이 근본 계명으로 주신 문제는 나 몰라라 한다는 것이 바로 그것입니다. 주님이 분명 이 땅의 것에 마음을 두지 말라 하셨는데, 오늘날 한국 교회는 너무 이 땅의 것(돈, 권세, 명예, 영향력)에 마음을 둡니다. 마음을 두는 차원에서 더 나아가 아예 이런 이 땅의 것들이 복음이라고 가르치며 목사들이 이 복음을 따르는 데 솔선수범합니다. 한국 교회가 타락하고 썩어서 악취가 진동하는 시궁창으로 변해버렸다는 말이 들리는 이유는 이런 이유 때문인지도 모릅니다. 만일 이런 한국 교회가 EHCC 회원들이 스카치위스키를 마신다고, 또 저명한 설교자요 신학자인 틸리케 목사나 행동하는 신앙인이라는 본회퍼가 담배를 피웠다고 주님 앞에서 이들을 고소한다면 주님은 분명 이렇게 말씀하실 것 같습니다. "그 친구들이 그러든 말든 네가 뭔 상관이여? 너나 똑바로 해! 남 신경 쓰지 말고. 네 꼴이 어떤지 안 보이냐?"

칼 바르트가 설교한 어느 주일, 예배가 끝난 뒤에 어떤 신자가 바르트에게 교파와 천국에 들어가는 것이 상관이 있느냐고 물어보았답니다. 그랬더니 바르트가 이렇게 대답했다 합니다. "지옥에 가면 장로교인도 있고 침례교인도 있고 감리교인도 있을 겁니다. 그러나 천국에 가면 장로교인도 침례교인도 감리교인도 없고 오직 하나님 백성만 있을 겁니다." 저도 이 말을 패러디하여 이렇게 말씀드리고 싶군요. "지옥에 가면 술 마신 사람, 담배 피운 사람도 있고, 술 마시지 않은 사람, 담배 피우지 않은 사람도 있을 겁니다. 그러나 천국에 가면 술 마신 사람, 담배 피운 사람도, 술 마시지 않은 사람, 담배 피우지 않은 사람도 없고, 오직 하나님 백성만 있을 겁니다." 아마도 우리 교회와 신자들이 이 문제를 너끈히 신앙의 양심에 따라 판단할 수 있을 정도로 자라나면, 그러면서도 믿음이 연약한 지체들을 생각하여 내가 누릴 수 있는 자유를 얼마든지 포기할 수 있을 정도가 되면 『주 예수 그리스도』의 헌사를 부담 없이 원상 복구할 수 있을 것 같습니다. 그런 날이 속히 오기를 바랄 뿐입니다.

• 주

1. 이것이 말하자면 초기 고기독론입니다. 이와 반대로 나중에 교회가
헬레니즘 다신론의 영향을 받아 인간 예수를 하나님으로 받들었다
고 생각하는 것을 낮을 저抵라는 글자를 써서 저기독론이라고 부른
답니다.

2. Horst Balz/Gerhard Schneider(hrsg.), *Exegetisches Wörterbuch zum
Neuen Testament II* (Stuttgart: W. Kohlhammer, 1981), 1234.

3. 앞의 책, *II*, 989.

4. F. F. Bruce, *I & II Corinthians*(Grand Rapids: Wm. B. Eerdmans,
1990), 78.

서양 신학의 성경 읽기

제가 어린 시절 초등학교(그때는 이름이 "국민학교"였습니다)에 들어가기 전에 다니던 교회는 예배당이 마룻바닥으로 되어 있었습니다. 때문에 바닥에 앉아 예배했고 기도할 때도 그 바닥에서 무릎을 꿇고 기도했죠. 겨울에는 마룻바닥이 너무나도 추웠습니다. 그래도 어김없이 하나님께 기도하면 무릎을 꿇었습니다. 그 시절 제 마음속에는 늘 "저 위에 계신 하나님은 정말 무릎을 꿇고 기도하지 않으면 혼을 내실지도 모를 두려운 분"이라는 생각이 가득했고, 교회 갈 때 옆구리에 늘 끼고 갔던 성경은 "하나님이 하신 말씀"이라고 항상 생각했죠. 하나님과 성경을 대할 때 품었던 그 마음은 흡사 옛날 이스라엘 백성들이 하나님을 대할 때 벌벌 떨며 두려워했던 그 마음과 같았습니다.[1] 몸과 마음이 자라가면서 신앙이 흔들리는 경우도 여러 차례 맞았지만, 그래도 영혼 밑바닥에는 어릴 때 그렇게 하나님께 무릎을 꿇고 기도했던 믿음이 늘 자리해 있었습니다. 하나님은 하나님이

셨고, 성경은 하나님이 하신 말씀이었죠.

그러다가 신학교에 들어가 신학을 공부하면서 서양 신학자들이 쓴 책들을 만나게 되었는데, 이들의 주장은 한마디로 충격이었습니다(물론 모든 학자들의 주장이 그런 것은 아니었습니다). 그런 충격을 안겨준 책 가운데 하나가 독일의 저명한 신약신학자 루돌프 불트만Rudolf Bultmann(1884-1976)이 쓴 『공관복음 전승사Die Geschichte der synoptischen Tradition』였습니다. 이 불트만이란 학자는 대단히 독특한 생각을 갖고 있었습니다. 불트만은 우리가 보는 공관복음서(마태복음, 마가복음, 누가복음) 본문이 1세기에 살았던 한 위대한 스승인 예수 이야기를 들려주는데, 이 이야기에는 진실과 거짓이 뒤섞여 있다고 보았습니다. 그는 예수가 하신 말씀과 행하신 일들이 처음에는 말로 전해지다가 나중에 글로 기록되어 오늘날 우리가 보는 복음서로 만들어졌다고 봅니다. 그런데 불트만은 그 과정에서 이야기를 전하는 사람들이 인간도 신으로 높여 숭배하고 한 신이 아니라 여러 신을 숭배했던 헬레니즘 사상의 영향을 받아 예수를 하나님과 같은 신으로 끌어올렸다고 말합니다. 그리고 이렇게 신으로 끌어올린 예수가 정말 신이었다는 것을 보여주려고 실제로 일어나지도 않았고 또 일어날 수도 없는 말이나 일들을 지어내어 자신들이 들려준 이야기에 갖다 붙였다고 말합니다. 불트만은 이렇게 실제로 일어나지도 않았는데 예수를 신으로 믿게 하거나 이렇게 믿는 신앙을 북돋울 목적으로 사람들이 갖다 붙인 것을 전설로, 신화로 규정하면서 이것들이 다 거짓이라고 말합니다.

예를 하나 들어보겠습니다. 불트만은 예수가 제자들에게 먼저 "사람들이 나를 누구라 하느냐?"고 물어보시고 제자들의 답을 들으신 다음, 다시 제자들더러 "너희는 나를 누구라 하느냐?"고 물으신 마가복음 8:27-30을 전설Legende2로 규정하면서 이를 진짜 있었던 일이 아니라고 말합니다(앞의 책, 독일어판 8판 275-276). 그는 예수가 그 시대 랍비들이 사용했던 교육 방식을 사용하여 제자들을 가르치셨다고 추정합니다. 말하자면 랍비들처럼 제자들이 질문을 하면 그제야 대답을 하는 식으로 가르치셨지, 제자들에게 먼저 질문을 하고 제자들이 이에 대답하면 다시 제자들을 깨우쳐주는 식으로 가르치시지는 않았다는 것입니다. 그는 스승이 제자에게 먼저 질문을 하는 방식은 소크라테스식 교육법이지, 랍비식 교육 방법이 아니라고 말합니다. 소크라테스의 제자인 플라톤이 남겨놓은 『대화편』 같은 작품을 읽어보면 정말 소크라테스가 먼저 사람들에게 질문을 던지고 사람들이 이 질문에 답한 것을 되받아 또 질문하는 식으로 사람들을 자기가 말하려는 주제로 이끌어가는 모습을 볼 수 있습니다. 바로 이런 점 때문에 불트만은 이 마가복음 본문을 예수를 메시아로 믿었던 후대 신앙 공동체가 시간을 거슬러 올라가 베드로가 예수를 메시아로 고백한 신앙고백 이야기로 바꾸어 자기들의 신앙을 기록해놓은 전설로 봅니다.[3]

이처럼 불트만은 복음서 안에는 예수가 이 땅에 계셨던 때로부터 한참 세월이 흐른 뒤에 예수를 그리스도(메시아)로, 하나님으로 섬겼던 신앙 공동체가 자기들의 신앙을 담아 진짜 인간 예수의 모습에 덧칠해놓은 거짓들이 가득하며 이렇게 덧칠해놓은 거짓들을 다 벗겨내야만 진짜 예수가 어떤 분이셨는지 알 수 있다고 생각하여 이 덧칠을 벗겨내는 데 평생을 바쳤습니다(이를 신학 세계에서는 불트만이 역사 속 예수와 신앙의 대상인 그리스도를 구분하면서, 진짜 예수인 역사 속 예수를 찾아내고자 복음서에서 신화를 제거하는 작업을 펼쳤다—Demythologisierung—고 말합니다).

하지만 이런 덧칠들도 나름대로 의미가 있었습니다. 불트만은 이렇게 후대 신앙 공동체가 덧칠해놓은 내용들을 전설이나 신화나 지어낸 이야기 같은 양식(장르)으로 나누었는데, 이런 양식 뒤에는 이런 것들을 지어냈던 신앙 공동체의 생활 모습(이것을 보통 "삶의 정황" 혹은 "삶의 자리"Sitz im Leben 라고 불렀습니다)이 숨어 있다고 보았습니다. 가령 단군 신화의 뒤편에는 곰을 숭배했던 토템 신앙을 가지고 마늘을 먹었던 집단이 있었다고 생각한 다든지, 『홍길동전』 뒤편에는 재물에 눈이 멀어 썩어버린 관리들과 승려들, 힘 있는 자들의 문란한 성생활을 그대로 보여주는 서자庶子라는 존재, 사람이 균등한 기회를 누릴 수 없게 만드는 사회 신분 제도가 있었던 조선 중기 사회의 현실이 자리해 있다고 생각하는 것과 같은 생각이었죠. 불트만은 이렇게 성경 본문을 이루는 여러 양식들의 뒤편을 탐구하여 그 뒤편에 숨어 있는 신앙 공동체의 생활상을 밝혀내면, 예수 시대로부터 이후대 신앙 공동체의 시대에 이르는 동안에 기독교 신앙이 어떻게 만들어져갔는가도 밝혀낼 수 있다고 보았습니다.

그런데 한 가지 흥미로운 일이 있습니다. 불트만 같은 서양 신학자들은 복음서가 보여주는 그리스도 예수의 모습에서 후대 신앙 공동체들이 꾸며낸 신화와 전설로 덧칠해놓은 부분들을 벗겨내 진짜 인간 예수를 찾아내려고 시도하는데, 동양 고전을 연구하는 학자들 사이에서도 이런 움직임이 있답니다. 근래 『논어』나 『중용』이나 『대학』 같은 동양 고전을 연구하는 학자들은 이런 고전들이 묘사하는 공자孔子 모습 가운데 후대에 공자를 받들었던 제자들이 꾸며낸 모습들이 많으며 이렇게 꾸며낸 모습들을 벗겨내면 공자가 실제로 어떤 인물이었는지, 그리고 공자 시대 사람들이 살았던 모습이나 생각했던 사상은 어떤 것이었는지 알아낼 수 있다고 주장합니다.

이런 움직임을 아주 잘 보여주는 흥미로운 책이 일본의 저명한 한문 학자요 한자 연구자인 시라카와 시즈카白川靜(1910-2006) 박사가 쓴 『공자전孔子傳』입니다.[4] 시라카와 박사는 이 책에서 공자가 예禮와 악樂을 강조한 것을 공자가 중국 고대 주周나라 시대의 역사로부터 영향을 받은 게 아니라 무녀巫女의 사생아로 태어나 무축巫祝(무당이 굿하는 것)을 보며 자라는 동안 보았던 상례喪禮와 음악으로부터 영향을 받은 것이라고 주장합니다. 박사는 공자가 자라던 시절에는 이런 무녀 집단이 천민이었는데, 공자는 이런 천민이 낳은 사생아였으니 더 큰 천대와 모멸을 받았을 것이라고 생각합니다. 하지만 오히려 이런 비천한 환경과 고통 때문에 공자가 위대한 사상가가 될 수 있다고 말하죠. 박사는 역사서인 『사기史記』가 공자를 황제와 같은 반열로 추앙하여 황제의 전기를 기록해놓은 세가世家에 집어넣고 공자를 멀리 은나라 때부터 이어지는 대단한 집안의 후손으로 기록해놓았지만, 이는 실상 공자보다 한참 뒤에 나온 문헌인 『춘추좌씨전春秋左氏傳』을 참조한 거짓이라고 말합니다. 이런 주장을 보면, 불트만이 『공관복음 전승사』에서 마태복음 1:18-25이 증언하는 사건, 곧 예수가 동정녀 마리아로부터 태어나셨다는 것을 고대 왕이나 영웅이 신으로부터 태어났다고 주장하던 헬레니즘 사상이 팔레스타인 유대교 그리고 팔레스타인 기독교에 침투해 들어와 자리 잡은 전설(거짓 이야기)이라고 주장하는 것[5]과 흡사하다는 생각이 듭니다. 동양과 서양이 이런 식으로 이어지고 있다니, 참 흥미로운 일도 다 있습니다.

혜르만 군켈. 독일 양식사학파의 거두巨頭요 현대 성경 해석론에 큰 영향을 미친 신학자였습니다.

하지만 불트만이 가졌던 이런 생각은 어느 날 갑자기 하늘에서 뚝 떨어진 생각이 아니었습니다. 그에게는 선배들이 있었습니다. 우선 성경 본문들을 시, 이야기, 전설, 신화, 교훈 같은 여러 문학 양식들을 모아놓은 것으로 보면서, 이 양식들 뒤편을 뒤져보면 이런 문학 양식들을 통해 자신들이 가졌던 신앙과 신학을 밝혀놓은 신앙 공동체를 찾아낼 수 있다고 생각한 선배들이 있었습니다. 이들은 성경 본문에 담긴 문학 양식을 밝혀내고 이 양식 뒤편에 자리한 신앙 공동체의 역사를 캐내는 것을 목표로 삼았기 때문에 이들을 보통 양식사학파樣式史學派, Formgeschichtliche Schule라고 부릅니다. 이런 학파를 대표하는 인물이 저명한 구약신학자인 헤르만 군켈Hermann Gunkel(1862-1932)입니다. 그는 창세기를 연구하면서 창세기 본문을 여러 양식의 작품들을 모아놓은 글로 보았습니다. 그리고 이 여러 양식 뒤에는 이스라엘이라는 신앙 공동체의 삶이 자리해 있다고 보았습니다. 군켈은 이스라엘이라는 신앙 공동체가 살아가면서 자신들이 가진 신앙을 이야기로 들려주기도 하고 시로 읊기도 했으며 때로는 전설 같은 것을 만들어 그 속에 자신들의 신앙을 집어넣었다고 보았죠. 또 이런 양식 속에 담긴 내용들은 이 내용들을 만들어내던 당시 이스라엘의 실상을 증언해준다고 보았습니다. 때문에 이런 작품들 배후를 캐내면 이스라엘 민족의 신앙 역사가 어떻게 펼쳐졌는지 알 수 있다고 생각했습니다.

그런가 하면 초기 기독교를 유대계 사람들이 중심이 된 "순수하고 단순한 신앙"으로부터 헬레니즘 사상의 영향을 받은 사람들이 중심이 된 "신학과 교리를 갖춘 신앙 체계"로 발전해간 역사로 보는 이들이 나타났습니다. 이들은 이처럼 초기 기독교를 소박한 신앙으로부터 신학을 갖춘 종교로 발전해간(진화해간) 역사로 보았기 때문에 이들을 보통 종교사학파宗教史學派, Religionsgeschichtliche Schule로 부릅니다. 이 사람들은 기독교가 처음에는 예루살렘을(또는 베드로와 야고보가 이끌었던 예루살렘 교회를) 중심으로 삼아 아직 신학이나 사상도 제대로 갖추지 못한 채 다만 예수라는 위대한 스승의 가르침을 따랐던 유대인들의 신앙에 불과했지만, 바울을 중심으로 한 안디옥 교회로 중심이 옮겨가면서 헬레니즘 철학과 사상을 흡수하여 신학과 교리를 갖춘 정밀한 종교로 발전해갔다고 생각합니다. 그래서 이들은 초기 기독교 역사를 베드로와 야고보가 주축이 되었던 유대 기독교(또는 예루살렘 기독교)로부터 바울이 주축이 된 헬레니즘 기독교(또는 안디옥 기독교)로 발전해간 역사로 봅니다. 이 종교사학파의 대표자로 꼽을 수 있는 사람이 바로 부세트Wilhelm Bousset(1865-1920)입니다. 그가 쓴 역작『주 그리스도Kyrios Christos』는 이런 종교사학파의 사상을 표현한 대표작입니다(허타도 교수가 쓴『주 예수 그리스도』는 바로 이 부세트의 작품을 비판하고 반론을 제시한 책입니다).

이런 독일 성경 신학자들의 움직임을 통틀어 보통 역사비평 성경신학이라고 부릅니다. 그 이유는 이런 성경신학을 추구하는 학자들이 하나같이 성경을 연구할 때 "역사"에 중점을 두었기 때문입니다. 구약을 연구할 때는 구약 본문 자체가 말씀하는 것을 묻고 들으려고 하기보다, 본문 뒤편에 자리한 이스라엘이라는 신앙 집단이 어떻게 형성되어 어떻게 발전해갔는지, 그들의 신앙은 어떤 발전(진화) 과정을 거쳤는지, 그리고 이런 역사의 흐름이 어떻게 기록되어 성경이라는 책으로 편집되었는지 탐구하는 데 중점을 두었기 때문입니다. 신약을 연구할 때도 마찬가지였습니다. 불트만 같은 사례에서 볼 수 있듯이, 소박한 원시 신앙이 헬레니즘 사상의 영향을 받아 교리와 신학을 갖춘 종교로 발전해가는(진화해가는) 역사를 탐구하는 데 중점을 두죠. 이들이 이렇게 "역사"에 매달리는 이유는 바로 이런 말로 정리해볼 수 있습니다. "성경은 진실과 거짓이 뒤섞인 것이라 모두 진실이라고 믿을 수 없다. 그러나 성경 뒤편에 자리한 실제 역사는 모두 진실이다. 따라서 이 역사를 연구하면 성경에서 거짓을 추려내고 진실을 밝혀낼 수 있다. 우리에게 의미가 있는 것은 바로 그 진실이다. 그 진실만이 우리에게 교훈을 주며 우리가 믿어야 할 것이다."

그렇다면 이런 신학자들은 대체 어떻게 성경에 거짓이 뒤섞여 있다고 믿게 되었을까요? 다 뿌리가 있었습니다. 그 뿌리는 17세기까지 거슬러 올라갑니다. 이 17세기는 인문주의와 종교개혁이라는 태풍이 지나간 뒤였습니다만, 그 영향이 아직도 강하게 남아 있던 때였습니다. 특히 스스

HISTOIRE
CRITIQUE
DU
VIEUX TESTAMENT,
Par
Le R. P. RICHARD SIMON,
Prêtre de la Congregation de l'Oratoire.

*Nouvelle Edition, & qui est la premiere imprimée sur la Copie de Paris,
augmentée d'une Apologie generale, de plusieurs Remarques Cri-
tiques, & d'une Réponse par un Theologien Protestant.*

On a de-plus ajoûté à cette Edition une Table des matieres,
& tout ce qui a été imprimé jusqu'à présent à
l'occasion de cette
HISTOIRE CRITIQUE.

A ROTTERDAM,
Chez REINIER LEERS,
M. DC. LXXXV.

역사비평의 출발점이라는 평가를 듣는 시몽 신부의 『구약 비평사』 1682
년판 속표지. 파리에서 펴냈던 초판을 증보하여 출간한 신판新版이라는
설명이 적혀 있습니다.

로 고전어를 연구하고 고전어 성경(히브리어/아람어 구약 성경과 그리스어 신약 성
경)을 연구하여 성경이 본디 말하고자 하는 것을 캐내려 했던 15-16세기
인문주의 정신은 유럽 지성인들에게 큰 영향을 주었습니다. 이 인문주의
정신은 한편으로는 종교개혁자들에게 영향을 주어 고전어 성경을 연구
한 결과를 바탕으로 성경이 말씀하는 진리를 되찾고 교회를 개혁하게 만
들어주었습니다. 그러나 인문주의 정신은 다른 한편으로는 고전어 성경을

연구한 결과를 바탕으로 성경의 진실성에 의문을 제기하고 결국에는 성경에 거짓이 섞여 있다는 주장으로 나아가게 만드는 출발점이 되었습니다.

1678년, 프랑스 신부인 리샤르 시몽Richrard Simon은 『구약 비평사Histoire critique du Vieux Testament』라는 책을 내놓습니다. 시몽 신부는 이 책에서 오리엔트 문명이 남긴 고대 문헌들을 연구하고 성경과 랍비들이 써놓은 책들과 교부들이 써놓은 책들을 함께 연구하여 성경 속의 거짓과 진실을 분명하게 밝혀야 한다고 주장합니다. 시몽 신부 자신도 이런 연구 작업을 통해 그때까지 교회가 주장해온 신학 명제들을 하나둘씩 허물기 시작했습니다. 예를 들어 그는 "모세는 그가 저자라는 모든 책들의 저자일 수가 없다"고 선언해버립니다. 뿐만 아니라, 여호수아서, 사사기, 사무엘서는 물론이요 시편과 욥기까지 성경이 제시한 저자가 쓴 작품이 아니라 후대에 나온 작품으로 선언해버립니다.[6]

사실 시몽의 이런 주장은, 그 겉만 보면, 한 세기 전에 종교개혁자인 루터나 칼뱅이 펼친 주장과 별반 차이가 없습니다. 가령 루터도 성경 각 책들을 꼼꼼히 비평했습니다. 그 결과를 토대로 오경(창세기, 출애굽기, 레위기, 민수기, 신명기)은 모세가 쓴 작품이지만, 전도서 같은 경우는 코헬렛(설교자 혹은 전도자를 뜻하는 히브리어입니다)이라는 표제로 보아 솔로몬이 썼다기보다 전문 설교자들이 권면한 것을 모아놓은 책이라고 보았습니다. 특별히 그는 성경을 하나님의 영에 감동받아 쓴 책이라고 주장했지만, 성경 전체가 영감된 것이 아니라 신앙과 관련된 부분만이 영감된 부분이라고 주장하기도 했습니다.[7] 칼뱅 역시 사무엘서를 살펴보면서 이 책에 비록 사무엘이라는 이름이 붙어 있지만 사무엘이 쓴 게 아니라 후대 사람이 대제사장 엘르아살이 이전에 모아놓았던 자료 가운데 추려 뽑아 엮어놓은 것이라는 주장을 내놓았죠.[8]

그러나 루터나 칼뱅 같은 개혁자와 시몽 신부 사이에는 엄청난 차이점이 있었습니다. 한쪽은 고전어 성경 연구를 통해 신앙을 지키고 성경의 권위를 인정하는 쪽으로 나아갔지만, 다른 한쪽은 신앙을 무너뜨리고 성경의 권위를 부정하는 쪽으로 나아갔다는 것이 바로 그 차이점이었습니다. 경제학에는 "악화惡貨가 양화良貨를 몰아낸다"는 말이 있습니다만, 신학 세계에서도 악화가 양화를 몰아냈는지 시간이 갈수록 성경의 권위를 부정하고 성경을 해체하여 그 속에 숨은 거짓을 밝혀내겠다는 움직임이 더 힘을 얻었습니다. 그런 움직임이 결국은 역사비평이라는 큰 흐름으로 이어져 부세트로, 불트만으로 이어지는 결과를 가져왔습니다.

제가 신학교를 졸업할 때 졸업논문으로 다룬 주제는 신명기 29-30장이었습니다. 저는 특히 신학교를 다니는 내내 신명기 30:1-10에 관심을 가졌는데, 그중에서도 30:6이 늘 궁금했습니다. 이 신명기 본문에서는 줄곧 "이스라엘이 야웨께 순종하면 혹은 야웨의 말씀을 듣고 따르면 하나님 야웨께서 어떻게 해주시겠다"는 패턴(곧 이스라엘이 무엇을 하면 하나님이 어떻게 해주시겠다는 조건-결과 패턴)이 나타나는데, 유독 6절에서는 "하나님이 네 마음과 네 자손의 마음을 베어(히브리어로 "칼로 베다"라는 뜻을 가진 동사 "말"입니다) 그로 말미암아 네가 네 하나님 야웨를 사랑하게 해주시겠다"는 독특한 말씀(즉 "이스라엘이 무엇을 하면"이라는 조건이 없이 바로 하나님이 이스라엘에게 무언가를 하시겠다는 패턴)이 나타납니다. 왜 뜬금없이 이 6절에서는 이런 패턴이 나타나는지 정말 궁금하더군요. 그래서 이와 관련된 문헌들을 많이 뒤져봤지만, 신명기 30:1-10을 본래 한 덩어리인 본문으로 보면서도 6절을 시원하게 설명해주는 책을 찾지 못했습니다. 저는 이 본문 안에 하나님이 염두에 두신 가까운 미래, 먼 미래 일들이 함께 들어가 있다고 보았습니다. 그래서 30:6 같은 경우는 하나님이 나중에 당신 백성들의 마음을 베시고 새 영을 불어넣어주실 일을 미리 말씀하시는 먼 미래 일로, 30:1-5은 모세에게 하시는 말씀이지만 30:6보다는 더 가까운 미래를 염두에 두신 말씀으로 보았습니다.

이 문제를 더 깊이 정밀하게 공부해보고 싶어 지도해줄 만한 분이 없을까 수소문하다가 영국에 그런 분이 계시다는 이야기를 전해 듣고 거기에 가서 공부해보기로 작정했습니다. 그러나 마음을 무겁게 짓누르는 것이 있었습니다. 그것은 바로 위에서 본 것과 같은 서양 신학의 흐름이 아직까지도 서양 신학계에, 성경을 읽는 서양 신학자들의 시각에 깊은 영향을 남기고 있다는 점이었습니다. 저는 성경이 하나님의 말씀이라는 전제 아래 성경 본문을 해석하여 어떤 결론을 끌어내고 싶었지만, 그런 시도가 결국은 서양 신학자들의 시각과 충돌하지 않을까 하는 생각이 들더군요.⁹ 그래서 일단 그 교수께 제가 연구하고픈 문제를 메일로 적어 보내면서, 제가 갖고 있던 그런 고민을 털어놓았습니다. 그런데 그분도 제 고민을 이해한다고 하시더군요. 그분은 "성경을 하나님의 말씀으로 믿는 신앙과 신학을 어떻게 조화시킬 것인가가 21세기 신학의 핵심 문제가 될 것"이라며 저와 같이 공부해보고 싶다고 말씀하셨습니다. 그러나 그분 밑에 가서 박사 과정을 밟으려면 정원 문제 때문에 2년을 더 기다려야 한다고 하셨고 저 역시 교회를 섬기게 되면서 제가 고민했던 문제를 미래에 해결할 과제로 남겨놓게 되었습니다.

저는 지금도 서양 신학자들이 쓴 책들을 번역하고 읽습니다. 읽은 책 중에는 예수 세미나라는 것을 주관하면서 예수가 성령으로 잉태되어 동정녀의 몸에서 탄생하신 사실이나 십자가에 달리셨다가 사흘 만에 부활하신 사실을 부인하는 아일랜드계 미국 신학자 크로산John Dominic Crossan(1934-) 같은 사람들이 쓴 책도 있습니다. 그러나 소위 복음주의 진영의 성경신학자들이 쓴 책들을 보면 이들은 예수가 동정녀의 몸에서 나시고 십자가에 달려 돌아가셨다가 사흘 만에 부활하셨다는 사실에는 의문을 제기하지 않고 믿는 것으로 보입니다. 그러나 이런 신학자들의 글에서도 역시 역사비평의 흔적을 느낄 수 있습니다. 어떤 본문은 후대에 첨가한 본문이라든지, 성경이 기록해놓은 어떤 사실은 실제로 일어나지 않았던 사건이라고 주장하는 견해들이 그런 예입니다.[10] 이런 견해들을 보면 본회퍼의 박사학위 논문을 지도했던 독일의 저명한 교리사학자 제베르크 Reinhold Seeberg(1859-1935)가 『계시와 영감 *Offenbarung und Inspiration*』 첫머리에서 말씀이 영의 감동으로 기록되었다는 믿음이 무너진 모습을 흥미롭게 묘사해놓은 말이 떠오릅니다. 제베르크는 이렇게 말했습니다.

근래 수십 년 사이에 지난 수백 년 동안 복음을 믿는 기독교를 에워싸고 지켜주었던 빛바랜 성벽 하나가 무너졌습니다. 사람들은 우선 그 성벽에서 손상된 돌을 빼내고 다른 돌로 바꿔 넣었지만, 이때 다른 돌들도 함께 떨어져나가는 바람에, 결국 넓은 부분이 무너지고 말았습니다. 그 성벽을 복구해보려는 소망은 실현불가로 판명되었습니다. 사람들은 그 성벽을 허물기로 결정했습니다. 성벽을 허물 때, 한쪽에서는 탄식하는 사람들도 있었지만, 다른 한쪽에서는 기뻐하는 사람들도 있었습니다. 제가 말하는 그 성벽은 성경 말씀이 영감靈感되었다는 믿음, 곧 성령이 성경에 있는 모든 말씀을 구약성경과 신약성경의 저자들에게 불어넣어주셨다는 확신이었습니다. 그러나 밤이 지나고 동이 트자, 그 성벽은 사라지고 말았습니다. 이제는 어느 누구도 말씀 영감론을 지지하지 않습니다. 학교에서도 더 이상 말씀이 영감되었다고 가르치지 않습니다. 말씀이 영감되었다는 이 오랜 믿음을 굳게 지키던 교회 지체들도 그런 믿음을 버리기 시작하고 있습니다.[11]

오늘날 복음주의 진영 학자들은 언어학, 고고학, 문화인류학, 사회학, 역사학, 심리학, 해석학 등을 총동원하여 성경이 믿을 수 있는 책이라는 것을 증명하고 이 성경이 기독교 신앙의 기초임을 증명하려고 엄청난 에너지를 쏟아붓습니다. 하지만 이것은 결국 말씀이 영의 감동으로 기록되었다고 믿었던 믿음이 무너져버린 데서 빚어진 결과가 아닐까요? 루터와 칼뱅 같은 개혁자들은 말씀이 영의 감동으로 기록되었다고 믿으면서도 성경 본문을 그들이 가졌던 인문학 지식을 동원하여 충분히 비평했습니다(오늘날 학자들의 눈높이로 보면 형편없는 수준일 수 있더라도). 오늘날 복음주의 진영 학자들이 이렇게 힘든 과정을 겪어가며 성경 신학 작업을 하는 이유는 어쩌면 그들 조상 때문일지도 모르겠습니다.

• 주

1. 사실 우리말 성경은 이런 이스라엘의 마음을 "경외敬畏", 그러니까 "공경하고 두려워하다"로 멋없게 번역해놓았습니다. 그러나 히브리어 본문에서 이 "경외"라는 말을 찾아보면 이스라엘이 하나님을 대할 때 품었던 마음이 어느 정도였는지 확 마음에 와 닿습니다. 그들은 한마디로 하나님 앞에서 "벌벌 떨고 무서워했습니다." 가령 시편 34:9(히브리어 본문은 34:10입니다)은 성도들에게 "여호와를 경외하라"고 명령합니다. 그런데 여기서 "경외하다"라는 말로 번역한 히브리어 동사가 가진 첫 번째 의미는 "두려워하고 무서워하다"입니다. *Wilhelm Gesenius Hebräisches und Aramäisches Handwörterbuch über das Alte Testament*, 17. Aufl.(Leipzig: F. C. W. Vogel, 1921), 315.

2. 불트만은 전설을 "본디 기적 이야기는 아니나, 그래도 역사 속에서 실제로 일어나지 않고 다만 신앙을 세워주는 성격을 가진 전승 덩어리"라고 정의합니다. Rudolf Bultmann, *Die Geschichte der synoptischen Tradition*, 8. Aufl.(Göttingen: Vandenhoeck & Ruprecht, 1970), 260.

3. 불트만은 베드로가 필시 예수를 오실 메시아로 불렀을 수도 있다고
봅니다. 그러나 이 마가복음 본문이 말하는 이야기를 전설로 보기 때
문에 이 본문의 배경이 된 장소에서 베드로가 그런 고백을 했다고 생
각하지는 않는 것 같습니다. Bultmann, *Die Geschichte der synoptischen
Tradition*, 276.

4. 한길사에서 『사람의 마음을 움직여 세상을 바꾸리라』라는 이름으로
번역하여 출간했습니다(장원철 교수 번역). 번역도 잘 되었고 내용도 재
미있습니다. 이 책을 읽어보면 불트만 같은 사람들이 말하는 이야기
가 무슨 이야기인지 아실 수 있습니다. 오래전에 도올 김용옥 선생이
EBS에서 논어 강의를 진행할 때 공자와 관련하여 이런 이야기들을 하
셨는데, 아마도 이 『공자전』 영향을 좀 받으신 게 아닌가 하는 생각도
드는군요.

5. Bultmann, *Die Geschichte der synoptischen Tradition*, 331-332.

6. Hans-Joachim Kraus, *Geschichte der historisch-kritischen Erforschung des
Alten Testaments*(Neukirchen-Vluyn: Neukirchener Verlag, 1988), 65-66.

7. Reinhold Seeberg, *Offenbarung und Inspiration*(Berlin: Erwin Runge,
1908), 11-13.

8. Kraus, *Geschichte der historisch-kritischen Erforschung*, 17.

9. 복음서들이 기록해놓은 예수가 진짜 역사 속 예수가 아니라 후대 사
람들이 신앙으로 해석해놓은 예수라고, 성경이 결국은 지어낸 이야기
인지라 자신은 이 성경을 믿는 신앙을 버렸다고 주장하는 바트 어만
Bart Ehrman이 프린스턴 신학대학원에 진학할 때 바로 이런 고민을 했
다고 그의 책 『예수 왜곡의 역사』 프롤로그에 써놓았더군요. 한편으로
는 놀라고 한편으로는 웃었습니다.

10. 하지만 근래 복음주의 성경 신학자들은 역사 속에 존재했던 진짜 예
수와 나중에 그리스도인들이 자신들이 믿는 모습대로 묘사해놓은
예수(곧 지금 성경이 묘사해놓은 예수)가 다르다는 불트만의 생각이 틀렸

다고 주장합니다. 이들은 예수가 하신 말씀과 일들을 직접 본 사람들
이나 이들로부터 직접 전해 들은 사람들이 진짜 예수를 그대로 기록
해놓은 책이 복음서라고 주장하면서 이를 여러 가지 방법으로 증명
합니다. 영국 신학자 리처드 보캄Richard Bauckham(1946-)이 쓴 『예수와
그 목격자들Jesus and the Eyewitnesses』 같은 책들이 그런 주장을 펴는 책들
입니다.

11. Seeberg, *Offenbarung und Inspiration*, 3.

『단종애사』 VS. 『대수양』

일제 강점기 때 민족을 배신하고 자기 영달을 꾀한 인생들이 아주 많았지만, 그래도 아주 가끔씩 "왜 이런 사람들이 친일親日 행위를 했을까?" 하며 안타까운 생각이 드는 사람들이 있습니다. 그 가운데 두 사람이 문학 천재였다는 춘원 이광수李光洙(1892-1950)와 금동 김동인金東仁(1900-1951)입니다. 돌아가신 임종국林鍾國 선생[1]이 쓰신 『친일문학론親日文學論』(평화출판사, 1993년판)을 보니, 이 두 사람은 모두 일제가 우리 민족의 정체성을 짓밟으려고 실시한 소위 창씨개명創氏改名(우리식 이름을 일본식 이름으로 바꾸는 것)에 앞장서는가 하면(이광수는 카야마 미쓰로香山光郎로, 김동인은 곤도 후미히토金東文仁로 바꾸었습니다), 그들이 가진 훌륭한 글 솜씨를 일본 역사와 일본 제국주의를 찬미하는 데 아낌없이 사용했습니다. 이 두 사람은 특히 역사 소설에서 탁월한 글 솜씨를 보여주었는데, 김동인 같은 경우는 아예 일본 역사를 우리 역사인 것처럼 아름답게 꾸며낸 역사 소설까지 창작하여 일본을 찬미했으니, 참 어이가 없는 일이죠.

그런데 들자하니 이 두 사람은 묘한 라이벌이었다고 합니다(이광수는 어땠는지 모르겠으나, 최소한 김동인만큼은 이광수에 지지 않으려는 오기가 아주 강했다고 합니다). 둘 다 문학 쪽에서는 다 한 가닥 한다 하는 인물들이었으니 기왕이면 자신이 최고 작가라는 말을 듣고 싶었겠죠(그래서 친일 행위도 서로 앞장서서 했는지 모르겠습니다). 한데 이 두 사람이 정말 라이벌 관계에 있지 않았나 하는 생각을 하게 만드는 두 작품이 있습니다. 그 두 작품이 바로 이광수가 쓴 『단종애사端宗哀史』(1928-1929년 작품)와 김동인이 쓴 『대수양大首陽』(1941년 작품)입니다.[2] 이 두 작품은 모두 계유정난癸酉靖難이라는 역사 사건을 배경으로 삼고 있습니다. 계유정난은 조선 4대 임금인 세종(1397-1450, 재위 1418-1450)의 둘째 아들 수양대군(혹은 진평대군, 훗날 세조, 1417-1468, 재위 1455-1468)이 조카인 단종 임금(1441-1457, 재위 1452-1455)이 왕위에 오른 다음 해(1453년)에 반대파인 영의정 황보인皇甫仁(?-1453)과 우의정 김종서金宗瑞(1390-1453) 등을 죽이고 정권을 잡은 사건을 말합니다.

그런데 『단종애사』와 『대수양』은 계유정난이라는 이 한 사건을 희한하게도 완전히 서로 다른 시각으로 바라봅니다. 『단종애사』는 시종일관 단종을 숙부에게 왕위를 빼앗기고 끝내 목숨까지 빼앗기는 가련한 왕으로, 황보인과 김종서는 끝까지 왕을 지키고 충성을 다하다 목숨을 잃는 충신들로 묘사합니다. 당연히 그 반대편에 서 있는 수양대군은 왕위에 오를 욕심에 눈이 멀어 조카까지 죽이는 패륜자로, 수양대군을 도운 한명회韓明澮(1415-1487)와 신숙주申叔舟(1417-1475)와 권람權擥(1416-1465)은 천하에 둘도 없는 간신들로 묘사합니다. 이와 달리 『대수양』은 『단종애사』와 정반대 평가를 내리죠. 단종은 권신들에게 놀아나는 허수아비 왕으로, 황보인과 김종서는 이런 허수아비 왕을 앞세워 자신들의 권력을 키워가려는 이들로 묘사합니다. 반면 수양대군은 이런 권신들이 어지럽힌 국가 질서를 바로잡은 영웅으로, 한명회와 신숙주는 이런 영웅을 제대로 알아보고 보필한 현자賢者들로 묘사하죠. 한 사건에 등장하는 인물들을 바라보는 눈이 어쩜 이렇게 극과 극으로 다를 수 있나 싶을 정도로 『단종애사』와 『대수양』이 묘사하는 인물 모습은 정반대입니다. 이러다 보니 두 작품이 계유정난이라는 사건을 바라보는 시각도 완전히 다릅니다. 『단종애사』의 관점에서 보면 계유정난은 두말할 나위 없이 쿠데타입니다. 그러나 『대수양』의 시각에서 보면 계유정난은 그야말로 백척간두百尺竿頭 위기에 서 있는 나라를 구하고 질서를 바로잡은 의거입니다.

실제로 이광수와 김동인이 자기 작품인 『단종애사』와 『대수양』에서 묘사한 그대로 계유정난이라는 사건과 이 사건 당사자들을 그런 시각으로 바라봤는지 정확히 알 수는 없습니다. 이광수가 『단종애사』라는 소설을 내놓으며 단종과 황보인과 김종서를 두둔하니까, 이광수를 라이벌로 여겼던 김동인이 괜히 경쟁의식 때문에 수양대군과 한명회와 신숙주를 옹호했을 수도 있으니까요. 『단종애사』와 『대수양』은 작품 첫머리부터 완전히 따로 놉니다. 『단종애사』의 첫 부분은 고명편顧命篇이라는 제목을 달고 있습니다(고명은 임금이 세상을 떠나면서 남기는 유언입니다). 이광수는 이 고명편에서 세종이 세상을 떠나며 남기는 유언을 빌려 학문과 정사政事에 몰두하느라 쇠약해진 큰 아들(문종 임금)과 손자(훗날 단종)야말로 세종이 정당한 왕통으로 인정했던 이들이요 둘째 아들 수양은 제 분수를 넘어 왕의 자리를 탐낼까 봐 세종이 걱정했던 인물로 묘사합니다. 세종이 승하하고 두 해 뒤에 수양의 형님이자 조선 5대 왕인 문종(1414-1452, 재위 1450-1452)이 승하합니다. 『단종애사』는 문종이 그 병이 깊어 죽음을 눈앞에 둔 장면에서 대궐에 병문안을 들어갔다 돌아온 수양대군이 그 책사 중 하나인 권람과 나누는 대화 장면을 이렇게 묘사합니다.

권람은 일어서서 읍揖하고(꿇어앉은 채 머리는 들고 손을 내려 예를 표시하고)
대군을 맞으며, "벌써 대궐에서 나오시었소? 상감 환후 어떠하시오니
까?" 하고 슬쩍 눈치를 살핀다.
수양대군은 상감 환후에 대해서는 대답도 없고, "늙은 것들한테 보좌
의 고명을 내리시었다네" 하고 아랫목에 앉는다.
"늙은 것들이라시니 누구를 말씀이오니까?"
"황보인, 남지, 김종서, 이런 것들이지 누구여?"
"황보인은 영의정이요, 남지는 좌의정이요, 김종서는 우의정이니 삼
공(삼정승)이 보좌의 명을 받잡는 것이 당연하지 아니하오니까" 하고
권람은 슬쩍 한 번 수양대군의 비위를 건드리고 하회下回(윗사람이 아랫
사람에게 내리는 대답)가 어찌 되는가 하고 수양의 뒤룩뒤룩하는 눈자위
를 본다.
수양은 벌떡 일어설 듯이 몸짓을 하며,
"이 사람, 자네마저 그런 소리를 한단 말인가—자네마저 그 늙은 것들
의 편당偏黨이란 말인가. 그따위 귀신 다 된 것들이 무엇을 한단 말인
가" 하고 소리를 지르며 펄펄 뛴다.

(『단종애사』[서울: 우신사, 1981], 77-78)

이 장면을 보면 이미 수양은 아군과 적군을 나누고 조카의 자리를 넘
보는 권력욕에 찌든 모습을 그대로 드러내는 인물일 뿐이요, 그 주변 인
물들은 이런 수양을 부추겨 권세를 탐하는 간신들일뿐입니다. 그러나 김
동인은 『대수양』 첫머리에서 세종과 명신名臣인 영의정 황희黃喜(1363-1452)
의 입을 빌려 완전히 다른 이야기를 합니다. 세종의 큰 아들인 문종 임금
은 훌륭하긴 하나 신하들이 보필해주어야 겨우 왕 노릇을 할 수 있는 허
약한 인물인 반면, 둘째 아들인 진평(수양대군)은 천하를 호령할 왕의 가음

(왕이 될 만한 능력과 자질)을 넉넉히 지닌 인물이라고 말하죠. 이 역시 한 대목 인용해보겠습니다.

황희는 조금 뒤에 다시 말을 계속하였다.
"전하, 신이 두 분 왕자(세종의 큰 아들인 문종과 둘째 아들인 수양)께 대한 의견을 직언直言하오리까?"
"탓허지 않으리다."
"네에, 신이 직언하겠습니다. …. 동궁 저하(훗날 문종)께오서 장래 등극을 하오실지라도(왕이 되실지라도) 보필할 명신들이 그득하오니 무슨 근심할 바야 있사오리까마는, 신의 의견으로는 동궁 저하는 황공한 말씀이오나 명신의 보필이 없사오면 그….
말하기 힘들어하는 것을 왕이 보충하였다.
"감당키 힘들겠단 말이지요? 나도 짐작하는 바요. 그리고 유(진평, 곧 수양대군의 이름입니다)는?"
"…".
"진평의 사람됨을 어찌 보시오?"
"네에, 만약에 대군(수양)께서 동궁(장차 왕이 될 세자)으로 탄생하셨다면 보필의 신하가 쓸데없으신 분이옵니다. …. 진평대군께서도 세자로만 탄생하셨더라면 보필의 신하가 쓸데없사옵고, 단지 고지식하고 부지런한 신하만 있사오면, 무엄한 말씀이오나 전하의 성대盛大에 손색없을 광휘光輝 있는 세월에 백성들은 배를 두드리며[3] 살 것이옵니다. 그러나 어찌하오리까? 질자質子(원래는 조약 당사국끼리 조약을 지키자며 인질로 교환했던 첫째 왕자를 가리키나 여기서는 다음 왕이 될 왕자를 말합니다)로 탄생치 못하오시고 진토塵土에 묻혀서 일생을 보내실 수밖에 없겠사오매….
"늘 그 생각을 하오. 그렇지만….

『대수양』 [서울: 삼중당, 1983], 8-10)

『대수양』은 벌써 첫머리부터 수양을 본디 왕위를 이을 재목인데 차남으로 태어나 왕위를 잇지 못하게 되어 안타깝기 이를 데 없는 인물로 묘사하면서, 명신 황희는 물론이요 세종조차 그런 생각을 가지고 있었다고 이야기합니다. 이처럼 수양대군 한 사람을 바라보는 시각만 봐도 『단종애사』와 『대수양』은 하늘과 땅 차이입니다. 물론 『단종애사』와 『대수양』은 역사 기록이 아니라 역사 소설일 뿐입니다. 그렇다 해도 분명 역사 소설에는 그 소설을 쓴 사람이 역사를 바라보는 시각이 들어 있습니다. 앞서 말했듯이 『단종애사』와 『대수양』이 계유정난을 바라보는 이광수와 김동인의 역사관을 그대로 보여준 작품인지 의문이 들기는 하지만, 그래도 한 사건을 이렇게 완전히 다른 시각으로 바라볼 수 있다는 것이 놀라우면서도 고민거리입니다. 역사 사실은 하나인데 해석이 이렇게 갈릴 수 있다니! 이런 식으로 해석이 나뉠 수 있다면, 우리에겐 두 가지 큰 고민이 생깁니다.

첫째, 계유정난이라는 한 사건이 어떤 사람 눈으로 보면 쿠데타가 되고 어떤 사람 눈으로 보면 의거가 됩니다. 그렇다면 역사를 이야기하는 자리에서는 옳고 그름을 딱 부러지게 판단할 수 없는 건가요? 어느 누가 봐도 옳은 일이요 어떤 사람이 봐도 그른 일이 있을 수는 없는 건가요? 그렇다 한다면 역사에서는 절대 정의(누가 봐도, 누구에게 물어봐도 정의인 것), 절대선(누가 봐도, 누구에게 물어봐도 선善인 것)은 있을 수 없다는 결론이 나옵니다. 이 사람에게는 이것이 정의인데 저 사람에게는 저것이 정의이고, 이 사람에게는 이것이 선인데 저 사람에게는 저것이 선이기 때문입니다. 이런 식으로 나아간다면 과거에 역사 속에서 벌어진 모든 일을 정의와 선이라는 잣대로 판단하는 것 자체가 불가능해집니다. 가령 1980년에 광주에서 신군부 세력이 민주주의를 외치며 군사 독재를 저지하려고 나선 광주 시민들을 학살한 사건도 정의와 선이라는 잣대로 판단할 수가 없는 일이 벌어질 수 있죠. 실제로 당시 시민들을 학살했던 주역들은 여전히 자신들이 한 일이 정당하다고 주장합니다. 그렇게 된다면 우리는 역사 속에서 아무리 불의한 일이 벌어졌어도 이를 심판하고 바로잡을 명분을 갖지 못할 것입니다. 이는 정말 큰 문제입니다.

둘째, 이렇게 역사 속의 한 사건을 놓고도 바라보는 해석이 이편과 저편으로 갈릴 수 있다면, 우리가 소위 정사正史라고 말하는 역사 기록도 어느 한쪽의 해석을 대변하는 내용에 불과하지 않나 하는 의문이 생깁니다. 실제로 『조선왕조실록』의 일부인 『단종실록』과 『세조실록』을 보면 은근슬쩍 세조를 두둔하고 세조에게 죽임을 당한 황보인, 김종서 등을 아예 난신亂臣(나라를 어지럽힌 신하들)들이라 말합니다. 세조가 이 난신들을 죽인 사건을 공功으로 추켜세우죠.[4] 그렇다면 이런 실록 기록은 역사 사실을 진실 그대로 기록한 것이 아니라, 역사 사실을 어느 한 시각에서(말하자면 김동인이 쓴 역사 소설 『대수양』과 같은 시각에서) 해석한 내용을 적어놓은 것에 불과하지 않을까요? 만일 그렇다면 우리가 읽는 실록 기록은 역사 사실이라기보다 역사 해석이라고, 사실을 있는 그대로 모두 기록해놓은 것이 아니라 기록자의 시각에 맞춰 골라낸 사실들만 기록해놓은 것이라고 봐야 할 것입니다. 그렇다면 우리가 『조선왕조실록』에서 읽는 역사들은 최소한 일정 부분 진실을 감추고 있는 기록일 가능성이 높죠. 정말 그렇다면 큰 문제입니다. 우리가 마주하는 역사는 얼마간 진실일 수도 있지만 얼마간 진실과 다를 수도 있기 때문이죠. 결국 우리는 역사를 믿지 못하게 될 것입니다. 어쩌면 진짜 일어난 역사는 『조선왕조실록』이 말하는 내용(다시 말해 『대수양』이 말하는 내용에 가까운 내용)과 달리 『단종애사』가 말하는 내용에 가까웠을지도 모릅니다.

그런데 성경신학 세계에서도 이런 문제가 벌어지고 있답니다. 오늘날 많은 성경신학자들은 성경이 말하는 사실들을 기록자 혹은 편집자가 가졌던 시각(신학)에 맞춰 기록하거나 편집한 내용으로 봅니다. 말하자면 기록자나 편집자가 어떤 역사 사실들을 자기가 가진 신학에 비춰 해석하고 취사선택한 결과물을 담아놓은 것이 성경이라고 보는 것이죠. 이런 성경 해석론을 가진 이들을 신학 세계에서는 편집사학파redaktionsgeschichtliche Schule라고 부릅니다(영어권 신학에서는 이런 신학 흐름을 편집비평redaction criticism이라고 부릅니다). 이 학파를 대표하는 인물이 독일 신학자 한스 콘첼만Hans Conzelmann(1915-1989)입니다.

콘첼만은 본디 루돌프 불트만의 제자였으나, 불트만과 달리, 성경(특히 복음서)을 특정한 편집자가 자신이 가진 신학에 맞춰 일관되게 편집한 작품으로 보았습니다. 이 때문에 편집사학파 학자들은, 가령 복음서를 연구할 경우에도, 각 복음서에서 기록자나 편집자가 보여주는 특정한 시각(해석 방향)을 찾아내는 데 중점을 둡니다. 가령 『단종애사』가 단종과 황보인과 김종서를 두둔하는 것은 계유정난을 의롭지 않은 쿠데타로 보는 작가의 역사 해석을 보여주고 『대수양』이 그 반대쪽인 수양대군과 한명회와 신숙주를 변호하는 것은 반대로 계유정난을 의로운 일로 보는 작가의 역사 해석을 보여주는 것처럼, 누가복음이 가난한 자들을 많이 이야기하는 이유는 누가복음 저자가 예수가 하신 말씀과 행위의 강조점이 가난한 자들을 돌보는 이웃 사랑에 있었다고 보는 저자의 신학 때문이요, 마태복음이 그 서두에서 아브라함과 다윗으로부터 예수로 이어지는 족보를 내세운 것은 구약이 말하는 메시아가 바로 예수시라는 저자의 신학 때문이라고 보는 것이죠.

그러나 편집사학파의 주장을 따라가자면 역시 『조선왕조실록』을 읽을 때와 같은 문제에 부닥치고 맙니다. 가령 각 복음서가 그 복음서 기록자나 편집자의 시각을 따라 어떤 사실만 부각시키고 어떤 사실은 일부러 감춰놓았을 가능성을 피할 수가 없는 거죠. 마치 『조선왕조실록』이 세조

(수양대군)에게 불리한 사실은 얼마간 숨겨버렸을 수도 있듯이, 복음서도 그랬을지 모른다는 의심을 가질 수 있습니다. 그렇게 된다면 우리는 굉장히 큰 혼돈에 빠지고 맙니다. 말하자면 복음서는 저자나 편집자의 시각에 따라 각색한 사실을 기록해놓은 역사 드라마가 되어버릴 수도 있으니까요. 그럴 경우 성경이 역사 사실을 있는 그대로 기록했다는 믿음 위에 서 있는 기독교 신앙은 그 뿌리부터 흔들리고 말 겁니다. 편집사학파의 주장이 극단으로 치달으면 성경은 철저히 『단종애사』나 『대수양』과 같은 역사 픽션이 되어버릴 수도 있습니다. 오늘 서양 신학의 해석론이 우리에게 던져주는 고민이 바로 이것입니다. 성경 본문에서 저자나 편집자의 신학 내지 의도를 찾아내는 데 치중하는 현대 신학 흐름을 무턱대고 당연하게 받아들일 수만은 없는 이유는 바로 그런 점 때문입니다. 『단종애사』와 『대수양』과 『조선왕조실록』을 보면서 우리가 부닥치는 현대 서양 신학 문제를 한 번 되짚어봤습니다.

• 주

1. 1929-1989. 문학 평론가요 재야 역사 연구자였습니다. 평생을 문학 인들의 친일 행위를 밝혀내는 데 바쳤습니다. 방대한 조사 자료를 바탕으로『친일문학론』같은 작품을 남겼으며, 그가 조사한 자료들은 오늘날 『친일인명사전』을 펴내는 밑바탕이 되기도 했습니다.

2. 제가 읽어본 『단종애사』는 우신사又新社에서 1981년에 펴낸 책이고, 『대수양』은 1983년에 삼중당三中堂에서 펴낸 문고판입니다. 두 책 다 세로쓰기이고 오른쪽으로 넘겨가며 읽는 옛날 책이죠.

3. 함포고복含哺鼓腹이라는 한자성어가 있습니다. 중국 요 임금 때 백성들이 배불리 먹고 태평한 세월을 보내면서 배부른 배를 북처럼 두드

리며 지냈다는 말에서 나온 것입니다.

4.『조선왕조실록』은 인터넷 홈페이지 sillok.history.go.kr에서 검색해
볼 수 있습니다. 원문뿐 아니라 한글로 번역한 내용도 살펴볼 수 있습
니다.『단종실록』을 읽어보시면 세조가 계유정난에서 공훈을 세웠다
고 기록해놓은 부분들을 발견하실 수 있습니다.

헐! 독일의 내공이 대단하구나!

신학책들을 번역하면서 새삼 깨달은 게 있습니다. 그것은 "독일 신학의 위세가 대단하다"는 사실입니다. 요새 영국 신학자들과 미국 신학자들이 분발하여 훌륭한 신학 작업을 펴나가긴 하지만, 이들이 신학 작업을 해내가는 밑바탕을 살펴보니 과거부터 독일 신학이 쌓아놓은 훌륭한 기초 자원이 자리해 있었습니다. 그래서 이번에는 이 독일 신학이 쌓아놓은 훌륭한 자원들 이야기를 좀 해보려고 합니다. 사실 독일이라는 나라가 축구도 잘하고(월드컵을 세 번이나 우승했죠) 자동차도 잘 만들고(유명한 메르세데스 벤츠와 BMW가 독일차입니다. 독일 속담에 "BMW의 본고장인 뮌헨에 가면 벤츠가 좋다는 말을 하지 말고 벤츠의 고향인 쾰른에 가면 BMW가 좋다는 말을 하지 말라"는 말이 있더군요. 그만큼 자기네 차가 최고라는 자부심이 있다는 말이겠죠. 이 친구들만 이야기하면 폴크스바겐Volkswagen과 아우디Audi와 포르셰Porsche가 자기네들을 빠뜨렸다고 눈을 흘길지도 모르겠습니다. 이 친구들도 끼워줍시다!) 탱크도 잘 만든다는 것은(독일 탱크가 우수하다는 것은 제2차 세계대전 때 신화인 티거Tiger가 증명해줍니다만 요새도 레오파르트Leopard라는 걸작이 있어서 세계가 선호하는 베스트셀러가 되었습니다) 잘 알려져 있습니다만, 비단 이뿐 아니라 과학이면 과학, 문학이면 문학, 철학이면 철학, 음악이면 음악, 역사면 역사, 고전학이면 고전학, 출판이면 출판, 헌책방이면 헌책방을 비롯하여 어느 분야에서도 엄지손가락을 차지할 만한 나라가 독일이 아닌가 하는 생각이 듭니다(이러니 독일 친구들이 자기네 국가國歌에 "Deutschland über alles"[독일이 만국 위에 있도다]라는 가사를 집어넣을 만도 하겠습니다. 그러고 보면 미국이 세계 1인자로 행세하는 것은 앞서 말씀드린 대로 제1, 2차 세계대전을 이겼다는 사실 때문이 아닌가 싶습니다).

이런 나라에서 나치라는 괴물이 나왔다는 게 정말 수수께끼죠! 실제로 독일의 저명한 신학자요 설교가인 헬무트 틸리케Helmut Thielicke(1908-1986) 목사가 미국을 방문하여 독일이 역사를 향해 져야 할 책임을 놓고 미국 대학생들과 대화를 나눴는데, 이때 미국 대학생이 한 첫 질문이 이것이었습니다. "목사님께서 미국을 여행하시는 동안 그런 질문을 거듭 받으셨으리라고 생각합니다만, 바흐, 베토벤, 토마스 만을 비롯하여 예술과 학문에서 여러 스타들을 배출한 나라가 어떻게 히틀러의 지시를 따라 그렇게 무시무시한 일들을 저지를 수 있었습니까?"(이 대화는 "어떻게 독일에서 국가사회주의가 나타날 수 있었는가?Wie war der Nationalsozialismus in Deutschland möglich?"라는 제목으로 출간되었는데, 독일 크벨Quell 출판사에서 펴낸 『세계를 부둥켜안은 기도Das Gebet, das die Welt umspannt』에 부록으로 실려 있습니다. 국가사회주의는 나치가 표방한 전체주의 이념입니다. 제가 『세계를 부둥켜안은 기도』를 번역할 때는 여러 사정으로 이 부록을 번역하여 싣지 못했습니다) 이 수수께끼는 지금도 풀기가 어렵지만, 어쨌거나 자기들이 세계 1인자라고 자부하는 미국의 대학생들도 독일에 스타가 많다는 것은 인정하는군요.

그런데 독일이 또 하나 세계가 인정하는 스타들을 많이 배출한 영역이 있는데, 그게 바로 신학입니다. 독일 신학이 세계 신학에 큰 영향을 끼쳤던 이유는 여러 가지가 있겠지만, 저는 세 가지를 들고 싶습니다. 첫째는 대대로 가장 우수한 인재들이 신학 분야에서 일했다는 것을 들 수 있겠습니다. 예전에 들어보니 독일에서는 9년제 인문계 고등학교인 김나지움 졸업시험(대학 입학시험) 아비투어Abitur에서 성적을 가장 잘 받은 학생이 신학과 철학을 전공하는 경우가 많다고 합니다. 독일 문호 헤르만 헤세Herman Hesse(1877-1962)가 쓴 소설 『수레바퀴 아래Unterm Rad』를 읽어봐도 가난한 집 아이들이 국가시험에 합격하여(독일은 교회 재산 관리와 목회자 선발을 국가가 주관하는 국가교회주의를 채택하고 있습니다. 때문에 시민들에게 종교세를 걷어 그 돈으로 목회자 급료를 주죠) 목사가 되는 것을 소위 출세로 여깁니다.[1] 그런데 소설 속 주인공 한스 기벤라트Hans Giebenrath가 목사 시험을 준비하는 모습을 보면 정말 목사가 되는 것이 명예롭겠다는 생각이 들었습니다. 엄밀한 고전어(그리스어, 라틴어) 수업과 학과 공부, 목회 수련을 보니 수재들이 신학을 할 만하겠더군요. 둘째는 신학의 기초 자원을 충실히 마련했다는 것을 들 수 있습니다. 신학의 기초인 고전어 성경(히브리어/아람어 구약 성경, 그리스어 신

『게제니우스 사전』의 아버지 빌헬름 게제니우스. 프로이센 출신인 그는 저명한 구약 학자요 히브리어/아람어 학자였습니다.

약 성경, 라틴어 성경)은 모두 독일성서공회가 펴낸 비평본 성경을 사용하는 게 보통입니다. 고전어 사전도 마찬가지여서 히브리어/아람어 사전과 그리스어 사전 역시 독일에서 나온 『게제니우스 사전』과 『발터 바우어 사전』을 가장 훌륭한 사전으로 여깁니다. 셋째는 가톨릭교회와 개신교회가 거의 대등하게 존재하다 보니 양쪽에서 나온 훌륭한 신학 연구 결과들을 모두 섭취할 수 있었던 것도 독일 신학을 기름지게

한 자양분이 되었다고 봅니다.

저는 특별히 번역자 입장에서 번역하면서 느꼈던 독일 신학의 위세를 두 가지로 나누어 이야기해보려고 합니다. 하나는 방금 말한 사전들 이야기입니다. 신학책을 번역하다 보면 히브리어/아람어 사전과 그리스어 사전을 찾아봐야 할 경우가 많은데, 이럴 때마다 오랜 세월을 투자하여 이런 기초 자원을 마련한 독일 신학자들의 성실함에 놀라곤 합니다. 오늘날 영어권 학자들이 고전어 성경을 연구할 때 많이 참조하는 히브리어/아람어 사전과 그리스어 사전이 BDB와 BDAG입니다(이 두 사전 이야기는 뒤에 가서 해드릴 게요). 그런데 사실 이 두 사전은 위에서 말한 『게제니우스 사전』과 『발터 바우어 사전』을 번역하여 만들어낸 것이랍니다. 또 하나는 독일 신학자들이(또는 더 넓게 스위스와 오스트리아를 포함한 독일어권 신학자들이) 20세기에 쏟아놓은 연구 성과들입니다. 역시 뒤에 가서 말씀드리겠지만, 영국과 미국 신학계가 이 독일 신학의 성과들을 번역하여 흡수하지 않았더라면 과연 지금 영미 신학이 존재할 수 있을까 하는 의문이 들 정도로 독일 신학은 여러 분야에 걸쳐 큰 영향을 미쳤습니다. 그러면 먼저 이 사전 이야기들을 한번 해볼까요?

어떤 사전이 무려 200년에 걸쳐 18판을 거듭하며 생명을 이어왔다면 그것만으로도 대단한 존경을 받을 만한 사전이라고 말할 수 있을 것입니다. 그런데 바로 그런 사전이 실제로 있답니다. 그게 바로 유명한 히브리어/아람어[2] 사전인 『게제니우스 사전』입니다. 이 사전은 구약 성경을 연구하는 사람들이 한 목소리로 가장 권위 있다고 인정하는 사전입니다. 이 사전의 정식 이름은 *Wilhelm Gesenius Hebräisches und Aramäisches Handwörterbuch über das Alte Testament*입니다. 우리말로 옮기면 『빌헬름 게제니우스 구약 히브리어와 아람어 사전』쯤 되겠군요. 하지만 이 사전이 처음 선보일 당시에는 지금과 이름이 좀 달랐습니다. 처음에는 *Neues*

*Hebräisch-deutsches Handwörterbuch*였고 뒤에 개정과 증보를 거치면서 *Wilhelm Gesenius Hebräisches und Chaldäisches Handwörterbuch über das Alte Testament* 라는 이름을 사용했지요. 우리말로 번역하면 『빌헬름 게제니우스 히브리어와 갈대아어 사전』이라고 옮길 수 있겠습니다. 갈대아는 구약 성경에 나오는 아브라함의 고향이었던 우르가 자리한 메소포타미아 남쪽 지방을 말합니다. 여기서 태어나 바빌론과 페르시아의 위세를 업고 중동의 공용어로 등장한 언어가 바로 아람어였습니다. 때문에 처음에는 아람어를 이 언어가 태어난 지역 이름을 따서 갈대아어라고 불렀는데 나중에는 이를 아람어로 바꾸어 부르게 되었죠.

히브리어 사전의 아버지라 불리는 빌헬름 게제니우스Heinrich Friedrich Wilhelm Gesenius(1786-1842)는 옛날 프로이센 사람입니다. 그는 신학자였고 특히 고대 언어와 문화, 역사에 조예가 깊었습니다. 평생을 히브리어와 아람어 연구에 바쳐 이 방면에서 탁월한 업적을 많이 남겼죠. 그가 이런 연구 성과를 담아 1810년에 처음으로 내놓은 사전이 바로 위에서 말한 히브리어 사전입니다. 사전 이름이 길다 보니 보통 『게제니우스 사전』으로 많이 부릅니다. 이 사전은 원저자인 게제니우스가 세상을 떠난 뒤에도 유명한 학자들이 뒤를 이어 개정과 증보 작업을 계속 펼쳐나갔습니다.

특히 덴마크의 저명한 구약 학자이자 근동 학자인 프란츠 불Frants Peder W. M. Buhl(1850-1932)이 개정 및 증보 작업에 참여하면서 1915년에는 『게제니우스 사전』 13판이 선을 보입니다. 불은 히브리어와 아람어 학자로서 이름이 높았습니다. 그는 독일 라이프치히 대학교 교수를 역임한 뒤 코펜하겐 대학교 교수로 옮겨갔는데, 이후에도 개정 작업에 계속 참여하여 1921년에는 그가 개정자로 이름을 올린 『게제니우스 사전』 17판이 독일 라이프치히 포겔 출판사Verlag von F. C. W. Vogel를 통해 선을 보입니다. 17판은 무려 1,013쪽에 이릅니다. 히브리어/아람어 동사가 인칭, 수, 성에 따라

변하는 양상을 성경에 나온 대로 충실하게 설명했고, 이런 어휘들을 고대 근동 언어와 대비하여 어원을 추적할 수 있게 했으며, 뒷부분에는 독일어 단어-히브리어와 아람어 단어 대조표를 제시하여 사전을 이용하는 사람들이 편하게 이용할 수 있는 호의를 베풀었습니다. 또 사전 앞부분과 마지막 페이지에는 사전 편찬 때 저지른 실수를 정정하는 내용을 실어 정확한 사전을 만드는 데 애썼지요.

그러나 17판이 나온 뒤로 구약 신학과 고대 근동학은 눈부신 발전을 이룩했습니다. 제2차 세계대전 직후 이스라엘 사해 근처 쿰란에서 사해 사본이 발굴되었고, 히브리어를 비롯한 고대 언어 연구에서도 눈부신 발전이 있었죠. 이런 연구 성과를 『게제니우스 사전』에 반영해야 한다는 요구가 컸습니다. 마침내 이 요구를 따라 독일 쉬프링어Springer 출판사가 『게제니우스 사전』 18판을 펴내기 시작했습니다. 1987년에 1권(알렙-김멜)이 나온 뒤로, 1995년에 2권(달렛-요드), 2004년에 3권(카프-멤), 2007년에 4권(눈-페), 2008년에 5권(차데-신), 그리고 재작년인 2010년에는 6권(쉰-타우 그리고 성경 아람어)을 펴냈습니다. 이리하여 마침내 18판이 모두 출간되었습니다. 23년에 걸친 개정/증보 작업 끝에 게제니우스 사전이 더 훌륭한 사전으로 거듭난 것이죠(『게제니우스 사전』 초판이 나온 지 정확히 200년 만에 18판이 모두 나왔는데, 사전 발간 200주년을 기념하려고 그랬는지 이 18판 가격도 한화로 200만 원이나 된답니다. 양이나 질이나 가격이나 한 마디로 "헉!" 소리가 나는 사전입니다).

그런데 미국 학자들이 이 탁월한 히브리어 사전에 주목하여 이를 영어로 번역하는 일을 시작합니다. 19세기 당시만 해도 서양 세계를 통틀어 『게제니우스 사전』만한 히브리어/아람어 사전이 없었기 때문에 구약 언어와 본문을 연구하는 학자들이 이 사전에 주목하는 것은 당연한 일이었습니다. 하지만 아무래도 독일어로 되어있다 보니 독일어를 알지 못하는 구약 연구자들이 이 사전을 이용하기는 힘들었을 겁니다. 이를 고려하여 우선 예일대 신학대학원 교수를 지낸 미국 신학자 조사이어 깁스 Josiah Willard Gibbs(1790-1861)가 1824년에 게제니우스가 펴낸 *Neues Hebräisch-deutsches Handwörterbuch*를 영어로 번역합니다.

그런 다음 1836년에는 현대 성경지리학의 아버지라 불리는 미국 신학자이자 성경고고학자 에드워드 로빈슨 Edward Robinson(1794-1863)이 게제니우스가 1833년에 라틴어로 펴낸 『구약 히브리어와 갈대아어 사전 *Lexicon Manuale Hebraicum et Chadaicum in V. T. Libros*』을 영어로 번역해냅니다. 특히 로빈슨은 이 영어판 사전을 펴낸 뒤에도 게제니우스가 살아 있는 동안에 더 내놓은 연구 성과들과 게제니우스가 세상을 떠난 뒤에 다른 학자들이 내놓은 연구 성과들을 반영하여 자기가 번역한 사전을 충실하게 키워갑니다. 그리하여 그는 자신이 세상을 뜨기 아홉 해 전인 1854년까지 증보판을 내놓았습니다. 로빈슨이 세상을 떠난 뒤, 독일은 물론이요 유럽 다른 나라와 미국에서도 구약 언어와 본문, 히브리어와 족속이 같은 언어인 아람어, 아랍어, 고대 에티오피아어는 물론 바빌론과 앗수르, 페니키아에서 나온 고고학 유산을 연구하는 일이 활발하게 이루어집니다. 그러다가 마침내 이렇게 축적된 연구 성과를 반영하고 로빈슨이 남긴 영어판 히브리어 사전을 계속 이어가자는 움직임이 미국 학자들 사이에서 일어납니다.

마침내 1883년, 세 신학자가 합심하여 새로운 영어판 히브리어 사전을 만드는 일을 시작합니다. 그 세 사람은 독일에서 공부하고 유니온 신학대학원 교수를 지낸 프랜시스 브라운 Francis Brown(1849-1916), 당시 미국의 저명한 히브리어 연구자였던 새뮤얼 드라이버 Samuel Rolles Driver(1846-1914), 그리고 역시 독일에서 공부하고 히브리어와 구약 본문 비평 및 사본 연구에 진력했던 신학자 찰스 브릭스 Charles Augustus Briggs(1841-1913)였습니다. 세 사람은 무려 23년에 걸쳐 힘겨운 노력을 펼친 끝에 드디어 1906년에 이르러 그들의 이름을 단 영어판 히브리어 사전을 내놓습니다. 그 사전이 바로 보통 이 세 사람의 성姓 첫 글자를 따서 BDB라고 줄여 부르는『브라운-드라이버-브릭스 히브리어와 영어 사전*Brown-Driver-Briggs Hebrew and English Lexicon*』입니다. 이 사전은『게제니우스 사전』과 달리 알파벳 순서 중심이 아니라 어근 중심으로 구성하여 한 어근을 알면 이 어근에서 흘러나온 파생어들을 쉽게 찾아볼 수 있도록 만들었습니다. 이리하여 마침내 영어권 국가들도 영어로 된 히브리어 사전을 갖게 되었습니다만, 결국 이 BDB도 그 출발점은『게제니우스 사전』이었습니다. 말하자면 독일 신학이 만들어낸『게제니우스 사전』이 없었다면 BDB도 있을 수 없었던 셈이지요.

그런가 하면 신약 그리스어 사전도 역시 독일의 위세가 대단하답니다. 근래 장안의 인기 스타인 톰 라이트N. T. Wright 교수를 찍은 사진을 하나 봤는데, 그가 큰 신약 그리스어 사전을 펼쳐놓고 연구하는(사실은 "연구하는"이 아니라 "카메라를 의식하며 바라보는") 사진이었죠. 그가 펼쳐놓은 사전이 영어권 사람들이 신약 성경을 연구할 때 많이 활용하는 BDAG라는 사전입니다. 그런데 이 사전도 사실은 독일에서 나온 어떤 유명한 신약 그리스어 사전을 번역해놓은 것이랍니다. 그 유명한 독일 사전이 바로 *Griechisch-Deutsches Wörterbuch zu den Schriften des Neuen Testaments und der übrigen urchristlichen Literatur*입니다. 우리말로 옮기면『신약 성경과 다른 기독교 문헌 본문을 위한 그리스어-독일어 사전』으로 번역할 수 있겠습니다.

이 그리스어 사전이 첫 선

오늘날『발터 바우어 사전』이 있게 한 공로자인 독일 신학자 발터 바우어입니다.

을 보인 것은 1910년이었습니다. 당시에는 이 이름이 아니라 *Griechisch-deutsche Taschenwörterbuch zum Neuen Testament*라는 이름을 갖고 있었습니다. 우리말로 번역하면 『신약 그리스어-독일어 소사전』 정도로 옮길 수 있겠네요. 이 사전을 만든 인물은 독일의 저명한 신약 학자요 교회사 연구자이며 기센Giessen 대학교 교수를 지낸 프로이셴Erwin Wilhelm Preuschen(1867-1920)이었습니다. 그런데 프로이셴이 1920년에 세상을 떠나면서 이미 명성을 얻기 시작한 이 사전을 계속 이어갈 사람이 필요했습니다. 그래서 이 사전을 계속 개정하며 증보해갈 책임자가 된 인물이 역시 독일의 저명한 신약 학자인 발터 바우어Walter Bauer(1877-1960)였습니다. 바우어는 마르부르크, 스트라스부르, 베를린 대학교에서 공부했고, 1903년에는 마르부르크 대학교에서 교수 자격을 얻었으며, 1916년에 괴팅언Göttingen 대학교 교수가 되었습니다(독일은 교수가 되려면 박사 학위를 얻고 따로 교수 자격을 얻어야 합니다. 두 경우 모두 논문을 써서 통과해야 하는데, 박사 학위 논문은 Dissertation이라 부르고 교수 자격 심사를 받을 때 제출하는 논문은 Habilitation이라 부릅니다).

1933년 나치당이 집권하자, 괴팅언 대학교 교수회는 바우어에게 히틀러에게 충성하겠다는 맹세를 요구했지만, 그는 단호히 거부했습니다. 바우어는 독일 고백교회 지도자요 신학자로서 순전한 복음을 지키려고 나치에게 맞섰던 디트리히 본회퍼를 공개 변호하고 그를 구해내려고 온 힘을 쏟기도 했습니다. 어쨌든 바우어는 프로이셴이 쓴 사전 개정 작업을 물려받아 더 증보/발전시켜, 마침내 1928년에 이르러 그 개정판을 내놓습니다. 뒤이어 1937년에는 개정3판을 내놓는데, 이때부터 이 사전에서는 첫 저자인 프로이셴 이름이 빠지고 "바우어"라는 이름만 들어갑니다. 그만큼 완전히 다른 사전으로 탈바꿈했지요.

바우어 사전은 그 뒤에도 개정 작업을 진행하여 1988년에는 마침내 개정6판이 출간되었습니다. 이때는 이미 세상을 떠난 바우어 뒤를 이어

새로운 저자(편집자)가 이 개정 작업을 진행했습니다. 그들이 바로 저 유명한 그리스어 신약 성경인 *Novum Testamentum Graece*의 편집자인 쿠르트 알란트Kurt Aland(1915-1994)와 바르바라 알란트Barbara Aland(1937-) 부부였습니다. 두 사람 모두 저명한 신약학자입니다. 이들은 본디 사제지간이었으나 1972년에 혼인했습니다(쿠르트는 재혼, 바르바라는 초혼). 이 6판을 출간할 때는 라이히만Viktor Reichmann이 개정에 큰 도움을 주었습니다(때문에 독일에서는 이 6판을 Bauer-Aland-Aland-Reichmann, 약칭 BAAR로 부릅니다). 이들이 만들어낸 바우어 사전 6판은 약 1,800쪽에 이르는데, 신약 외경, 초기 교회 기독교 변증가들과 교부들의 글을 더 풍부하게 원용했을 뿐 아니라, 구약과 신약 중간기에 활동했던 저술가들이 쓴 그리스어 문헌도 충실하게 반영해놓았습니다.

그런데 미국은 히브리어 사전과 마찬가지로 그리스어 사전에서도 탁월한 독일 사전을 번역하여 자기네 사전으로 삼는 일을 합니다. 저 『발터 바우어 사전』을 영어로 번역하여 펴낸 것이죠. 그리하여 나온 사전이 시카고 대학교 출판부가 2000년에 출간한 *A Greek-English Lexicon of the New Testament and Other Early Christian Literature*(3판)입니다. 본디 이 사전은 『발터 바우어 사전』 4판을 바탕으로 아른트William F. Arndt(1880-1957)와 깅리치F. Wilber Gingrich(1901-1993)가 1957년에 펴낸 BAG(Bauer-Arndt-Gingrich)가 그 출발점이었습니다. 그러나 이 사전이 나온 직후 독일에서 바우어가 4판의 오류를 바로 잡아 5판을 냈고, 영어판 바우어 사전의 초판 편집자 중 하나인 아른트가 세상을 떠납니다. 더욱이 새로운 그리스어 성경이 나오고 더 많은 고대 파피루스 문헌과 명문銘文(돌이나 암벽, 점토판 같은 것에 새겨 넣은 글을 말합니다)이 발견되어 이를 바탕으로 새로운 연구 성과들이 축적되었습니다. 그리하여 이런 사정을 반영한 개정판 출간이 필요하자, 결국 깅리치는 제자인 댕커F. W. Danker에게 개정 작업에 참여해달라고 요청합니다.

이리하여 이들이 협동 작업을 펼친 끝에 1979년에 이르러 2판(BAGD: Bauer-Arndt-Gingrich-Danker)이 출간되었습니다.

그리고 1988년에 다시 독일에서 바우어 사전 6판이 출간되자, 개정 내용과 새로운 연구 성과를 더 충실히 반영한 영어판 3판을 준비하여 2000년에 출간했습니다. 3판을 BDAG(Bauer-Danker-Arndt-Gingrich)라는 약칭으로 부르는 이유는 주 편집자가 댕커이기 때문입니다. 결국 신약 그리스어 사전에서도 독일이 만들어낸 탁월한 사전이 뿌리가 된 셈입니다. 우리나라 사람들에겐 아무래도 독일어보다 영어가 더 친숙하기 때문에 미국에서 펴낸 히브리어 사전인 BDB와 그리스어 사전인 BDAG가 크게 보일 수 있지만, 실상 속사정을 들여다보면 이 두 사전은 모두 독일에서 나온 두 탁월한 사전을 번역한 데서 출발했습니다. 그만큼 독일 신학이 쌓아놓은 기초 자원이 큰 영향을 미치고 있는 것이지요.

하지만 독일 신학의 위세는 사전에서 그치지 않았습니다. 저는 이 이야기를 쓰면서 한 가지 흥미로운 조사를 해봤습니다. 근래에는 영국과 미국 신학자들이 독일 신학의 영향을 많이 벗어버리고 스스로 훌륭한 연구 성과를 많이 발표한다는데 과연 그런지 한번 알아보고 싶었죠. 그래서 한 가지 방법을 고안해냈습니다. 1930년대에 영미 신학자가 출간한 성경신학 책, 1970년대에 영미 신학자가 출간한 성경신학 책, 그리고 요 근래 영미 신학자가 출간한 성경신학 책이 인용한 참고 문헌 중 독일어권 자료가 얼마만한 비율을 차지하는지 알아보았죠. 표본 수는 극히 미미하여 어쩌면 신뢰도가 떨어지는 조사일 수 있지만, 그래도 이 조사 결과를 보니 역시 영국과 미국 신학이 점점 독일 신학의 영향으로부터 벗어나 열심히 홀로서기를 하려 한다는 것을 알 수 있었습니다. 먼저 저는 1930년에 화란계 미국 신학자로서 프린스턴 신학대학원 교수였던 게하더스 보스Geerhardus Vos(1862-1949)가 프린스턴 대학교 출판부를 통해 발표한『바울의

종말론*The Pauline Eschatology*』이라는 책을 조사해봤습니다. 보스는 이 책을 쓸 때 참고한 문헌을 책 뒷부분에 열거해놓았는데, 모두 82권이며, 그 가운데 독일 학자가 쓴 책이 무려 59권입니다. 전체 참고 문헌 중 72퍼센트가 독일 학자 책입니다.

이어 1970년대에 나온 영미 신학자의 성경 신학 책을 조사해봤습니다. 조사한 책은 영국의 저명한 신약 신학자인 제임스 던*James Dunn*이 36세 때인 1975년에 발표한 『예수와 성령*Jesus and the Spirit*』이었습니다. 그도 책 뒤에 참고 문헌을 열거했는데, 모두 517권입니다. 그런데 그 가운데 독일어권 자료가 271권입니다. 물론 이 숫자에는 스웨덴 신학자인 비르예르 에르핫손*Birger Gerhardsson(1926-)* 같은 사람이 독일어로 쓴 자료도 들어 있습니다. 독일 학자들이 쓴 자료가 아직도 전체 문헌 중 52퍼센트에 이르지만, 그래도 보스 때보다는 그 비율이 많이 줄었다고 말할 수 있겠습니다.

마지막으로 요 근래 나온 자료 두 가지를 조사해봤습니다. 조사한 책들은 제임스 던이 자기 절친인 래리 허타도*Larry Hurtado* 교수가 그의 저서 『주 예수 그리스도*Lord Jesus Christ*』에서 펼친 주장[3]에 맞서 2010년에 내놓은 『첫 그리스도인들은 예수를 예배했는가?*Did the first Christians Worship Jesus?*』와 근래 인기 스타이자 엄청난 집필로 뛰어난 정력을 과시하는 톰 라이트 교수의 『바울*Paul*』입니다. 던 교수는 참고 문헌으로 모두 109권을 제시했는데, 그 가운데 독일 책은 18권에 불과합니다. 그 비율이 16.5퍼센트로 엄청나게 줄었습니다. 톰 라이트 교수가 쓴 『바울』을 봐도 참고 문헌을 모두 53권 제시하는데, 그 가운데 독일 책은 단 세 권에 불과합니다. 비율로 따지면 5.7퍼센트에 불과하죠. 확실히 독일 신학의 영향이 많이 줄었음을 알 수 있습니다.

하지만 실제 속내를 살펴보면 독일 신학이 영국과 미국 신학에 여전히 큰 영향을 미친다는 것을 알 수 있습니다. 그것은 현대 신학 역사에서 전환점을 이루는 지점마다 가장 큰 영향을 미친 책들이 독일어권 자료들이요 가장 큰 영향을 미친 신학자들이 독일어권 신학자들이었기 때문입니다. 그런 예로 들 수 있는 인물이 스위스가 낳은 20세기의 뛰어난 신학자 칼 바르트Karl Barth(1886-1968)요 그런 예로 들 수 있는 자료가 그가 쓴『교회교의학』*Die Kirchliche Dogmatik*』입니다.

『교회교의학』은 19세기 독일 자유주의 신학과 이 영향을 받은 20세기 신학이 하나님이 아닌 인간으로 깎아내린 예수 그리스도를 다시금 참 하나님이시자 참 인간이신 분으로 되돌려 놓는 데 상당한 기여를 했습니다. 독일 자유주의 신학은 예수 그리스도를 참 하나님이자 참 인간으로 고백했던 기독교 정통 교리를 인간도 신이 될 수 있고 신 역시 인간과 같은 모습으로 살아간다고 믿었던 헬레니즘 사상의 영향을 받아 인간 예수를 신으로 끌어올린 초기 교회 신앙의 산물이라고 폄하했습니다. 그러나 바르트는 이런 자유주의 신학에 도전장을 던졌습니다. 그는 예수 그리스도를 하나님이 자신을 나타내신 하나님이요 육신이 되신 하나님으로 정의하면서, 이 예수 그리스도 안에서 하나님이 피조물과 화해를 이루셨고 이를 통해 창조를 완성하셨다고 주장했습니다.

바르트는 성경 역시 구약은 이 예수 그리스도를 내다보는 책으로, 신약의 복음서와 서신서는 예수 그리스도를 돌아보는 책으로 정의하여, 성경 한가운데에 예수 그리스도가 자리해 계신다고 규정했습니다. 그가 예수 그리스도에 얼마나 몰두했는가는 그가 세상을 떠나기 한 달 전에 자기 삶을 회고하는 마지막 인터뷰에서 남긴 이 말만 봐도 잘 알 수 있습니다. "내가 신학자로서 그리고 정치 참여자로서 마지막으로 해야 할 말이 있다면 그것은 '은혜'와 같은 개념이 아니라, 예수 그리스도라는 이름입니다. 그분은 은혜이시고, 마지막(완성자)이시며, 세계와 교회 그리고 신학을 초월하여 계신 분입니다."[4] 그는 이 책을 무려 36년에 걸쳐 썼지만(1932년부터

1968년까지), 실제로 그가 이 책을 쓰는 데 기초가 되었던 설교와 강의와 대화까지 고려하면 『교회교의학』은 사실상 칼 바르트가 평생을 걸려 쓴 책이라고 말할 수 있습니다(독일어 원서만 해도 13권이나 되며 9천 쪽이 넘는 분량입니다). 물론 칼 바르트가 정말 독일 자유주의 신학을 완전히 극복하고 정통 신앙과 그가 추구한 개혁파 신학으로 돌아가는 데 성공했는가는 더 논의해봐야 할 일입니다. 그러나 그의 신학과 사상이 20세기 현대 신학에 미친 영향은 아주 큽니다.

어쨌거나 독일 신학, 더 나아가 독일어권 신학은 신학의 여러 분야에서 이렇게 큰 의미를 지닌 신학책들을 많이 내놓았습니다. 그리고 역시 이 경우에도 영어권 신학계는 이런 열매들을 열심히 번역하여 자기들의 신학 기반으로 삼았습니다. 그런데 이번 경우에는 미국 사람들이 큰 기여를 했던 앞의 사전들과 달리 영국 출신 두 번역자가 큰 기여를 했습니다. 한 사람은 존 바우덴John Stephen Bowden(1935-2010)이며, 또 한 사람은 제프리 브로밀리Geoffrey William Bromiley(1915-2009)입니다. 이 두 사람은 독일 신학이 내놓은 연구 성과들을 영어로 번역하여 영어권 국가들과 영어권 신학의 영향을 받은 나라들이 독일 신학에 쉬이 다가갈 수 있는 길을 터주었습니다. 이들이 번역한 작품을 바탕으로 영어권 신학자들은 독일 신학이 가진 약점을 발견하고 이를 극복할 수 있는 대안을 찾는 데 노력했으며, 그 결과 위에서 살펴본 것처럼 독일 신학의 영향에서 벗어나 자기들의 색깔을 낼 수 있는 길을 찾게 되었습니다. 이처럼 두 사람의 공이 큰데도 이 두 사람이 잘 알려져 있지 않기 때문에 여기서 잠깐 이들을 소개해보겠습니다.

존 바우덴은 1935년에 영국 헬리팩스에서 태어났습니다. 1955년에 옥스퍼드 대학교 코르푸스 크리스티Corpus Christi 칼리지에 들어간 바우덴은 거기서 고전학을 공부하다 신학으로 전공을 바꿉니다. 이후 목회 수업을 받은 그는 1964년에 노팅엄 대학교에서 구약학 강사로 일합니다. 독

존 바우덴. 탁월한 신학서 번역자요 신학자였으며 성공회 사제요 유명한 신학 전문 출판사인 SCM 편집장이었습니다.

일 신학에 큰 관심을 가졌던 바우덴은 강사로 일하기 이전에 이미 독일의 저명한 구약학자인 마르틴 노트Martin Noth(1902-1968)가 쓴 『출애굽기』(독일어 원서 *Das Zweite Buch Mose: Exodus*, 영역서 *Exodus*), 역시 독일의 저명한 가톨릭 신학자이자 추기경인 알로이스 그릴마이어Alois Grillmeier(1910-1998)가 쓴 『교회의 신앙 속에 나타난 그리스도 예수』(독일어 원서 *Jesus der Christus im Glauben der Kirche*, 영역서 *Christ in Christian Tradition*)를 번역하여 내놓습니다. 이를 보고 바우덴이 신학자이자 신학서 번역가로서 뛰어난 실력을 갖고 있다고 판단한 출판사 SCM은 마침내 그를 SCM 편집장으로 영입합니다. 이때가 1966년이었습니다. 이때부터 바우덴은 진지한 신학책들을 펴냄으로써 신학 발전에 이바지하고 교회에 풍성한 양분을 공급하려 했던 SCM을 그 목표에 제대로 이바지하는 출판사로 키워냅니다. 여전히 유럽 대륙의 훌륭한 신학책들을 영어로 번역하여 소개하는 데 힘썼던 바우덴은 1975년에는 독일의 저명한 신약 신학자요 구약/신약 중간사 학자인 마르틴 헹엘

Martin Hengel(1926-2009)이 쓴 명저 『유대교와 헬레니즘』(독일어 원서 *Judentum und Hellenismus*, 영역서 *Judaism and Hellenism*)을 번역, 출간하고, 1985년에는 역시 독일의 저명한 신학자요 현재 보훔Bochum 대학교 명예교수인 헤닝 그라프 레벤트로프Henning Graf Reventlow(1929-)가 쓴 『성경의 권위와 현대 정신』(독일어 원서 *Bibelautorität und Geist der Moderne*, 영역서 *Authority of the Bible and the Rise of the Modern World*)을 번역, 출간합니다.

하지만 바우덴이 신학서 번역에서 남긴 업적은 이에 그치지 않았습니다. 그는 독일어뿐 아니라 프랑스어, 이탈리아어, 화란어에도 능통했는데, 이런 어학 실력을 바탕으로 이런 나라들에서 출간한 신학서들을 무려 200여 권이나 번역해냈습니다. 뿐만 아니라, 현대 사회에서 기독교 신앙이 지닌 가치에도 주목한 신학자로서 그 자신의 연구 성과를 담은 신학서들을 일곱 권이나 저술하기도 했습니다. 번역가인 동시에 저술가였던 셈이지요. 그는 시장에서 살아남기 힘든 신학서만 우직하게 펴내던 SCM을 이름 있는 출판사로 키워내는 데 큰 공을 세웠습니다. 그러나 시대의 흐름과 경영 문제라는 현실은 결국 SCM이 다른 출판사로 넘어가게 만들었지요. 그래도 오늘날 영미권에서 나오는 신학서들을 보면 바우덴이 독일이나 프랑스에서 나온 원서를 영어로 번역해놓은 책들을 참고 문헌으로 많이 인용해놓은 것을 봅니다. 그만큼 바우덴의 번역은 신뢰를 얻었고 그가 남긴 번역서들은 영미 신학계에 훌륭한 밑거름으로 남았습니다. 바우덴은 2010년에 세상을 떠났습니다.

그런가 하면 제프리 브로밀리는 번역자이기 전에 잉글랜드 성공회 사제요 역사 신학자로서 이름이 높은 인물입니다. 1915년에 영국에서 태어난 브로밀리는 에든버러 대학교에서 박사 학위를 받고 미국 풀러 신학교에서 오랜 세월을 가르쳤으며 이 학교 명예 교수로 추대되었다가 2009년에 세상을 떠났습니다. 브로밀리 역시 앞에서 말했던 바우덴과 마찬가지로 주로 독일 책들을 영어로 번역하여 소개했지만, 자크 엘륄Jacques Ellul(1912-1994) 같은 프랑스 학자들의 저서도 많이 번역하여 내놓았습니다. 브로밀리는 특히 대작을 많이 번역했는데, 그가 번역한 원서 저자들 역시 쟁쟁한 이들이었습니다.

우선 그가 번역한 독일어권 학자들의 작품을 말해보면, 독일신약 신학자인 키텔Gerhard Kittel(1888-1948)이 편집한 『신약 신학 사전』(독일어 원서 *Theologisches Wörterbuch zum Neuen Testament*, 영역서 *Theological Dictionary of the New Testament*), 스위스가 낳은 걸출한 신학자 바르트Karl Barth(1886-1968)가 쓴 대작 『교회교의학』(독일어 원서 *Die Kirchliche Dogmatik*, 영역서 *Church Dogmatics*), 독일의 저명한 신약 신학자요 불트만Rudolf Bultmann(1884-1976)의 제자였던 에른스트 케제만Ernst Käsemann(1906-1998)이 쓴 『로마서 주석』(독일어 원서 *An die Römer*, 영역서 *Commentary on Romans*), 역시 독일의 유명한 신학자요 대설교가였던 헬무트 틸리케Helmut Thielicke(1908-1986)가 쓴 『하나님의 침묵』(독일어 원서 *Das Schweigen Gottes*, 영역서 *The Silence of God*), 『개신교 신앙』(독일어 원서 *Der Evangelische Glaube*, 영역서 *Evangelical Faith*), 『하나님께 드리는 은밀한 질문』(독일어 원서 *Die geheime Frage nach Gott*, 영역서 *The Hidden Question of God*), 독일의 뛰어난 조직신학자인 판넨베르크Wolfhart Pannenberg(1928-)가 쓴 『조직신학』(독일어 원서 *Systematische Theologie*, 영역서 *Systematic Theology*) 같은 책들을 들 수 있습니다. 뿐만 아니라, 브로밀리는 자크 엘륄이 쓴 작품도 여럿 번역했습니다. 『자유의 윤리』(프랑스어 원서 *Éthique de la liberté*, 영역서 *The Ethics of Freedom*), 『내가 믿는 것』(프랑스어 원서 *Ce que je crois*, 영역서 *What I believe*) 등등이 주요한 번역 작품이지요. 이렇게 많은 대작 들을 번역했다고 브로밀리가 역사신학자의 역할에 충실하지 않은 것은 아니었습니다. 그는 자기 연구 분야에서도 10권이 넘는 연구서들을 저술 하여 출간했습니다. 더욱이 그는 『기독교 백과사전 *Encyclopedia of Christianity*』 (본디 독일에서 나온 사전입니다)의 영어판 편집자로도 유명했습니다.

지금도 신학책들을 번역할 때면 이 두 사람을 종종 만납니다. 때로는 각주에서 "Martin Hengel, *Between Jesus and Paul* (tr. J. Bowden; London: SCM, 1983), 193"과 같이 만나기도 하고, 때로는 책 뒤에 적어놓은 참고 문헌 목록에서 "Kittel, Gerhard and Gerhard Friedrich, eds. *Theological Dictionary of the New Testament.* Translated by G. Bromiley. 10 vols. Grand Rapids: Eerdmans, 1964-1976"과 같이 만나기도 합니다. 바우덴과 브로밀리가 번역하여 소개한 독일어권 신학책들만 보더라도 독일 신학이 현대 신학에 얼마나 큰 영향을 미쳤으며 독일 신학의 위세가 얼마나 대단한지 짐작할 수 있습니다.

제가 가끔씩 원서를 살 때면 이용하는 인터넷 서점이 있습니다. 바로 독일 헌책방 협회 홈페이지(www.zvab.com)입니다. 이 홈페이지는 전 세계 여러 나라의 헌책방을 그물처럼 연결해줄 뿐 아니라, 지금은 절판되어 구할 수 없는 귀한 신학책도 싼값에 구할 수 있는 경우가 많아서 저처럼 가난한 사람에겐 큰 도움을 줍니다. 지금은 시스템이 좀 달라졌는데, 예전에는 이 홈페이지에 들어가 어떤 헌책방에 책을 주문하면 그 헌책방에서 제게 메일이 왔습니다. "귀하가 이런 책을 주문하셨는데, 이 책을 항공편으로 받으시겠습니까 아니면 선편船便으로 받으시겠습니까? 항공편은 송료가 얼마고 선편은 송료가 얼마입니다"라는 메일이었죠. 이 메일을 받으면 즉시 답장을 보내야 합니다. 답장을 보내지 않으면 거래할 의사가 없는 것으로 알고 주문 접수를 취소했다는 메일이 날라 오죠. 한번은 이런 메일을 받고 큰 용기를 내어 더듬더듬 독일어로 답장을 적어 보냈습니다. "저는 거시기가 쓴 책 머시기를 주문한 아무개입니다. 그 책을 항공편으로 받고 싶지만, 제가 아주 가난한 목사이기 때문에 선편으로 받겠습니다. 귀하의 친절한 안내에 감사드립니다. 하나님의 은혜가 늘 귀하와 함께 하시길!"[5] 그런데 그 헌책방 주인으로부터 답장이 왔는데, 글쎄 이 양반이 철학 박사이신 겁니다. 이분은 친절한 답신에 감사하다면서 자기가 철학과 신학을 연구하는 벗들과 어울려 만든 연구 모임의 홈페이지가 있는데 이 홈페이지에 저를 초대한다고 말씀하시더군요. 그래서 그 홈페이지에 들어가 봤더니 그 주인분이 말한 친구들이 거의 다 대학 교수들이더군요. 더듬더듬 독일어로 그 홈페이지에 들어가 활동한다는 것은 꿈도 못 꿀 일이라 여겨 회원 가입을 정중히 사양했습니다(그 홈페이지 이름도 잊어버렸네요).

이 일을 겪으며 갑자기 그런 궁금증이 생기더군요. "왜, 이 양반은 철학 박사인데 헌책방을 하시나? 대학에 자리가 없었나? 아니면 특별한 사연이 있었나?" 이전에 제가 동네에서 겪었던 헌책방들은 동네 아저씨들이 쥐포나 오징어 안주에 소주를 마시면서 세상일을 이야기하는 공간이거나 아주머니가 가계에 보탬이 될까 하여 부업으로 운영하는 곳, 한두 번 밖에 안 본 책도 가져가서 팔면 300원, 400원밖에 안 쳐주면서 그 책을 팔 때는 3,000원, 4,000원씩 받는 곳, 주로 파는 책이 참고서와 잡지 같은 책들인 곳, 어떤 책이 귀중한 책인지 모르는 분이 주인으로 계실수록 좋은 곳(그래야 귀중한 책도 헐값에 살 수 있거든요!)이었기 때문에 더더욱 궁금증이 더했습니다. 그런데 철학 박사이신 주인이 그 메일에서 요새 독일에서도 신학과 철학 고전을 읽는 이들이 줄어가는 바람에 귀중한 책들이 헌책방 서가에서 먼지를 쓰고 앉아 있다며 안타까운 심정을 토로하셨습니다. 그 대목을 읽으며 아마도 그분이 헌책방을 하시는 것은 그런 책들이 지닌 생명을 더 이어가게 하려는 봉사가 아닐까 하는 생각을 해봤습니다.

훌륭한 사전들을 100년 또는 200년에 걸쳐 꾸준히 발전시켜가고 귀중한 신학 고전들을 계속하여 살려가려고 애쓰는 한 철학 박사 헌책방 주인의 모습을 보면서, 그런 탁월한 신학 자산들을 소중히 여기는 풍토, 세상이 추구하는 부나 권세보다 신앙과 정신세계가 지닌 숭고한 가치를 더

중시하는 마음, 그리고 무엇보다 눈앞에 보이는 열매만 추구하여 현세에 당장 영광을 얻으려고 하기보다 후손들이 더 풍성한 열매를 누릴 수 있게끔 묵묵히 성실하게 신학 기초 자원을 발전시켜가는 데 헌신했던 독일 신학 선배들의 자세가 한없이 부러웠고 존경스러웠습니다. 우리도 이런 점은 본받았으면 하는 마음이 간절합니다.

• 주

1. 독일의 문호 헤르만 헤세가 쓴 『수레바퀴 아래*Unterm Rad*』를 보면 이런 대목이 나옵니다. "한스 기벤라트가 천재라는 것은 누구도 의심하지 않았다. 선생님, 교장 선생님, 이웃들, 그 도시의 목사님, 학우들 그리고 모든 사람이 그 아이가 명민한 두뇌를 가졌고 모든 면에서 특별하다고 인정했다. 이 때문에 그 아이의 미래는 결정되어 있었고 확정되어 있었다. 쉬바벤 지역 란트들(독일 남부 지역의 란트들)에서 천재인 아이들이 갈 길은, 그 부모가 부자가 아닌 이상, 오로지 한 가지 좁은 길뿐이었기 때문이다: 곧 란트에서 실시하는 시험을 거쳐 신학교에 들어간 뒤, 거기서 다시 튀빙언 신학대학에 들어가고, 그 뒤에는 교회 강단에 서거나 교단에 서는 길뿐이었다"(Hermann Hesse, *Unterm Rad*[Frankfurt: Suhrkamp, 1972], 9). 독일 신학이 세계를 주름잡은 것도, 튀빙언 신학대학이 걸출한 신학자들을 많이 배출한 것도, 독일 인문학이 뛰어난 것도 다 그럴 만한 이유가 있었습니다.

2. 구약 성경은 대부분 히브리어로 기록되어 있지만, 기원전 7-6세기경부터 중동 지방의 공용어가 된 아람어로 기록된 부분도 있답니다. 에스라서와 다니엘서는 일부 아람어로 기록되어 있습니다. 이 아람어는 히브리어와 조금 달라서 정관사가 없고 대신 강조형이란 게 있죠. 단어도 다릅니다. 가령 히브리어에서는 아들을 "벤ben"이라고 하는데, 아람어에서는 "바르bar"라고 합니다.

3. 허타도 교수는 이 책에서 초기 교회 신자들이 아주 일찍부터, 그러니까 사도행전이 증언하는 대로 예수가 승천하시고 오순절 성령 강림이 이루어진 때부터 예수를 하나님과 같은 반열에 놓고 예배했다고 주장합니다. 우리가 보기에는 당연한 사실 같지만, 이제까지 신약 학자들이 따라온 학설은 초기 교회가 헬레니즘의 다신 숭배 사상의 영향을 받아 예수를 예배하기 시작했으며 그 시기는 아무리 빨라야 1세기 말이나 2세기 초라는 것이었습니다. 이런 주장을 편 대표 학자가 허타도 교수가 비판한 독일의 저명한 종교사학자 빌헬름 부세트Wilhelm Bousset(1865-1920)입니다. 부세트는 그가 남긴 역작『주 그리스도Kyrios Christos』에서 그런 주장을 폈는데, 허타도 교수는 여러 증거를 들어 부세트가 제시한 견해를 반박합니다.『주 그리스도』는 비록 비판할 점이 많은 자료이지만, 방대한 자료와 놀라운 연구 성과를 모아놓은 책이라는 점에서 훌륭한 신학 자산입니다. 우리말로 번역하여 소개할 수 있는 날이 빨리 오기를 바랍니다.

4. 원문은 이렇습니다. "Das letzte Wort, das ich als Theologe und auch als Politiker zu sagen habe, ist nicht ein Begriff wie 'Gnade,' sondern ist ein Name: Jesus Christus. Er ist die Gnade, und er ist das Letzte, jenseits von Welt und Kirche und auch von Theologie"(Karl Barth, *Letzte Zeugnisse* [Zürich: EVZ, 1970], 30-31). 이 책은 82쪽에 불과하고 책표지도 허름하나 귀중한 사료입니다.『마지막 증언』이라는 제목 그대로 바르트가 세상을 떠나기 나흘 전인 1968년 12월 6일 오후에 이 땅에서 마지막으로 찍은 사진, 그리고 세상을 떠나기 하루 전인 12월 9일 밤에 쓴 그의 마지막 육필 원고가 들어있기 때문입니다. 여기서 칼 바르트가 남긴 마지막 인터뷰를 수록한『마지막 증언』(Zürich, EVZ Verlag, 1970년판) 가운데 한 대목을 다음 페이지에 더 소개해봅니다.

5. 대충 이렇게 써 보냈습니다. "Ich bin Amugae, der das Buch Mershigi von Gershigi bestellt habe. Mit Luftpost möchte ich das Buch annehmen, aber will ich das mit dem Schiff akzeptieren, weil ich ein sehr armer Pastor

meine Sache denke und sage. Aber indem ich weiß, daß mir auch eine Grenze gesetzt ist, kann ich mich innerhalb dieser Grenze fröhlich als ein freier Mann bewegen. – Ist das verständlich?

Ich glaube, ja. Wenn ich es in meine Laiensprache übersetzen darf . . .

Jetzt haben Sie ein Wort gebraucht, das ich gar nicht hören will. Das ist eine uralte falsche Unterscheidung: «Laien» und – was dann noch? Hierarchie oder Theologen oder Priestertum – . . . Also, das gibt es gar nicht. Ich bin *auch* ein Laie. «Laie» heißt einfach «ein dem Volk Zugehöriger». Wir alle können nur dem Volk angehören – ich meine jetzt: dem Volke Gottes, welches die ganze Menschheit umfaßt. In diesem Volke Gottes stehen wir *neben*einander; der eine hat Theologie studiert und der andere nicht; aber deshalb ist auch der, welcher Theologie studiert hat und noch studiert, nichts Besseres und Anderes als auch nur eben Laie. Und umgekehrt können Sie darum nun auch nicht sagen: «Ich bin kein Fachmann in dieser Sache», um sich dann zu drücken: «Sie geht mich nichts an». Sie geht Sie genau so an, wie sie mich angeht. Ist das auch deutlich?

36

Sehr, ja. Danke. Wir machen diese Aufnahme in Ihrem Studierzimmer, Herr Professor, und da steht auf Ihrem Bücherschaft Ihr Lebenswerk, darf man wohl sagen: eine vielbändige Dogmatik. Nun, das Wort «Dogmatik – Dogma – dogmatisch» kommt in die Nähe eines Offenbarungsglaubens. Und beides, Dogma und Offenbarungsglaube, wird doch eher als Gegensatz empfunden zu den Begriffen «liberal – freiheitlich – relativ». Sie haben vorhin Ihre eigene Lehre doch etwas relativiert, wenn man so sagen darf. Liegt da nicht auch ein Gegensatz vor?

Ganz im Gegenteil! Ich will von dem Begriff Offenbarung ausgehen, der ja vielleicht wichtiger ist als der Begriff Dogmatik. Also, Offenbarung bedeutet: Jemand, der verborgen ist, hat sich gezeigt; jemand, der geschwiegen hat, hat geredet – und: jemand, der bis jetzt nicht gehört hat, hat etwas davon vernommen. Offenbarung heißt nicht, daß irgendeine steinerne Tafel vom Himmel herunterfällt, worauf die Wahrheit geschrieben steht. Vielmehr, Offenbarung ist eine Geschichte zwischen diesem Jemand und uns Anderen, uns Menschen. Ich sehe nicht ein, was das mit Unfreiheit oder Illiberalismus zu tun haben sollte. Im Gegenteil: ich habe in meinem langen Leben die Erfahrung gemacht, daß ich, indem ich auf Offenbarung lauschte,

37

bin. Ich danke Ihnen für Ihre freundliche Verkündigung. Sei Gottes Gnade immer mit Ihnen!"

자기 소견에 옳은 대로 [1]

번역을 하면 원문을 남김없이 우리말로 옮겨야 하기 때문에 피할 수 없는 어려움을 겪을 때가 있습니다. 그런 경우 가운데 하나가 외국사람 이름이나 장소 이름을 우리말로 옮길 때입니다. "사전이 알려주고 인터넷 같은 정보원이 알려주는 대로 옮기면 될 텐데, 그게 뭐 어렵냐?"고 반문하실 분들이 계실지 모르지만, 사실은 그렇지 않답니다. 번역을 수십 년 하신 번역의 대가나 베테랑도 바로 여기서 실수를 하실 때가 있으니까요. 실제로 2010년에 세상을 떠난 탁월한 번역가이자 소설가 이윤기 선생도 영국의 한 지명인 글로스터 Gloucester를 그 철자가 생긴 꼴만 보고 글로체스터로 옮기는 실수를 범하셨다고 하더군요(이윤기 선생이 군함이나 신학에 관심이 있으셨으면 이런 실수를 안 하셨을 텐데요. 영국 해군이 자랑하는 42형 구축함이라는 군함 종류가 있는데, 그 가운데 "글로스터"라는 배가 있었습니다. 그리고 유명한 구약 신학자 고든 웬함 Gordon Wenham[1943- , 브리스톨에 있는 트리니티 칼리지로 옮겼다가 지금은 은퇴했습니다]이 한때 재직했던 대학이 바로 글로스터 대학교죠). 이렇게 번역의 대가라는 분도 실수를 하셨으니 하물며 저 같은 무명 번역자는 오죽하겠습니까? 뭐, 이렇게 인명이나 지명을 잘못 읽는 실수를 밥 먹듯이 하지는 않지만(실수를 밥 먹듯이 했다간 진작 밥을 못 먹게 되었겠죠!), 그래도 이 문제에서 몇 번 실수를 저지른 전력이 있습니다. 그런데 이런 실수가 어쩌면 제 탓만은 아닌 것 같아 억울함도 호소해보고 변명도 할 겸 이 실수담을 고백해보려고 합니다.

때는 바야흐로 2009년, 가을이 무르익어갈 10월이었습니다. 영국 에든버러 대학교 신학대학 학장인 래리 허타도Larry Hurtado(1943-) 교수(2011년에 교수직에서 은퇴했습니다. 이분 블로그에 들어가 보니, 은퇴하는 바람에 수입이 줄어들게 생겼다고 재미난 고민을 털어놓았더군요)가 쓴 『주 예수 그리스도』 번역을 시작할 무렵이었는데, 출판사에서 전화가 왔습니다. 허타도 교수가 장로회 신학대에서 내한 강연을 하니, 가서 듣고 역자로서 인사도 하는 것이 좋겠다는 전화였죠. 듣는 영어, 말하는 영어가 젬병이긴 하지만 저자 직강을 들을 수 있는 좋은 기회라 생각하여 쾌히 승낙했습니다.

그리고 강연 날, 부리나케 달려갔죠(사실은 너무 멀어서 달려가지 않고 지하철을 탔습니다). 저는 그때까지만 해도 이분 이름을 래리 허테이도로 알고 있었습니다. 맥스 루케이도Max Lucado처럼 "ado"는 "에이도"로 읽을 거라고 생각했던 것이죠. 그런데 이런 생각은 강연이 시작될 때 통역하던 교수분이 강연자를 소개하는 순간 무참히 깨지고 말았습니다. 통역자 말씀이 이 교수가 허테이도가 아니라 허타도라는 것입니다. 그리고 Hurtado를 허타도로 읽는 이유는 **본인이 그렇게 읽기 때문**이라고 설명을 덧붙이시더군요. 황당하고 당황스러웠습니다. 같은 "ado"인데 누구는 "에이도"로 읽고 누구는 "아도"로 읽는다는 사실이 황당했습니다(그러면 "어두"라고 읽는 사람도 있지 않을까 싶습니다!). 그리고 사실은 "에이도"로 읽는 줄 알고 이미 다른 책에는 이 허타도 교수를 허테이도 교수로 번역해놓은 적이 있었기 때문에 당황스러웠습니다. "차라리 제가 중학교 2학년 때 영어 실력에서 더 이상 발전하지 않았더라면 Hurtado를 허타도로 읽는 선구자가 될 수 있었을 텐데!" 하는 아쉬움이 밀려들더군요.

중학교 2학년 시절, 영어 선생님이 부친이신 한 친구가 칠판에 United States of America를 써놓고 읽어보라고 하자 그냥 과감하게 유나이티드 스타테스 오브 아메리카라고 읽었더니 이 친구가 배꼽을 잡고 웃더군요. 그때부터 저는 그 부끄러운 추억을 교훈 삼아 영어는 쓰인 대로 읽으면 안 되고 뭔가 한 번 틀고 꼬아서 읽어야 영어답다고 생각하게 되었고 "ado"도 당연히 "에이도"라고 읽는 것이 영어다움이라고 생각했는데, 아, 이놈의 영어가 이렇게 저를 배신할 줄 누가 알았겠습니까? 더구나 기가 막힌 것은 "ado"가 "에이도"가 아니라 "아도"인 이유는 본인이 그렇게 읽기 때문이라는 설명이었습니다. 그야말로 **자기 소견에 옳은 대로** 읽는다니, 이 얼마나 참람한 일입니까? 그런데 이름 잘못 읽기 해프닝은 여기서 끝나지 않았습니다.

『주 예수 그리스도』 저자인 허타도 교수가 책 안에서 인용하는 학자 중에 David Aune라는 교수가 있습니다. 미국 노트르담 대학교 교수인데요. 저는 이분 이름을 번역하면서 Aune을 Aunt의 음가를 유추하여 앤으로 번역했습니다. 그런데 아무래도 이분이 앤 씨 집안이 아닌 것 같아 결국 창피를 무릅쓰고 본인에게 메일을 보내 여쭤봤답니다. "교수님 이름을 어떻게 읽습니까?"라고 여쭤본 거죠. 곧바로 답신이 왔습니다. 그런데 답신 서두에 이분이 이런 말을 써놓았습니다. "사실은 이쪽 사람들 중에도 내 성姓을 제대로 못 읽는 사람이 많답니다!" 그러면서 당신 집안이 본디 노르웨이 출신이기 때문에 노르웨이어 발음을 따라 Aune를 아우크니 혹은 아우니라고 읽어야 하지만 이제는 미국 사회로 이민 와 살다 보니 영어식 발음을 고려하여 scrawny("야윈, 앙상한": 하필 이런 단어를 예로 든 것은 이 교수분이 국민 약골 이윤석 씨에 버금가는 양반이기 때문일까요?)의 awny처럼 오니로 읽는다고 알려주셨습니다. 이런 경우는 어쩌면 "au"를 보통 "오"로 발음하는 영어(혹은 프랑스어) 발음을 고려하고 여러 이민자 혈통이 존재하는 미국 사회 현실을 생각하여 이렇게 발음을 바꾸었을지도 모르겠습니다.

그러나 그런 미국 사회 현실을 고려하여 발음을 바꾸는 것 역시 일관되게 이루어지는 게 아니라 자기 소견에 옳은 대로 이루어지는 것 같습니다. 예를 하나 들어볼까요? 미국에는 독일에서 이민 온 사람들의 자손이 많습니다. 미국이 비록 영국 식민지이긴 했지만 독일 이민자들이 얼마나 많았던지 제1차 세계 대전이 터지던 무렵에는 앵글로색슨 혈통과 독일(게르만) 혈통의 비율이 거의 대등하다 싶을 정도까지 되었다고 합니다. 그러다보니 유럽에서 제1차 세계대전이 터졌을 때도 영국 편을 들어야 할지 아니면 독일 편을 들어야 할지 결정하기가 쉽지 않았다고 하죠. 어느 한 편을 들기로 결정하는 순간, 자칫하면 미국 안에서 집안 싸움이 벌어질 판이었으니까요. 그런데 이렇게 독일 출신 이민자들이 많다 보니, 이름에도 독일식 이름들이 많습니다.

가령 뉴욕 필하모닉 오케스트라를 이끌었던 유명한 지휘자요 작곡가인 레너드 번스틴Leonard Bernstein(1918-1990)도 유대인이지만 독일에서 건너온 이민자 후손입니다. 하루에 담배를 다섯 갑씩 피는 바람에 결국 폐질환으로 세상을 떠난 양반입니다. 그는 고전음악과 뮤지컬을 넘나들며 천재성을 발휘했지만, 결국 숨지기 직전 마지막 음악회에서도 지휘하다가 폐질환에 따른 기침이 너무 심하게 나오는 바람에 연주도 다 끝마치지 못하고 지휘대에서 내려와야 했습니다. 독특하고 활달한 지휘 동작이 매력 있는 천재였는데 너무 빨리 떠나갔습니다(〈왕과 나〉, 〈십계〉 같은 작품으로 유명한 배우 율 브리너Yul Brynner도 하루에 담배를 다섯 갑씩 피우다가 1985년 나이 예순다섯에 세상을 떠났죠. 골초 대열에 끼려면 하루에 다섯 갑은 피워야 하나 봅니다. 예전에 유명한 바둑 기사 조훈현 씨도 하루에 담배를 다섯 갑씩 피웠다더군요). 그런데 독일어에서는 "ei"를 "아

유명한 지휘자요 작곡가인 레너드 번스틴. 뉴욕 필을 베를린 필, 비인 필과 어깨를 나란히 하는 교향악단으로 길러낸 인물입니다. 특히 미국에서 유럽 출신 지휘자들이 대세를 이룰 때, 미국인들은 미국에서 나고 미국에서 교육받은 토종 미국 지휘자인 그를 남달리 사랑하고 존경했습니다.

이”로 읽으니, 이분의 성은 베른쉬타인 혹은 번스타인(보통 이렇게 읽죠)으로 읽어야 할 겁니다. 그런데 이분도 영어에서는 보통 “ei”를 “이”로 읽는다는 것을 고려했는지 자신의 성을 번스틴으로 읽었습니다. 그러니까 이분 이름은 레너드 번스틴이라고 읽어야 합니다.

그런데 같은 독일식 성으로서 똑같이 “ei”가 들어있는 성을 가진 양반인데 독일을 그리워하는 향수가 남았는지 기어코 “아이”로 발음하는 경우도 있습니다. 그 좋은 예가 드와이트 아이젠하워Dwight Eisenhower(1890-1970)입니다. 아니, 제2차 세계대전 때는 노르망디 상륙 작전을 지휘한 연합군 총 사령관이요 나중에 미국 대통령까지 한 양반^(재임 1953-1961)이 독일식 발음을 고집하여 드와이트 아이젠하워로 발음하다니, 이거 좀 앞뒤가 안 맞지 않습니까? 같은 독일계 이민의 자손으로서 "ei"가 들어간 성을 똑같이 사용하는데도 누구는 이 "ei"를 "이"로 읽고 누구는 "아이"로 읽는다면, 대체 뭘 어떻게 하자는 겁니까?

하긴 영국이나 미국에서 활동하고 그 나라 국적을 얻었는데도 영어식 발음을 따르지 않고 본디 자기 조상인 민족의 언어 발음대로 읽는 경우가 또 있긴 있습니다. 이 경우에도 왜 그렇게 하느냐고 물어보면 틀림없이 "내 맘이야!"라고 대답할 겁니다. 그런 예가 영국에서 활동하는 헝가리 출신 유대인 신학자 Geza Vermes(1924-)입니다. Vermes는 사해 사본[2]과 유대교 문서 그리고 예수 그리스도의 삶을 연구하는 데 평생을 바쳐 이 분야의 권위자로 꼽히는 인물이요 옥스퍼드 대학교 명예 교수이자 영국 학술원 회원입니다. 이분은 본디 헝가리 마코(Makó)라는 곳에서 태어나 영국으로 건너왔습니다. 그렇다면 이분은 자기 이름을 어떻게 읽을까요? 오니 교수 지휘자 번스틴의 예를 보자면 영국에서 살고 영국 시민이 되었으니 영어식으로 읽어 버미스 혹은 버메스 정도로 읽지 않을까요? 하지만 답은 "아니요"입니다. 이분 역시 자기 소견에 옳은 대로 읽는답니다. 그래서 이번에는 오니 교수 및 번스틴과 반대로 꿋꿋이 헝가리어 발음을 따라 게자 베르메쉬로 읽는다 합니다. 하지만 이렇게 다 자기 소견에 옳은 대로 누구는 이랬다, 또 누구는 저랬다 하면 정말 번역자가 밥 먹고 살 수 있겠습니까?

그런데 영국이나 미국의 이름 있는 사람들 가운데 이런 식으로 **자기 소견에 옳은 대로** 읽는 사람이 한둘이 아니더군요. 가령 영국의 이름난 범죄 소설가이자 번역가인 Dorothy Leigh Sayers(1893-1957)의 성姓은 어떻게 읽을까요? 대개 세이어즈라고 많이 읽지만, 정작 본인은 세즈로 읽는 답니다. 그런가 하면 미국의 작가요 신학자인 Frederick Buechner(1926-)도 역시 자기 소견에 옳은 대로 프레더릭 비크너로 읽습니다. 전 미국 대통령인 로널드 레이건Ronald Reagan(1911-2004, 재임 1981-1989)도 마찬가지입니다. Reagan의 Rea를 어떻게 "레이"로 읽을 수 있는지 전 아직도 모르겠습니다. 아일랜드 혈통이라 그런 건지 모르겠으나(아일랜드 시인 Yeats도 예이츠로 읽지요) 이 양반도 자기 소견에 옳은 대로 읽는 것만은 틀림없습니다. 그 증거가 있는데, 이 양반이 처음 대통령 선거에 출마했을 때만 해도 국내 신문들은 그 이름을 로널드 리건이라고 적었습니다. 그러다 대통령으로 당선된 순간부터 **본인이 그렇게 읽는다며** 로널드 레이건으로 바꿨죠. 만일 레이건으로 바꾸지 않았으면 나중에 좀 곤란한 일이 생겼을 겁니다. 레이건 행정부 시절 백악관 비서실장을 지낸 사람 중에 도널드 리건Donald Regan 이라는 사람이 있었거든요. Reagan을 계속 리건이라 적었으면, 아마 뉴스 때마다 "대통령인 리건과 비서실장인 리건이 어쩌고저쩌고 했습니다" 하는 식으로 꼭 직함을 밝혀야 했을 테니 여간 번거롭지 않았을 겁니다.

아무튼 이렇게 자기 소견에 옳은 대로 이름을 읽어대니, 영국 친구들 중에도 필시 Hurtado라는 성을 허테이도로 읽는 친구들이 있을 것 같습니다. 허타도 교수가 "ado"를 "아도"로 읽는 것은 그렇게 읽어야 한다는 법칙 때문이 아니라 본인이 그렇게 읽고 싶으니까, 다시 말해 그게 자기 소견이기 때문 아닙니까? 그러니 틀림없이 허테이도로 읽는 사람들이 많이 있겠죠. 아마도 맥스 루케이도라면, Hurtado라는 성을 본 순간, 틀림없이 허테이도로 읽었을 겁니다. 그러다가 허타도 교수가 "왜 내 성을 바꿔? 난 허타도 집안이야!"라고 말하면, 루케이도는 아마 그런 생각을 했을지 모르겠네요. "헐! 영어 발음도 제대로 못하는 사람이 어떻게 영국 대학에서 신학 교수를 하지? 이 양반도 누구처럼 States를 스타테스로 읽는

거 아냐? 아니면 이게 미국식 발음과 영국식 발음의 차이인가?"

결국 따지고 보면 제가 Hurtado를 허타도가 아닌 허테이도로, Aune를
오니가 아니라 앤으로 읽은 것은 제 탓이 아닙니다(용서를 구하는 변명입죠!).
그건 그쪽 사람들이 다 자기 소견에 옳은 대로 이름을 읽기 때문에 빚어
진 결과이니까요! 같은 철자를 적어놓고도 이 사람은 이렇게 읽고 저 사
람은 저렇게 읽는 언어, 괜히 멋 부리는 건지 힘들여 적어놓은 철자도 묵
음이라며 발음하지 않는 단어들을 사용하는 언어, 그게 바로 영어입니다.
그런 언어를 쓰는 사람들이 어떻게 세계 1인자로 행세할 수 있게 되었는
지 참 알다가도 모를 일입니다. 사실 영어는 잡탕 언어입니다. 프랑스어,
독일어, 라틴어, 그리스어 등등으로부터 들어온 수많은 단어들이 뒤섞여
오늘날 영어를 만들어냈죠. 그러다 보니 그 발음이란 것도 중구난방이 될
수밖에 없었을 겁니다. 당연히 사람 이름 발음법도 각양각색이 될 수밖에
없었겠죠. 그러니 영어권 사람 이름이나 장소 이름을 제대로 발음하기는
아마 바울 사도 말대로 주님 얼굴을 대면하여 볼 때나 이루어질지 모르겠
습니다.

그러면 영어는 이렇다 치고 그나마 발음 규칙을 따라 읽는다는 언어
는 사정이 좀 나을까요? 프랑스어는 발음 규칙이 좀 어렵긴 하지만, 그나
마 좀더 쉬운 독일어나 이탈리아어나 에스파냐어 같은 경우는 사람 이름
이나 장소 이름을 발음하기가 쉬울까요? 발음 규칙을 제대로 안다면 그
다지 어려울 게 없을 것도 같습니다. 가령 에스파냐어에는 알파벳이 모두
30개 글자가 있습니다. 그 가운데 l(엘레)와 m(엠메) 사이에 ll(에이예)라는 글
자가 있는데요. 이 글자가 a나 o 같은 모음 앞에 와서 lla나 llo라고 써 있
으면 "야"나 "요"로 읽으면 됩니다. 그래서 유명한 축구 선수 David Villa도
다비드 비야로 읽으면 되죠. 그런데 이를 잘못 읽어 다비드 빌라로 읽으

면, 무슨 다윗 왕 이름을 딴 고급 빌라 이름으로 둔갑해버릴 수도 있습니다. 졸지에 사람이 건물로 바뀔 수 있죠.

그런데 발음 규칙이 있는 언어라도 그 발음 규칙이란 것이 우리 상상을 뛰어넘을 만큼 어렵다면, 이 경우에도 사람 이름이나 장소 이름을 제대로 발음하기가 여간 어렵지 않습니다. 스웨덴 사람이나 덴마크 사람 같은 경우가 그런 예입니다. 가령 스웨덴 신학자로서 스웨덴 룬드Lund 대학교 교수인 Samuel Byrskog(1957-)라는 사람이 있습니다. 이 학자 이름은 어떻게 읽어야 할까요? 그냥 새뮤얼 비르스코그 정도로 읽으면 될 것 같은데, 이래 봬도 스웨덴어가 성질이 있는 언어라 만만치 않답니다. 이 양반 이름은 사무엘 뷔쉬코그로 읽어야 합니다. 스웨덴어에서는 y를 "위"로, rs를 "쉬"로 읽기 때문입니다(발음이 어려워도 그렇게 읽어달라고 "위쉬wish"하는군요!). rs가 "쉬" 발음이 날 줄 누가 예상이나 했겠습니까? 그런가 하면 같은 스웨덴 출신으로 아카데미상을 세 번이나 받고 영화 〈카사블랑카Casablanca 〉

스웨덴이 자기 기술로 1960년대 말에 개발한 사브 37 비겐 전투기. 1974년부터 2005년까지 스웨덴 하늘을 지키다가 더 발전된 사브 39 그리펜에게 자리를 물려주고 은퇴했습니다. 작지만 강한 나라 스웨덴의 힘을 보여준 걸작입니다. 모양이 아주 특이하죠?

에서 험프리 보거트_{Humphrey Bogart}(1899-1957, 미국 영화 연구소가 미국 영화 역사상 가장 위대한 남자 배우로 꼽은 명배우입니다)와 영원히 기억에 남을 사랑을 보여주었던 유명한 배우 Ingrid Bergman(1915-1982)도 잉그리드 버그만으로 부르곤 하지만, 실은 잉그리드 베리만으로 불러야 한다니, 참 예상을 뛰어넘는 언어라는 생각이 듭니다. 아마 이렇게 어려운 발음 규칙이 있는 언어를 쓰다 보니 인구가 9백만밖에 안 되는데도 볼보나 사브 같은 훌륭한 자동차를 만들고 1950년대부터 잇달아 사브Saab 35, 사브 37, 사브 39 같은 걸작 전투기들[3]을 자기네 힘으로 만들어낼 수 있었나 봅니다. 이런 경우는 자기 소견에 옳은 대로 이름이나 장소를 발음하는 경우는 아니지만 그래도 실수하지 않고 그 이름을 읽어내기가 정말 어렵습니다.

아무튼 이렇게 자기 소견에 옳은 대로 사람 이름이나 장소 이름을 발음하는 경우가 많다 보니, 번역하는 입장에서 이런 소원이 생겼습니다. 신학책 같은 경우는 책 뒤에 사람 이름 색인이 나오는데, 거기에 발음이 희한하거나 보통 사람이 잘 알 수 없는 예외인 경우는 발음기호를 좀 적어주었으면 하는 바람이 생긴 거죠. 이런 바람이 꼭 불가능한 바람도 아닙니다. 일본어 같은 경우는 한자를 소리로도 읽고 뜻으로도 읽기 때문에 같은 한자라도 발음이 달라 자기네끼리도 한자를 잘못 읽는 경우가 종종 있다 합니다. 가령 같은 "상上"인데도 유명한 작가 무라카미 하루키村上春樹의 이름에 들어간 "상"은 "카미"로 읽는 반면, 우에노上野 공원 같은 이름에 들어간 "상"은 "우에"로 읽지요. 그런가 하면 해상海上은 카이조로 읽기 때문에, 이때는 "상"을 "조"로 읽습니다. 그래서 책 같은 것을 보면 사람 이름이나 어려운 한자에는 요미카나よみかな라 하여 카나로 발음을 적어놓은 경우를 볼 수 있습니다. 미국이나 영국 출판사들도 세상 사람들이 당연히 영어를 다 알 것이라고 생각하여 무조건 이름만 적어놓을 게 아니라, 자기 나라에 자기 소견에 옳은 대로 이름을 읽는 사람들이 많다는 점

을 고려하여 발음기호라도 적어주는 서비스 정신을 좀 발휘해줬으면 합니다.

그런데 이름과 관련하여 자기 소견에 옳은 대로 행하는 것은 우리나라도 마찬가지인 것 같더군요. 가령 우리나라 사람들이 영어로 이름을 적는 모습을 보면 정말 중구난방입니다. "박"이라는 성도 누구는 Park으로, 누구는 Pak으로, 누구는 Bak으로 적습니다. 그래도 사람이 "큰" 가방으로 둔갑하는 일이 벌어지는 것은 싫었던지 아직까지 Bag으로 적는 사람은 못 봤습니다(왜 "큰" 가방이냐고요? B가 큰大 문자이니까 "큰" 가방이랍니다. bag은 "작은" 가방이죠. 이걸 아직 모르셨어요? 그러셨구나! 만일 Bag을 고딕체로 바꿔 BAG으로 쓰면 무슨 가방일까요? 맞습니다. "대따 큰" 가방입니다). 또 성과 이름을 적는 방법도 가지각색입니다. 홍길동을 어떤 이는 Gildong Hong으로, 어떤 이는 Hong Gildong으로, 어떤 이는 Hong, Gildong으로, 어떤 이는 Gil-dong Hong으로, 또 어떤 이는 Gil Dong Hong으로 적습니다. 이외에도 여러 방법이 있습니다. 이러다 보니 사람은 분명 홍길동 하나인데, 영어로 적기만 하면 수많은 복제인간이 탄생합니다. 외국인들이 보면 이름으로 온갖 조화를 다 부리는 사람이 우리나라 사람이라고 생각하겠다 싶습니다. 이렇게 자기 소견에 옳은 대로 표기하다 보니, 외국 언론들도 한국사람 이름을 적을 때면 통일된 방법으로 표기를 못하더군요.

실제로 저는 서양의 주요 신문이나 잡지 인터넷 판이 고 김대중 대통령 성함을 어떻게 적는지 한번 조사해봤습니다.[4] 그랬더니 이런 결과가 나왔습니다. 우선 독일의 유명한 시사주간지 쉬피겔은 Kim Dae Jung, 역시 독일의 유명한 신문인 프랑크푸르터 알게마이네 차이퉁은 Kim Dae-jung, 프랑스 유력지인 르 피가로는 Kim Dae-jung, 역시 프랑스 유력지인 르 몽드는 Kim Dae-jung, 영국 신문 가디언은 Kim Dae-jung, 미국 신문 워싱턴 포스트와 뉴욕 타임스는 Kim Dae-jung이라 적었습니다. 그런데 미국의 시사주간지 타임은 희한하게도 어떤 때는 Kim Dae Jung, 어떤 때는 Kim Dae-Jung, 어떤 때는 Kim Dae jung으로 표기해놨습니다(하여튼 미국 친구들은 자기 소견에 옳은 대로 행하는 데는 선수입니다!). 우리가 아는 김대중 대통령은 한 분인데, 서양 친구들이 아는 김대중 대통령은 여러 분인가 봅니다. 그러나 그 친구들이 이렇게 저렇게 적을 수밖에 없었던 것은 결국 우리나라 사람들이 자기 소견에 옳은 대로 영문 이름을 적기 때문이 아닌가 싶습니다. 그렇게 따지면 역시 우리 책임이지 그 친구들 책임은 아니로군요.

성경은 사사기 21:25에서 이스라엘 사람들이 각자 자기 소견에 옳은 대로 행하는 것을 흉봤는데, 그 시대나 지금 시대나 아무튼 자기 소견에 옳은 대로 행하면 탈이 생기는 것 같습니다. 어찌 생각하면 번역자는 바벨탑을 쌓은 사람들 때문에 먹고 사는 사람입니다만, 또 어찌 생각하면 그렇게 바벨탑을 쌓은 사람들 때문에 그 나라 사람들도 잘 읽지 못하는 사람 이름이나 장소 이름을 읽어내느라고 진땀을 흘립니다. 어쨌거나 영국 사람들, 미국 사람들처럼 영어를 쓰는 사람들에게 부탁합니다. "ado"는 "아도"로 읽든지 아니면 "에이도"로 읽든지 아니면 "어두"로 읽든지, 이 글자가 들어간 이름을 가진 사람들끼리 잘 의논해서 하나로 통일해주세요. 안 그러면 책에 발음기호를 좀 넣어줘요! 지구 위에 영어만 쓰는 사람만 있는 게 아니라니까요! 하여튼 미국이든 영국이든 뭐든지 다 자기들 위주로 생각하는 것은 알아줘야 합니다.

• 주

1. 사사기 21:25에서 따온 제목이랍니다. 본디 이 말에 해당하는 히브리어 본문을 해석해보면 "자기가 보기에 옳은 것을"입니다.

2. 제2차 세계대전 직후인 1947년부터 이스라엘 사해 주변 쿰란 지역 동굴에서 발견된 문서들입니다. 성경 본문과 이를 주석한 글들이 실려 있는 문서들입니다. 이 문서를 작성한 이들은 2,000년 전 이 근방에서 공동체 생활을 한 것으로 보이는 유대교의 한 종파 에세네파로 추정하지만, 이들이 아니라는 견해도 있습니다. 사막의 건조한 기후 때문에 항아리 속에 들어 있던 문서들이 오랜 세월을 견뎌내고 살아남은 것으로 보입니다. 이 사본 덕분에 고대 성경 사본이 얼마나 정확하게 기록되었는지 확인할 수 있게 되었죠.

3. 스웨덴 하면 볼보나 사브 같은 자동차, 핫셀블라드 같은 카메라, 이케아 같은 가구, 에릭손 같은 전자 업체 혹은 말괄량이 삐삐나 팝 그룹 아바ABBA만 떠올릴 수 있지만, 사실은 항공 산업 강국이기도 합니다. 사브 35는 스웨덴이 1950년대 중반에 만든 초음속 전투기이고 사브 37은 1960년대 말에 개발을 끝내고 1970년대 초반에 배치한 전투기입니다. 그리고 사브 39는 요 근래 나온 작품입니다. 특히 사브 37은 폭격이면 폭격, 요격(공격해오는 적 전투기를 제압하는 것입니다)이면 요격, 정찰이면 정찰을 다 할 수 있는 만능 전투기였는데, 이 전투기가 나올 당시 이런 다목적 전투기를 개발한 나라는 미국뿐이었습니다. 그만큼 스웨덴은 작지만 강한 나라입니다(근데 요새는 경제가 심히 안 좋아 처지가 어렵다고 하는군요. 북해에서 나온 석유 때문에 부자가 된 이웃 노르웨이가 스웨덴을 동정할 정도라니!).

4. 고 김대중 대통령을 골라 조사한 이유는 외국 언론이 한국 정치계 인물 가운데 통계상 제일 많이 다룬 사람이 바로 그이기 때문입니다(북한까지 포함하면 죽은 김정일이 1위입니다). 참고로 독일의 유력한 신문 「프랑크푸르터 알게마이네 차이퉁Frankfurter Allgemeine Zeitung」은 2009년 8월 18일 "Kim Dae-jung ist tot"(김대중 숨을 거두다)라는 제목 아래 김대중 대통령이 서거한 소식을 크게 다루면서, 그가 한국의 민주주의와 남북 화해에 기여한 내용을 상세하게 서술했습니다. 그러면서 기사 말미에 이런 말을 덧붙여놓았더군요. "Als „Mandela Ostasiens" wurde

er auch im Ausland gefeiert" (그는 "동아시아의 만델라"로서 외국에서도 칭송을 받았다). 그러나 아직도 이 김대중이라는 사람을 그저 "빨간 사람" 정도로 여기며 비난을 퍼붓는 이들이 많은 우리 현실을 생각하면 아무래도 이 문장은 이렇게 바꿔야 정확할 것 같습니다. "Als „Mandela Ostasiens" wird er nur im Ausland gefeiert" (그는 "동아시아의 만델라"로서 오직 외국에서만 칭송을 받는다).

번역서에도 전면 재건축과 리모델링이 필요해요!

고아하고 풍류가 있는 한옥이라도 옛 한옥을 그대로 쓰려 하면 현대인이 생활하기에 불편할 수 있습니다. 이럴 경우에는 우아한 겉모습은 그대로 보존하면서도 속 구조만 현대 생활에 맞게 뜯어고치면 한옥의 생명을 이어가면서도 현대 생활과 조화를 이뤄낼 수 있습니다. 번역을 하다 보니 번역 세계에서도 이런 리모델링 작업, 경우에 따라서는 기존 번역과 완전히 다른 전면 재번역이 필요하겠다 싶은 생각이 들 때가 있었습니다. 이런 번역 리모델링, 전면 재번역이 필요한 이유는 여러 가지가 있습니다.

첫째, 이미 나와 있는 번역이 훌륭하고 원전을 잘 살렸다 해도 번역문 자체가 이 시대에 맞지 않을 수 있습니다. 가령 옛날 일제 강점기 때 교육을 받으신 분들이 번역하신 책들을 읽다 보면 일본어식 번역어가 심심치 않게 나옵니다. 가령 일본어에서는 햄버거 상호 "맥도널드"를 "마구도나루도マクドナルド", 영국의 유명한 정치가 "처칠"을 "챠치루チャ_チル"라고

읽습니다. (햄버거가 "나루"터 같은 곳에서 격식 차리지 않고 "마구" 먹는 음식이라 생각하여 "마구도나루도"라고 부르나봅니다. 그리고 제2차 세계대전 당시 일본 입장에서는 적국인 영국의 총리 처칠이 "처치"해야 할 인물이었겠죠. 그래서 처칠을 처치한다는 생각만 하다 보니 처칠을 아예 "챠치루"라고 읽었나 봅니다. 이상 할 일 없는 번역자의 아무 근거 없는 짐작이었습니다!) 그런데 이런 식의 발음이 번역자 의식 속에 살아있다 보니, McDonald나 Churchill을 번역자 자신도 모르게 "마구도나루도"나 "챠치루"로 옮기는 것이죠. 이게 불가능할 것 같아도 충분히 있을 수 있는 일입니다.

제가 1980년대 말에 겪은 일이 있습니다. 한번은 시내에 나갈 일이 있어서 버스를 기다리는데, 연세가 일흔은 넘어 뵈는 어르신 한 분이 제게 다가오시더니 이렇게 물으시더군요. "젊은이, 종로 1정목을 가려면 여기서 바스バス(버스)를 타야 되는가?" 순간 무슨 말인지 당황하다가 이내 이분이 종로1가행 버스를 물어보시는 줄 알아차렸습니다. "정목丁目"(쵸우메, ちょうめ)은 분명 일본에서 쓰는 말입니다. 정확히 기억은 나지 않습니다만 이전에 어느 소설인가 수필집에서 본 말이었기에 그 말을 알아들을 수 있었지 안 그랬다면 저도 생소한 그 말을 알아듣질 못했을 것입니다. 제 속으로 "야, 해방된 지 50년이 다 되어 가는데 아직도 저런 말을 쓰는 분들이 있구나!" 하고 생각했죠.[1] 이런 옛 세대 분들이 남기신 번역은 설령 그 문장이 탁월해도 시대에 맞춰 그 표현, 그 말들을 바꾸는 리모델링 작업을 할 필요가 있습니다.

그런가 하면 둘째, 이미 나와 있는 번역이 훌륭해도 그 번역이 원전에 충실하지 않을 때는 전면 재번역이나 번역 리모델링이 필요합니다. 몇 년 전 일입니다. 한 출판사로부터 본회퍼Dietrich Bonhoeffer(1906-1945)가 쓴 *Gemeinsames Leben*을 번역해달라는 부탁을 받고 이를 완역한 일이 있습니다.[2] 우리나라에 『신도의 공동생활』이라는 제목으로 나와 있는 바로 그 책입니다. 당시는 1964년에 고 문익환 목사가 번역하신 판만이 나와 있었습니다(이후 2010년에 대한기독교서회에서 정지련 박사가 번역하신 판으로 새 번역본이 나왔습니다). 출판사는 어떻게든 이 번역 원고를 내보고 싶어했으나 결국 국내 출판권 때문에 출판을 포기했죠. 그런데 당시 제가 번역한 원서 말미에는 본회퍼의 동지였던 에버하르트 베트게Eberhard Bethge(1909-2000)가 적어놓은 흥미로운 후기가 들어 있었습니다.

베트게가 미국 종교 아카데미에서 개최하는 한 연례행사에 참석차 미국을 방문했다가『신도의 공동생활』영역본을 공급하는 출판도매상을 방문했던 모양입니다. 베트게는 그곳을 방문한 김에 그가 평소에『신도의 공동생활』영역본을 보며 느꼈던 불만을 이야기했다고 합니다.[3] 그 불만 중에는 본회퍼가 이 책에서 말하는 내용과 전혀 어울리지 않는 영역본 책표지(『신도의 공동생활』을 읽어보신 분들은 아시겠지만 실은 상당히 무겁고 진지한 책입니다. 그런데 영역본 표지에는 책 내용과 어울리지 않게 두 쌍의 젊은 남녀가 노을이 지는 바닷가에 모닥불을 피워놓고 그 주위에 둘러앉아 데이트하는 그림이 들어 있었다고 합니다), 본회퍼가 본디 쓴『신도의 공동생활』은 큰 제목 다섯 개만 붙어있고 단숨에 써내려간 긴 문장인데 이를 짧은 문단으로 토막 내어 문단마다 자기들 멋대로 (본회퍼가 전혀 붙이지 않은) 소제목을 갖다 붙인 것, 그리고 본회퍼가 쓴 용어를 멋대로 바꾸어 번역한 것(가령 본회퍼는 가정은 물론이요 이런 가정처럼 한 몸을 이룬 공동체를 나타내는 말로 Familiengesellschaft[가정 공동체]라는 말을 일부러 사용했는데, 영역본은 이를 말 그대로 가정만을 가리키는 family로 번역했다 합니다)이 들어 있었습니다. 베트게는 이런 것들이 본회퍼가 말하고자 했던 것을 왜곡하는 심각한 문제라고 지적했습니다.

그랬더니 그 영역본을 공급하는 출판도매상이 이렇게 말했다 합니다. "걱정 붙들어 매십시오! 종이표지paperback로 출간한 지 4개월이 되었는데 벌써 4만 부나 찍었습니다!" 아마도 영역본 번역자나 출판사나 출판도매상은 그리 생각했을 것입니다. "야, 이거 본회퍼 글이 너무 어려운데! 문장도 너무 길고. 이러면 독자들이 읽으려고 하겠나! 근데, 내용은 좋으니, 이거 어떡한다? 그래, 적당히 타협하자. 용어도 좀 쉽게 뜯어 고쳐 번역하고, 문단도 잘게 나누어 독자들이 금세 이해할 수 있도록 소제목을 붙이자. 그러면 책도 잘 팔릴 거야!” 그랬기 때문인지 모르지만 아무튼 영역본은 어려운 책치곤 판매 실적이 꽤 좋았나 봅니다. 그러나 이렇게 번역자와 출판사가 마음대로 소제목을 붙이고, 문단을 나누고, 본회퍼가 쓰지도 않은 용어를 사용한 것은 분명 본회퍼가 본디 썼던 글을 손상한 행위였습니다.

그런데 아쉽게도 1964년에 한국에서 나온『신도의 공동생활』은 이 영역본을 밑바탕으로 삼았던 것 같습니다. 1964년 한국어판도 문단을 나눠 놓았고, 문단마다 소제목을 붙여놨고, Familiengesellschaft가 아니라 family라는 말을 썼습니다. 그렇다면 이 한국어판은 비록 번역문 자체는 술술 잘 읽히고 훌륭해도 원전에는 충실치 않은 번역이라고 할 수 있겠습니다 (요네하라 마리가『미녀냐 추녀냐』에서 쓴 표현을 빌리자면 부정不貞한 미녀라고 할 수 있겠죠). 이럴 때는 원전 저자의 사상을 제대로 소개하고 번역서 자체의 생명도 잘 이어가려면 원전에 충실한 번역이 새로 나오는 게 필요합니다. 다행히도 2010년에『신도의 공동생활』이 독일어 원전에 충실한 번역으로 다시 나왔습니다. 앞으로도 이런 번역 리모델링 작업이 계속하여 이루어졌으면 합니다.

전면 재번역이나 번역 리모델링이 정말 필요한 셋째 이유가 있습니다. 그것은 불성실한 번역, 잘못된 번역을 담고 있는 번역서들을 하루빨리 성실한 번역, 올바른 번역으로 바로잡아야 하기 때문입니다. 말하자면 부정한 추녀(원문에도 충실하지 않고 번역문도 엉망인 번역)를 최소한 부정한 미녀(원문에는 덜 충실해도 번역문만큼은 성실하고 유려한 번역문)로, 더 나아가 정숙한 미녀로 바로잡아야 하기 때문입니다. 3년 전 어떤 번역 원고 교정을 봐달라는 부탁을 받고 교정을 본 일이 있습니다. 그런데 출판사 말로는 분명 어떤 대학교수가 번역하셨다는데(그것도 미국에서 공부하신 교수시라는데), 도저히 그분이 번역한 원고라는 생각을 할 수가 없을 정도로 번역문이 엉망이었습니다. 몇 페이지 단위로 번역문체도 이랬다저랬다 하는가 하면, 미국에서 공부하셨다는 분이 번역한 것으로 볼 수 없는 오역도 있었습니다. 이게 아마도 그 말로만 듣던 "짜깁기 대리 번역"을 통해 탄생한 번역문이 아닌가 하는 의심이 들었습니다. 가령 교수가 학생들에게 한 원서를 일정 분량씩 나누어 번역하게 하고 이를 나중에 모아 대충 정리한 다음 자기 이름으로 출간하는 번역인 셈이죠. 과거에만 이런 번역이 비일비재한 줄 알았더니, 아직도 이런 번역 풍토가 남아있다니 서글픈 일입니다.

과거에 이런 식으로 불성실하게 번역했던 책들은 하루빨리 전면 재번역이나 번역 리모델링을 해야 할 것입니다. 예전에 유명한 번역가 고 이윤기 선생이 이탈리아의 저명한 기호학자요 저술가인 움베르토 에코 Umberto Eco(1932-)가 쓴 『장미의 이름*Il nome della rosa*』을 완전히 새롭게 번역하여 내신 일이 있습니다. 이전에 당신이 냈던 번역서의 오류를 바로잡아 낸 개정판이었죠. 한국 독자들이 가장 뛰어난 번역가로 꼽는다는 분이 자신의 오역을 솔직히 인정하고 그 오역을 성실하게 바로 잡는 자세를 보니, 절로 존경하는 마음이 들었습니다. 지금 한국에 나와 있는 기독교 신학서 중에도 부정한 추녀가 꽤 있습니다. 이제는 용기를 내어 부정한 미녀, 아니 정숙한 미녀로 바꿔가야 할 때입니다.

• 주

1. 소위 10·26 사건(중앙정보부장 김재규가 박정희 전 대통령을 저격한 사건)을 다룬 영화 〈그때 그 사람들〉을 보면 박 대통령을 비롯하여 사건이 일

어나던 날 밤 사건 현장에 있었던 이들이 수시로 일본어를 사용하는 장면이 나옵니다. 실제로 그날 이들이 일본어를 썼는지 모르겠습니다만, 정말 평상시에 이들이 일본어를 썼다면 다 일제 강점기를 거치며 일본 관제 교육을 받았기 때문일 것이요 어쩌면 일본식 군대 문화를 그리워하는 마음이 남아 있었기 때문일지도 모르겠습니다. 그날 저에게 "종로1정목과 바스"라는 표현을 쓰신 분도 어쩌면 그런 분이었을지 모릅니다.

지금도 기억나는 일이 있습니다. 1980년 광주에서 민주주의를 외치는 시민들을 학살하고 정권을 잡은 전두환 정권은 경제를 살린답시고 일본에 경제지원을 요청합니다(60억 달러를 차관으로 빌려달라고 요구했던 기억이 납니다). 그때 이 문제를 논의하려고 일본에서 현직 정치인도 아닌 어떤 인물이 하나 서울로 날아왔는데, 과거 일제 강점기 때 일본 육사를 거치거나 일본에 충성하는 길을 따랐던 당시 정계 유력자들(박정희 정권 시절부터 권력을 누렸던 이들이죠)이 그 "선배"를 찾아 줄줄이 인사했다는 기사가 신문에 났습니다. 그 일본인이 바로 일본 극우파 실력자 세지마 류조瀬島龍三(1911-2007)였습니다. 그는 일본 제국 시절 일본 육사를 차석 졸업했고 일본 육군 대학을 수석 졸업한 뒤 일본 제국 육군 장교로 복무한 자였습니다. 세지마는 제2차 세계대전 전범戰犯으로서 시베리아 수용소에 11년간 갇혔다가 나중에 석방되어 일본으로 돌아온 뒤에는 기업인으로 깜짝 변신하여 대기업인 이토추伊藤忠 상사 회장을 지내기도 한 일본 극우파의 한 축이었죠. 그는 일본이 태평양 전쟁을 일으킨 것을 불가피한 일이었다고 변명하는 등, 일본이 저지른 전쟁 범죄 행위를 부인하는 역사관을 가진 자였습니다. 박정희, 전두환, 노태우 정권의 소위 실력자라는 이들이 이런 세지마 같은 이를 선배로 모셨다는 사실을 보면서 일제 강점기 때 친일 행위를 했던 이들의 마음속에는 여전히 침략자 일본이 조선에 강요했던 소위 "일본과 조선은 하나"라는 생각이 뿌리박혀 있었던 게 아닌가 하는 생각이 들었습니다.

하지만 이런 친일도 결국 "우스운 짝사랑"이 아닐까 하는 생각이 듭니다. 일본인들은 아무리 한국 사람들이 자기들을 살갑게 대하고 심지어 존경한다고 해도 애초부터 한국인들을 그리 좋게 생각하지 않는 것으로 보이기 때문입니다. 유명한 일본 문학 번역가로서 가와바타 야스나리川端康成(1899-1972), 다니자키 준이치로谷崎潤一郎(1886-1965)와 같은 일본 작가들의 작품을 영어로 번역 소개했고 가와바타 야스나리가 일본인 최초로 노벨 문학상을 탈 수 있게 한 공로자라는 평가를 듣는 사이덴스티커Edward Seidensticker(1921-2007)가 쓴 자서전을 보니 그런 증언이 있었습니다. 그는 제2차 세계대전 이후 일본을 점령한 연합군 점령군 사령부에서 일할 때 여러 번 소매치기를 당했다고 합니다. 그런데 그가 이런 일을 일본인들에게 이야기하면 그 이야기를 들은 일본인들은 하나같이 무조건 이렇게 말했다고 하는군요. "망할 한국인들 같으니라고"(에드워드 사이덴스티커, 『나는 어떻게 번역가가 되었는가?』 [권영주 옮김; 서울: 씨앗을 뿌리는 사람, 2004], 108). 아마 사이덴스티커는 한국 사람들을 자극하지 않으려고 완곡어법을 썼을 겁니다(사이덴스티커는 한국에도 친구가 많았습니다. 특히 이 자서전에서 항일 독립투사요 박정희 독재 정권에 맞서다 의문사한 고 장준하張俊河 선생[1918-1975]을 자신이 가장 존경한 한국인이라 이야기하면서 "군자"라 표현하고 칭송합니다). 사실 일본인들은 "망할 놈의 조센징들"이라고 이야기했겠죠.

2. 당시 제가 번역한 책은 독일 Gütersloher Verlagshaus에서 2001년에 출간한 26번째 개정판이었습니다. 이 책은 본회퍼가 집필한 원고를 본회퍼의 동지요 인척인 에버하르트 베트게, 알브레히트 쇤헤어 Albrecht Schönherr(1911-2009), 그리고 게어하르트 루트비히 뮐러Gerhard Ludwig Müller(1947-)가 편집한 것입니다. 책은 모두 120쪽으로 되어있습니다. 저는 제가 완역한 책 원고 제목을 『공동체로 살아가는 그리스도인』이라고 붙였습니다.

3. *Gemeinsames Leben*, 103.

이윤기가 괜히 이윤기는 아니군!

"**호랑이**는 죽어서 가죽을 남기고, 번역자는 죽어서 번역 작품을 남긴다." 제가 절반은 지어낸 말이지만, 사실 맞는 말입니다. 번역자가 이 세상을 떠나도 번역 작품은 그대로 남으니까요. 번역자가 남기고 간 번역 작품에는 그 이름이 남고 번역자의 성품과 생김새를 그대로 보여주는 번역자의 문체가 그대로 남습니다. 그래서 번역가 이윤기 선생(1947-2010)은 세상을 떠났지만 그가 번역한 『그리스인 조르바』나 『장미의 이름』에는 이윤기라는 이름이 그대로 남아 있고 그의 번역 문체가 남아 있습니다. 번역가 이윤기가 남긴 유려한 번역문 덕분에 우리는 세상사에 도통한 혀 놀림으로 인생 훈수를 늘어놓고 나이든 여인네를 꼬드겨 자기 육욕을 채우는 인간 조르바(그리스어 원서에서는 "조르바스[조름바스]Ζορμπάς")를 옆에 있는 것처럼 느끼고, 막힘없는 지혜와 통찰로 사람들에게 존경을 받는 수도사 윌리엄(이탈리아어 원서에서는 "굴리엘모Guglielmo")을 그려볼 수 있습니다. 이렇게

번역자는 떠났지만 그가 남긴 번역 작품은 늘 우리 곁에 남아 영원히 살아 있는 조르바와 윌리엄 이야기를 들려주죠.

그러나 저는 이 조르바와 윌리엄을 보면서 가끔씩 마음이 무거워집니다. 번역자는 원래 그가 나왔던 흙으로 돌아갔지만 번역 작품은 두고두고 후세 사람들 옆에 남아 있을 것을 생각하니 이미 제 이름을 달고 책이 되어 나온 작품들은 물론이요 이후에 나올 번역 작품들도 사람들이 어떻게 평가하고 기억해줄지 두려운 생각이 들기 때문입니다. 그래서 가끔은 이 번역이란 일을 시작하여 이름 석 자를 책 표지에 남기게 된 것을 후회할 때도 있었습니다. 때문에 어차피 누군가에게 평가받고 누군가가 기억하는 존재가 될 운명이라면(실제로 그렇게 기억에 남을 일이 있을지 의문이긴 합니다만), 『그리스인 조르바』와 『장미의 이름』을 통해 번역가 이윤기를 기억하듯이, 좋은 작품으로 평가받고 좋은 작품으로 기억에 남는 사람이 되고 싶습니다. 이런 소망 때문인지 요새 부쩍 마음에 두는 두 가지 것이 있습니다.

하나는 정숙한 미녀를 탄생시키는 번역을 하게끔 노력하는 것이요, 다른
하나는 가치 있는 기여를 했다는 평가를 받을 수 있는 작품을, 말하자면
한국 교회 나아가 한국 사회 전체가 귀중하게 여길 만한 자산을 번역해보
고 싶다는 바람입니다.

정숙한 미녀를 탄생시키는 번역을 해야겠다는 소망 겸 의무감은 어
느 번역자나 똑같이 가지고 있으리라고 생각합니다. 정숙한 미녀라는 말

그리스 문호 니코스 카잔차키스가 쓴 『그리스인 조르바』의 그리스어판(1981년판) 속표지입니
다. "비오스 카이 폴리티아 투 알렉시 조르바"라는 그리스어판 원제는 『알렉시 조르바의 삶과 나
라』라고 번역할 수 있겠습니다("조르바"[혹은 조름바]는 "조르바스"의 소유격 형태). 카잔차키
스가 특이하게 제목에 "나라"를 뜻하는 그리스어 "폴리티아"를 쓴 이유는 아마도 이 책 주인공
인 조르바스는 물론이요 카잔차키스 자신도 이 세상의 인습, 이 세상의 편견에 매이지 않는 자
유인, 그들만의 나라를 가진 자유인임을 나타내려는 의도가 아니었을까 하는 생각이 듭니다
(조르바스는 실존 인물이었습니다). 조르바스가 자신을 짝사랑한 부블리나(그리스어 원문에는
"Μπουπουλίνα"로 나옵니다. 현대 그리스어에서는 μπ가 단어 첫머리에 나오면 "b"로, 중간에 나
오면 "b"나 "mb"로 발음합니다)의 죽음 앞에서 그리고 그가 이 소설의 또 다른 주인공인 "나"를
꼬드겨 하룻밤 정분을 나누게 만든 젊은 과수댁의 죽음 앞에서 보여주는 모습은 이 조르바스야
말로 진정 인간을 소중히 여기는 사랑을 지닌 사람이었음을 일러줍니다. 이 책은 카잔차키스가
쓴 책들을 전문으로 출판하는 그리스 아테네 카잔차키스 출판사에서 펴낸 것인데, 카잔차키스가
불교 같은 동양 종교에 깊은 관심을 보였기 때문인지 이 출판사 로고에도 특이하게 태극과 팔괘
가 들어 있습니다.

은 일본의 유명한 수필가요 번역가이며 러시아어 통역가인 요네하라 마리米原万里(1950-2006) 씨가 그의 수필집 『미녀냐 추녀냐』에서 쓴 말입니다. 요네하라 씨는 원문에 충실하면서도 유려한 번역문을 담은 작품을 정숙한 미녀로 은유했습니다. 그는 말 그대로 정숙함과 미모를 모두 갖춘 여성처럼 번역 작품도 정숙함(원문에 충실함)과 미모(유려하고 정돈된 문장)를 모두 갖추는 것이 바람직하다고 말했습니다. 그러나 이 둘을 모두 갖추는 것은 어려우며, 그럴 때에는 정숙한 추녀(원문에는 충실하나 번역문은 엉망인 번역)보다 부정한 미녀(원문에는 좀 덜 충실하더라도 번역문만큼은 유려하고 정돈된 번역) 쪽을 선호하는 것이 낫다고 권면합니다.

옴베르토 에코가 쓴 소설 『장미의 이름Il nome della rosa』 이탈리아어판(Milano: Tascabili Bompiani, 2011년판)입니다. 소설 끝 부분에서 아리스토텔레스의 『시학』조차 교회를 위협하는 악으로 정죄하면서 이런 악을 몰아내고 교회를 지키려는 목적 때문이라면 사람의 생명도 얼마든지 해칠 수 있다고 주장하는 호르헤 수도사와 그런 호르헤 수도사야말로 교회를 해치는 악마라고 꼬집는 굴리엘모Guglielmo(영어로 William) 수도사가 벌이는 치열한 논쟁은 정녕 교회를 위태롭게 하는 것이 무엇인지 생각하게 합니다. 저자인 에코는 이 책에서 굴리엘모 수도사의 입을 빌려 어떤 종교와 이념이라도 극단으로 치달으면 결국 광기狂氣로 변하고 파멸만 낳을 뿐이요, 이성과 지성을 무시하는 극렬한 신앙이 오히려 신앙 자체를 파멸로 몰고 간다고 경고합니다. 이 시대의 인문주의자 에코가 던지는 이 경고는 오늘날 모든 종교, 모든 사람이 새겨들어야 할 음성이라는 생각이 듭니다.

그러나 실제로 번역을 해보니, 정숙한 미녀와 정숙한 추녀 그리고 부정한 미녀는 동시에 공존한다기보다 번역자가 발전해가는 단계 단계를 나타낸다는 생각이 듭니다. 말하자면 처음에는 부정한 추녀에서 출발하여 그 다음에는 정숙한 추녀, 그 다음에는 부정한 미녀로 나아갔다가 결국 정숙한 미녀에 이른다는 말이죠. 이를 보시면 짐작하시겠지만, 결국 번역자가 얼마만큼 발전했는가는 원문을 얼마만큼 충실히 옮겼는가보다 그가 만들어낸 번역문이 얼마나 유려하고 정돈되어 있는가가 보여준다고 할 수 있겠습니다. 이를 다른 말로 바꿔 말하면, 자기 혼자 알아먹을 수 있는 번역문으로부터 모든 사람이 쉽게 알 수 있고 잘 이해할 수 있는 번역문으로, 더 나아가 모든 사람이 감탄할 수밖에 없는 번역 문장으로 발전해가는 것이 번역자의 발전 과정이라고 정의할 수 있을 것입니다. 모든 사람이 감탄할 수밖에 없는 번역문이 나올 정도면 그 번역문은 정숙한 미녀가 아닌 경우에도 최소한 부정한 미녀는 될 수 있을 것입니다. 이런 점에서 보면 글을 잘 쓰는 작가(소설가나 시인)들이 정숙한 미녀를 만들어낼 수 있는 번역가가 될 가능성도 높다고 볼 수 있겠습니다. 실제로 프랑스의 대문호인 빅토르 위고Victor Hugo(1802-1885)도 유명한 번역가였고, 요새 잘나가는 일본 작가 무라카미 하루키村上春樹도 이름난 번역가이며, 고 이윤기 선생도 소설가였습니다. 그러나 이렇게 유명한 번역가들조차도 원작을 잘못 옮겼다는 비판을 들은 적이 있었음을 생각하면 정숙한 미녀를 만들어내는 번역가가 되기란 정말 하늘에 별 걸기보다도 어려울지 모르겠습니다.

"신학책을 번역할 때는 굳이 정숙한 미녀까지는 필요 없고 정숙한 추녀 정도만 되면 상관없지 않을까?" 하고 생각하실 분들이 계실지도 모르겠습니다. 일리 있는 생각입니다. 신학책이라는 장르 자체가 빼어난 문체, 뛰어난 문장을 요구하는 것이 아니기 때문입니다. 그러나 꼭 그렇지만도 않습니다. 오히려 이런 신학책들 같은 경우에는 그 번역문이 추녀일 경우에는 정숙한 추녀보다 부정한 추녀일 가능성이 높기 때문입니다. 말 그대로 번역문이 졸렬하다 못해 도통 알아먹을 수가 없고 앞뒤가 맞지 않을 경우에는 원문을 이해하지 못한 채 잘못 옮긴 번역일 가능성이 높습니다. 번역문 자체가 추녀로 끝나는 것으로 그치지 않고 원문에도 충실하지 못한, 원문이 말하려는 뜻도 제대로 전달하지 못하는 번역일 가능성이 높다는 말이죠. 일본의 저명한 저술가요 독서가인 다치바나 다카시立花隆 (1940-)[1] 도 번역문 자체가 지독한 추녀일 경우에는 그 정숙함조차도 의심해봐야 한다고 말합니다. (그는 번역서에는 잘못된 번역이나 나쁜 번역이 의외로 많다며, 번역서를 읽다가 잘 이해가 되지 않으면 자기 머리가 나쁘다고 자책하지 말고 우선 오역을 의심해보라고 말합니다[『나는 이런 책을 읽어왔다』, 청어람미디어, 83쪽]. 저처럼 번역하는 사람 입장에서는 심장 떨리는 말입니다.)

때문에 오히려 신학책 같은 책일수록 원문을 제대로 이해하여 유려하고 정돈된 문장으로 풀어내야 할 필요성이 더 큽니다. 특히 이런 전문 서적은 읽는 독자들이 한정되어 있습니다. 때문에 오히려 더 쉽게 읽고 더 쉽게 이해할 수 있도록 번역해내야 더 많은 독자들을 확보할 수 있을 것입니다. 사람들이 도통 무슨 말인지 이해할 수 없는 말로 번역자가 옮겨놔야 고상한 신학책의 값어치를 살리는 것이라고 생각한다면, 아마 원저자도 그런 번역자가 자기 책을 번역하는 것을 원하지 않을 것입니다. 그런 번역자가 번역했다가는 번역자나 혼자 알아먹을 수 있는(어쩌면 번역자 자신도 알지 못할) 번역이 나올 테니까요. 그래서 기왕이면 신학책 같은 책도 모든 사람이 이해할 수 있는 말로, 그러면서도 빼어난 문장을 구사하여 번역해낸다면 그야말로 신학이라는 학문에 걸맞은 번역일 것입니다.

이웃 일본에서는 신학은 아니지만 철학 분야에서 정숙한 미녀를 만들어내어 극찬을 받은 사건이 있었습니다. 재야 철학자인 하세가와 히로시長谷川宏(1940-) 씨가 헤겔이 쓴 명저 『정신현상학』을 원서의 의미를 그대로 전달하면서도 교수들이나 학자들이 쓰는 어려운 말이 아니라 평범한 일본인들이 다 알아들을 수 있는 일본어로 번역해낸 사건이 바로 그것입니다. 이 책이 나온 뒤, 주일 독일 대사관과 독일 문화원은 독일 철학을 일본에 널리 알려주어 고맙다고 히로시 씨를 첫 번째 레싱 번역상[2] 수상자로 결정했죠. 이런 점을 생각하면서 저도 새삼 더 분발해야겠다는 생각이 듭니다. 제가 번역자로 얼마나 더 일할 수 있을지 모릅니다만 부디 제 생애에 한 번이라도 정숙한 미녀를 탄생시킬 수 있도록 노력하고 또 노력해야겠습니다.

또 한 가지 제가 늘 마음에 두는 것은 가치 있는 기여를 했다는 평가를 받을 수 있는 작품을 번역해보는 것입니다. 가치 있는 기여를 한 작품이 어떤 작품인지 판단하기는 쉽지 않습니다. 사람에 따라 평가 기준이 다를 수 있고 시간이 흘러감에 따라 평가 기준이 달라질 수도 있지요. 교리가 흐트러지고 교회가 어지러워질 때는 바른 교리를 다시금 되새겨주는 고전이 의미가 있을 것입니다. 교회가 타락하는 길로 나아갈 때는 교회의 본질과 사명을 일깨워주는 책이 가치가 있겠죠. 제가 여러 해 전부터 마음에 두고 있는 책이 세 가지가 있습니다.

첫째는 이탈리아의 역사가요 정치가인 파스쿠알레 빌라리Pasquale Villari(1827-1917)가 쓴 걸작 『사보나롤라의 내력과 그의 시대의 역사Storia di Girolamo Savonarola e de' suoi tempi』입니다. 모두 두 권으로 되어 있는 이 명저는 책 제목 그대로 피렌체의 개혁자였던 수도사 지롤라모 사보나롤라(1452-1498)의 삶과 그가 살았던 시대사를 훌륭하게 다루었다는 평가를 받은 고전입니다. 사보나롤라는 메디치 가문이 오랜 세월을 지배하면서 정치와 종교, 도덕까지 썩어버린 피렌체를 개혁하는 길에 나섰습니다. 그런데 정말로 그가 썩은 부위를 도려내려 하자 그를 지지했던 시민들은 모두 그를 버립니다. 결국 사보나롤라는 시민들에게 버림받고 죽임을 당합니다. 사보나롤라의 삶과 그 시대 역사를 조명해본다면, 결국은 정의를 외치면서도 결코 정의가 이루어지길 원하지 않는 인간 본성의 모순과 부패를 적나라하게 알 수 있습니다. 새삼 독일 통일을 이끌었던 재상 오토 폰 비스마르크Otto von Bismarck(1815-1898)가 들려주었다는 충고가 떠오릅니다. "여론이란 것을 믿지 마시오. 아침에는 이랬다가 저녁때는 저렇게 돌변하는 것이 여론입니다!"

2 LIBRO PRIMO.

nome pervenne ai posteri non solo per molti e pregevoli scritti;[1] ma per l'affetto che portò al nipote Girolamo Savonarola, che più tardi riempì il mondo della sua fama.

Venuto a Ferrara nel 1440, insegnò con plauso nella Università, e fu medico della Corte, dove ottenne favori ed onori d'ogni sorta. Il papa Niccolò V lo nominò cavaliere gerosolimitano, ed i successori del marchese Niccolò III gli dettero nuove terre, nuove entrate ed anche un piccolo feudo.[2] Lionello, il primo di essi, ritenendolo per suo medico, gli accrebbe lo stipendio e lo liberò da ogni altro ufficio, acciocchè attendesse a scrivere.[3]

Poco sappiamo del figlio Niccolò. Pare che studiasse la scolastica e la medicina; ma non ci resta alcuno scritto che ricordi il suo nome. Passò i suoi giorni bazzicando nella Corte, consumando il patrimonio che suo padre aveva cogli studii e colla industriosa perseveranza raccolto.

Sua moglie Elena, della illustre famiglia dei Bonaccossi di Mantova, fu però donna d'alto animo, ed ebbe una fermezza quasi virile.[4] Poco raccontano

[1] Fra le opere a stampa, alcune delle quali ebbero molte edizioni, sono: *Practica de ægritudinibus*, Papiæ, 1486; *Practica canonica de febribus*, Venetiis, 1498; *De Balneis omnibus Italiæ sive totius orbis, proprietatibusque eorum*, Venetiis, 1592; *De arte conficiendi aquam vitæ etc.*, Hagenoæ, 1532; *In Medicinam practicam Introductio etc.*, Argentinæ, 1533. Molte sono poi le opere inedite, alcune delle quali anche di argomento religioso o morale. C'è infatti un suo *Confessionale* ed un *Dialogus moralis*. (Vedi 1. I. Mangeti, *Bibliotecha scriptorum medicorum veterum et recentiorum*; Cappelli, *Fra Girolamo Savonarola ec.*, in principio; L. N. Cittadella, *La nobile famiglia Savonarola in Padova ed in Ferrara*, Ferrara, 1867).
[2] I diplomi originali trovansi nella biblioteca Landau.
[3] Con un diploma assai notevole, che trovasi nella biblioteca Landau. Vedi *Appendice*, documento I.
[4] Vedi, tra gli altri, Fra Benedetto fiorentino, *Vulnera Diligentis*. Di quest'opera, che ci dà parecchie notizie importanti

CAPITOLO PRIMO. 3

di lei i cronisti, ma quel poco lo ricordano a confermare la nobiltà del suo carattere. Ed in vero le lettere con le quali il figlio Girolamo, in tutti i giorni più difficili e dolorosi della sua vita, si rivolse a lei, quasi sola e sicura confidente, ci confermano da un lato la virtù che ella ebbe, e dall'altro ci fanno ripetere la osservazione, che uno degli affetti più costanti ed inalterabili nelle anime grandi è appunto questo amore, direi quasi culto, alla madre.

Girolamo Savonarola, del quale imprendiamo a narrare la vita, nacque il giorno 21 settembre dell'anno 1452, e fu il terzogenito[1] di sette figli nati da Niccolò e da Elena. I suoi biografi raccontano maraviglie di lui sin dalla più tenera età; ma ognuno conosce che fede sia da prestare a simili racconti. Assai più facilmente si può credere che egli non avesse nulla di tutto ciò che fa amare i bambini; non era nè bello, nè ridente, ma fin d'allora serio e tranquillo: niuno forse immaginava quale avvenire la sorte volesse apparecchiargli. Nondimeno il pri-

... ed autentiche sul Savonarola, trovansi due copie manoscritte nella Biblioteca Nazionale di Firenze, Classe XXXIV, Cod. 7 e Classe XXXVII, Cod. 318. Di Fra Benedetto, che fu discepolo del Savonarola, e scrisse altre opere intorno al maestro, riparleremo più volte.
[1] Furono, secondo i biografi: Ognibene, che si dette alle armi; Bartolommeo, di cui non si conosce la professione; Girolamo; Marco, che, col nome di Fra Maurelio, prese l'abito in San Marco, per mano del fratello, nel 1497; Alberto, che prese il grado dottorale il 20 aprile 1491, e si segnalò come medico. Delle donne, Beatrice restò sempre nella casa paterna; Chiara invece si maritò, ma, rimasta vedova, ritornovvi anch'essa, per stare col fratello Alberto. Il sig. L. N. Cittadella, nel suo scritto *La nobile famiglia Savonarola in Padova ed in Ferrara*, pone invece i figli in quest'ordine: Chiara, Alberto, Bartolommeo, Ognibene, Girolamo, Marco, Beatrice. Sebbene egli sia uno scrittore diligente, pure, non dicendoci donde abbia cavate queste sue notizie, crediamo di dover continuare a seguire i cronisti e i biografi antichi.

이탈리아의 정치가요 역사가인 파스쿠알레 빌라리가 쓴 『지롤라모 사보나롤라의 내력과 그의 시대의 역사』 이탈리아어판(1926년판) 1권 중 "사보나롤라의 출생"을 일러주는 대목입니다. 사보나롤라가 "1452년 9월 21일 니콜로 사보나롤라와 어머니 엘레나의 일곱 자식 중 셋째로 태어났다"는 말이 보입니다. 특히 이 책은 1권과 2권 뒷부분에 이 책이 언급한 사보나롤라 시대의 문서 본문들을 무려 450쪽(1권 150쪽, 2권 300쪽)에 걸쳐 부록으로 실어놓아 사보나롤라 당시 이탈리아 시대사를 연구할 수 있는 귀중한 자료도 제공해줍니다.

이 책은 나온 지 한 세기가 넘었습니다(1859년에 처음 출간되었습니다). 그동안 독어와 프랑스어, 영어로 이미 번역되었는데, 한국어로도 번역되어 출간될 수 있기를 간절히 바랍니다. 사실 사보나롤라 자신이 쓴 훌륭한 작품들조차 아직 하나도 출간되지 못한 것이 한국 현실입니다. 사보나롤라의 고국인 이탈리아에서는 제2차 세계대전 이후에 국가 차원에서 사보나롤라가 라틴어나 당시 이탈리아어로 남겼던 작품들을 현대 이탈리아어로 번역했습니다. 그만큼 이 인물의 의미를 높이 평가한다는 증거겠죠. 사보나롤라가 쓴 작품들을 소개하기에 앞서 사보나롤라가 누구이며 그가 살았던 시대 역사가 어떠했는지 소개하는 고전을 미리 선보이는 것도 좋은 일일 거라고 생각합니다.

둘째는 독일의 정치가요 역사가요 고고학자이며 고전 학자인 테오도르 몸젠Theodor Mommsen(1817-1903)이 쓴 걸작 『로마사 *Römische Geschichte*』입니다.[3] 로마 공화정 시대와 율리우스 카이사르 치세기를 다룬 이 작품은 비록 로마 시대 역사 전체를 다룬 작품은 아니지만 로마사를 깊이 있게 다룬 작품으로 정평이 있습니다. 영국의 저명한 역사가인 에드워드 기번Edward Gibbon(1737-1794)이 쓴 고전으로서 정치가 윈스턴 처칠이 줄줄 외우고 다닐 정도였다는 『로마 제국 쇠망사』는 제목 그대로 로마 역사를 로마가 절정에 이른 시기부터 내리막길을 걸을 때를 중심으로 다루었습니다. 그러다 보니 로마 제정帝政의 역사를 다루어도 제정의 출발점인 아우구스투스로부터 5현제 시대(96-180년)[4]가 시작할 때까지 기간은 제대로 다루지 않았죠. 『로마 제국 쇠망사』는 오래전에 일본어판에서 거듭 번역한 책이 나왔으나 얼마 전에 새로 번역한 한국어판이 나왔습니다. 때문에 몸젠이 쓴 『로마사』가 번역되어 나온다면 로마사 전체를 들여다볼 수 있는 기초 자원을 확보할 수 있지 않을까 하는 생각이 드는군요.

셋째는 독일의 저명한 교리사학자인 제베르크Reinhold Seeberg(1859-1935)가 쓴 고전 『교리사 *Lehrbuch der Dogmengeschichte*』[5]입니다. 제베르크는 19세기 말과 20세기 전반 교리사 연구에서 역시 독일 출신인 아돌프 폰 하르낙Adolf von Harnack(1851-1930)과 쌍벽을 이루는 인물입니다. 쌍벽을 이루는 만큼 그

의 사상도 자유주의 신학의 거봉인 하르낙과 반대편에 섰던 사람이죠. 뿐
만 아니라 본회퍼의 사상과 학문에도 많은 영향을 주었던 사람입니다. 비

테오도르 몸젠. 화가 루트비히 크나우스Ludwig Knaus(1829-1910)가 그린 초상화입니다
(1881년 작품).

록 예수를 첫 번째 아리아인으로 부르는 등 반反유대주의 경향을 보이긴 했지만, 기독교 교리 역사를 정리하고 기독교가 주장하는 기본 교리를 설득력 있게 논증한 점은 높이 평가할 만한 사람입니다. 『교리사』는 모두 3부, 5권으로 이루어져 있는 대작인데다 많은 고전어 본문이 들어 있어 결코 번역하기가 쉽지 않은 책입니다. 그러기 때문에 더더욱 우리말로 번역하여 우리 교회 자산으로 삼았으면 하는 바람이 간절합니다.

하지만 이런 책들을 번역하여 소개하기는 지극히 어렵지 않을까 하는 회의가 듭니다. 우선 척 봐도 모든 책이 사람들이 잘 알지 못하는 것들입니다. 아무리 고전이라는 이름표를 붙여 이런 책들을 꼭 번역해야 한다고 외쳐도 출판 현실과 독서 현실을 생각하면 공허한 메아리일 뿐입니다. 『톰 소여의 모험』을 쓴 미국 작가 마크 트웨인Mark Twain(1835-1910)이 한 말마따나 "고전은 모든 사람이 완독하길 원하나 아무도 읽으려 하지 않는 책"[6]입니다. 출간해봤자 읽을 독자가 없어서 출판사 망하기 딱 좋은 책을 어떤 정신 나간(!) 출판사가 출간하려고 하겠습니까? 독자들 역시 "고전"이라는 평가에 휩쓸려 처음에는 관심을 가지고 큰마음을 먹고 구입할 수도 있겠지만 결국 "이런 책을 안 읽어도 살아가는 데 아무 지장이 없다"는 확신이 들면 과감히 그 책들을 책꽂이에 안치(!)하고 집안의 품격을 높여주는 장식물로 쓸 가능성이 높습니다. 이런 현실에서는 아무리 가치가 있는 원서라 할지라도 번역하여 소개하기는 하늘에서 별을 땄다가 다시 그 별을 하늘에 걸기보다 더 어려울 것입니다.

그래서 가끔은 몸젠이 쓴 『로마사』 같은 경우는 몰라도 제베르크가 쓴 『교리사』나 빌라리가 쓴 『사보나롤라의 내력과 그의 시대의 역사』 같은 책들은 경제학에서 말하는 공공재公共財 개념을 적용하여 한국 교회 차원에서 번역 사업을 펼쳐봤으면 하는 소망을 가져볼 때가 있습니다. 번역하여 출간하기까지 시간도 오래 걸리고 분량도 많아 출판 비용이 많이 들어가지만 책으로 만들어 내놓았을 경우 찾는 독자들이 한정되어 있어 엄청난 적자가 예상되는 책은 일반 사기업인 출판사가 출판하기가 힘듭니다. 그러나 교회들이 십시일반으로 힘을 합쳐 이런 책들을 출간해낸다면 장차 한국 교회와 한국 신학이 훌륭하게 활용할 수 있는 밑거름이 되고 우리 신학을 발전시켜갈 수 있는 바탕이 될 수 있을 것입니다.

• 주

1. 서재가 4층 건물(지하 1층, 지상 3층)인데 이 4층 건물 전체가 책으로 가득하답니다. 고양이가 건물 외벽에 그려져 있는 이 서재를 자세히 설명해놓은 내용이 다치바나 다카시가 쓴 『나는 이런 책을 읽어왔다』 197-203쪽에 들어 있습니다. 그가 쓴 『도쿄대생은 바보가 되었는가』는 암기와 주입식 교육으로 출세와 돈에만 매달리는 인간들을 만들어내는 일본 교육이 자기 생각도 없고 교양도 없으며(그가 말하는 교양은 방대한 지식과 사상을 아우르는 개념입니다) 그저 기존 체제에 순응만 할 줄 아는 사이비 엘리트들을 만들어내고 있다고 고발하여 큰 충격을 주었습니다. 우리나라에도 그대로 적용되는 말이 아닐까 싶습니다.

2. 독일 낭만주의 시대를 대표하는 저명한 시인이요 극작가인 고트홀트 레싱Gotthold Ephraim Lessing(1729-1781)을 기념하여 주일 독일 대사관과 독일 문화원이 독일 작품을 일본어로 훌륭하게 번역 소개한 사람에게 주는 상입니다.

3. 몸젠은 이 책으로 1902년에 노벨 문학상을 받았습니다. 여기서 테오도르 몸젠이 쓴 『로마사*Römische Geschichte*』(Deutscher Taschenbuch Verlag판 [1976년판]) 5권(1904년에 나온 원서 9판을 기준으로 하면 3권에 해당) 중 일부를 소개해봅니다. 로마 공화정을 무너뜨린 율리우스 카이사르의 면모를 서술한 부분입니다.

hatte er dennoch ein Herz. Solange er lebte, bewahrte er für seine würdige Mutter Aurelia – der Vater starb ihm früh – die reinste Verehrung; seinen Frauen und vor allem seiner Tochter Iulia widmete er eine ehrliche Zuneigung, die selbst auf die politischen Verhältnisse nicht ohne Rückwirkung blieb. Mit den tüchtigsten und kernigsten Männern seiner Zeit, hohen und niederen Ranges, stand er in einem schönen Verhältnis gegenseitiger Treue, mit jedem nach seiner Art. Wie er selbst niemals einen der Seinen in Pompeius' kleinmütiger und gefühlloser Art fallen ließ und, nicht bloß aus Berechnung, in guter und böser Zeit ungeirrt an den Freunden festhielt, so haben auch von diesen manche, wie Aulus Hirtius und Gaius Matius, noch nach seinem Tode ihm in schönen Zeugnissen ihre Anhänglichkeit bewahrt. Wenn in einer so harmonisch organisierten Natur überhaupt eine einzelne Seite als charakteristisch hervorgehoben werden kann, so ist es die, daß alle Ideologie und alles Phantastische ihm fern lag. Es versteht sich von selbst, daß Caesar ein leidenschaftlicher Mann war, denn ohne Leidenschaft gibt es keine Genialität; aber seine Leidenschaft war niemals mächtiger als er. Er hatte eine Jugend gehabt, und Lieder, Liebe und Wein waren auch in sein Gemüt in lebendigem Leben eingezogen; aber sie drangen ihm doch nicht bis in den innerlichsten Kern seines Wesens. Die Literatur beschäftigte ihn lange und ernstlich; aber wenn Alexandern der homerische Achill nicht schlafen ließ, so stellte Caesar in seinen schlaflosen Stunden Betrachtungen über die Beugungen der lateinischen Haupt- und Zeitwörter an. Er machte Verse wie damals jeder, aber sie waren schwach; dagegen interessierten ihn astronomische und naturwissenschaftliche Gegenstände. Wenn der Wein für Alexander der Sorgenbrecher war und blieb, so mied nach durchschwärmter Jugendzeit der nüchterne Römer denselben durchaus. Wie allen denen, die in der Jugend der volle Glanz der Frauenliebe umstrahlt hat, blieb ein Schimmer davon unvergänglich auf ihm ruhen: noch in späteren Jahren begegneten ihm Liebesabenteuer und Erfolge bei Frauen und blieb ihm eine gewisse Stutzerhaftigkeit im äußeren Auftreten oder richtiger das erfreuliche Bewußtsein der eigenen männlich schönen Erscheinung. Sorgfältig deckte er mit dem Lorbeerkranz, mit dem er in späteren Jahren öffentlich erschien, die schmerzlich empfundene Glatze und hätte ohne Zweifel manchen seiner Siege darum gegeben, wenn er damit die jugendlichen Locken hätte zurückkaufen können. Aber wie gern er auch noch als Monarch mit den Frauen verkehrte, so hat er doch nur mit ihnen gespielt

128

und ihnen keinerlei Einfluß über sich eingeräumt; selbst sein vielbesprochenes Verhältnis zu der Königin Kleopatra ward nur angesponnen, um einen schwachen Punkt in seiner politischen Stellung zu maskieren (5, 104). Caesar war durchaus Realist und Verstandesmensch; und was er angriff und tat, war von der genialen Nüchternheit durchdrungen und getragen, die seine innerste Eigentümlichkeit bezeichnet. Ihr verdankte er das Vermögen, unbeirrt durch Erinnern und Erwarten energisch im Augenblick zu leben; ihr die Fähigkeit, in jedem Augenblick mit gesammelter Kraft zu handeln und auch dem kleinsten und beiläufigsten Beginnen seine volle Genialität zuzuwenden; ihr die Vielseitigkeit, mit der er erfaßte und beherrschte, was der Verstand begreifen und der Wille zwingen kann; ihr die sichere Leichtigkeit, mit der er seine Perioden fügte, wie seine Feldzüge entwarf; ihr die »wunderbare Heiterkeit«, die in guten und bösen Tagen ihm treu blieb; ihr die vollendete Selbständigkeit, die keinem Liebling und keiner Mätresse, ja nicht einmal dem Freunde Gewalt über sich gestattete. Aus dieser Verstandesklarheit rührt es aber auch her, daß Caesar sich über die Macht des Schicksals und das Können des Menschen niemals Illusionen machte; für ihn war der holde Schleier gehoben, der dem Menschen die Unzulänglichkeit seines Wirkens verdeckt. Wie klug er auch plante und alle Möglichkeiten bedachte, das Gefühl wich doch nie aus seiner Brust, daß in allen Dingen das Glück, das heißt der Zufall das gute Beste tun müsse; und damit mag es denn auch zusammenhängen, daß er so oft dem Schicksal Paroli geboten und namentlich mit verwegener Gleichgültigkeit seine Person wieder und wieder auf das Spiel gesetzt hat. Wie ja wohl überwiegend verständige Menschen in das reine Hasardspiel sich flüchten, so war auch in Caesars Rationalismus ein Punkt, wo er mit dem Mystizismus gewissermaßen sich berührte.

Aus einer solchen Anlage konnte nur ein Staatsmann hervorgehen. Von früher Jugend an war denn auch Caesar ein Staatsmann im tiefsten Sinne des Wortes und sein Ziel das höchste, das dem Menschen gestattet ist sich zu stecken: die politische, militärische, geistige und sittliche Wiedergeburt der tiefgesunkenen eigenen und der noch tiefer gesunkenen, mit der seinigen innig verschwisterten hellenischen Nation. Die harte Schule dreißigjähriger Erfahrungen änderte seine Ansichten über die Mittel, wie dies Ziel zu erreichen sei; das Ziel blieb ihm dasselbe in den Zeiten hoffnungsvoller Erniedrigung wie unbegrenzter Machtvollkommenheit, in den Zeiten, wo er als Demagog und Ver-

129

몸젠은 "카이사르는 철저한 현실주의자요 판단이 뛰어난 사람이었다. 그가 착수하여 행한 일에는 천재다운 분별력이 가득했는데, 이런 분별력은 그 내면의 특성을 보여주었다"라는 말로 시작한 이 대목에서 카이사르가 좋을 때나 나쁠 때나 항상 유쾌함을 잃지 않은 인물이요, 자신이 아끼는 어떤 인물, 어떤 정부情婦, 어떤 친구에게도 자신을 능가하는 권력을 결코 허용하지 않았던 인물이었다고 말합니다. 이 앞부분에는 카이사르에 맞서 로마 공화정을 지키려다 자결한 카토(주전 95-46)를 평가한 대목이 나옵니다. 몸젠은 엄격한 스토아 철학자요 부패에 맞선 정치가였던 카토의 삶보다 공화정을 지키려고 자결한 카토의 죽음이 더 고결하다고 평가합니다.

4. 로마 제정 시대에 로마가 가장 번영을 누렸던 다섯 황제 시대를 말합니다. 그 다섯은 네르바Marcus Cocceius Nerva(30-98, 재위 96-98), 트라야누스Marcus Ulpius Crinitus Trajanus(52-117, 재위 98-117), 하드리아누스Publius Aelius Hadrianus(76-138, 재위 117-138), 안토니누스 피우스Titus Aelius Hadrianus Antoninus Pius(86-161, 재위 138-161), 그리고 스토아 철학자이자 『명상록』으로 유명한 마르쿠스 아우렐리우스Antoninus Marcus Aurelius(121-180, 재위 161-180)입니다.

5. 라인홀트 제베르크가 쓴 『교리사 *Lehrbuch der Dogmengeschichte*』 독일어판 2권 중 한 대목을 소개해봅니다.

56   § 23. Die Theologie des Athanasius.

ständnisses.¹) Sie ist ein Wegweiser zum Verständnis der Schrift, aus der sie auch herstammt.²) Aber sie ist kirchlicher Gemeinbesitz, der überall identisch ist, weil sie überall gleich von den Vätern überliefert ist (de decret. 4). Von Jesus geht die Traditionskette zurück auf Moses, Abraham, Noah, Henoch, Adam und auf Gott selbst (ib. 5). Aber auch die Kirche hat immer die gleiche mit dem Nicänum übereinstimmende Lehre geführt, wie man es an den beiden Dionysen, an Theognost, ja selbst an Origenes sehen kann, wenn man darauf achtet, was dieser φιλόπονος als seine Ansicht vortrug und es nicht damit zusammenwirft, was er bloß ἐν γυμνασίᾳ schrieb (ib. 25—27). Ἰδοὺ ἡμεῖς μὲν ἐκ πατέρων εἰς πατέρας διαβεβηκέναι τὴν τοιαύτην διάνοιαν ἀποδεικνύομεν (ib. 27; ep. encycl. ad episcop. Aegypti et Lib. 8. 20; ad Serap. 1, 28; ad Adelph. 6). Die „Lehre", an die Athanasius denkt, ist also der von den Vätern überlieferte in der ganzen Kirche anerkannte Gemeinglaube, der von Christus und den Aposteln oder aus den heiligen Schriften herstammt.³) Sie ist eine gemeinverständliche Wiedergabe der Grundwahrheiten der Schrift und daher ein Wegweiser zum rechten Verständnis dieser. Das ist aber nur die seit Clemens und Origenes in Alexandrien übliche Anschauung. Dieser entspricht es auch, daß Athanasius niemals die „Lehre" auf das Taufbekenntnis bezieht oder dies als legitimen Interpreten der Schrift benutzt, auch hierin denkt er wie Origenes (Bd. I, 503).⁴) — Die entscheidende Autorität ist also für Athanasius

1) c. Ar. or. III, 28: ἐὰν μάλιστα καὶ νῦν τὸν σκοπὸν τῆς καθ' ἡμᾶς τοὺς χριστιανοὺς πίστεως λάβωμεν καὶ τούτῳ ὥσπερ κανόνι χρησάμενοι προσέχωμεν, ὡς εἶπεν ὁ Ἀπόστολος, τῇ ἀναγνώσει τῆς θεοπνεύστου γραφῆς.

2) de incarn. 56: ταῦτα μὲν σοι παρ' ἡμῶν δι' ὀλίγων, ὅσον πρὸς εὐσέβειαν καὶ μαρτυρία τῆς κατὰ Χριστὸν πίστεως . . ., δυνατώτατα . . ., οὐ δὲ τὴν πρόφασιν ἐκ τούτων ἐνθὲν, εἰ ἐντυγχάνεις τοῖς γραφῶν γράμμασιν, γνώσεις αὐτοῖς ἐγκατιδὼν τὸν νοῦν, γνώσῃ παρ' αὐτῶν τὰ λεχθέντα τελειότερον μὲν καὶ τρανότερον τῶν λεχθέντων τῆς ἀκριβείας. Ἔκαστος μὲν γὰρ διὰ Σπολόγιον ἀνθρώπων παρὰ Θεοῦ λαμβάνεσθαι καὶ λογάριον· ἡμεῖς δὲ παρὰ τῶν αὐτοὶ ἐντυγχανόντων θεολόγων δεδιδάχθαμεν, καὶ μάρτυρος τοῦ Χριστοῦ Σωτηρος γενόμενοι, μάθοντες μεταλάβομεν. Vgl. ad Serap. I, 33. — Hiernach hat also Athanasius in seinen beiden zusammenhängenden Kreßlingschriften c. gentes und de incarnat. einen Abriß der christlichen Lehre gegeben gemäß dem, was er aus der kirchlichen Überlieferung gelernt hat, diese aber geht auf die inspirierten Schriften zurück.

3) ad Serap. I, 28: λέγομεν . . . τὴν ἐξ ἀρχῆς παράδοσιν καὶ διδασκαλίαν καὶ πίστιν τῆς καθολικῆς ἐκκλησίας, ἣν ὁ μὲν κύριος Μωσεσ, οἱ δὲ Ἀπόστολοι δεδώκασι καὶ οἱ πατέρες ἐφύλαξαν.

4) Kattenbusch hat die Bedeutung des Taufbekenntnisses bei Athanasius genau untersucht und ist ebenfalls zu obigem Resultat gekommen (das 12. Symb. 11. 255 ff.). Besonders lehrreich ist es, daß Athanasius als das *ναγλάσεων* τῆς πίστεως ἡμῶν, das die Formel Vater, Sohn und Geist enthält, nicht das Taufbekenntnis ansieht, sondern das Taufbefehl Mt. 28 (z. B. de decret. 31; c. Ar.

Der Biblizismus des Athanasius.   57

wie für die Mehrzahl der griechischen Theologen die heil. Schrift,¹) aber er setzt voraus, daß der Glaube der Kirche zu allen Zeiten mit ihr harmoniert habe. So ist auch seine eigene Darstellung der Lehre nur Überlieferung der παραδοθεῖσα ἡμῖν παρὰ τῶν πατέρων ἀποστολικὴ πίστις, aber dabei meint er: ὅπερ ἔμαθον ἐνεχάραξα συμφώνως ταῖς ὁγίαις γραφαῖς (ad Serap. I, 33), es stammt eben aus der Schrift (c. Ar. I, 9 init.). Und andrerseits hat der, der den „apostolischen Glauben" aufgibt, auch τῶν θείων γραφῶν λόγια verlassen (c. Ar. or. I, 4). Die Schrift ist nach alledem die alleinige Autorität des Athanasius, aber er ist zugleich der Überzeugung, daß der Glaube der Kirche und der Väter aus der Schrift geflossen und jederzeit mit ihr übereingekommen ist und daher als ihr Interpret benutzt werden kann. Nur in diesem Sinn hat er auch die Autorität des Nicänums behauptet, wiewohl er im Kampf nicht selten mit der äußeren Autorität der „ökumenischen Synode" operiert.²)

Athanasius hat das Schriftprinzip in seiner biblizistischen oder katholischen Fassung festgestellt und genau befolgt. Die Bibel ist ihm als inspiriertes Gotteswort die einzige sichere Quelle religiöser Erkenntnis und daher die formale Lehrautorität. Das heißt, die Bibel liefert den legitimen Stoff der christlichen Erkenntnis und zugleich den legitimen Maßstab zur Prüfung jeglicher Lehre. Bei Origenes war diese Anschauung durch die allegorische Schriftauslegung beschränkt (Bd. I, 506). Diese Schranke fällt bei Athanasius fort,³) und die Schriftautorität wird außerdem konkreter bei ihm durch die scharfe Abgrenzung des Kanons. „Evangelisch" ist nichts an diesem Gedanken. Nun hat aber Athanasius das, was Origenes durch die allegorische Interpretation bezweckte, praktisch auf einem anderen Weg erreicht. Indem er das religiöse Interesse auf Christus konzentrierte, wurde ihm die ganze Schrift zur Aussage von Christus und der Erlösung. Daher beschränkte sich ihm die Autorität der Schrift eigentlich auf die Heilslehre, das heißt aber or. I, 34; II, 42; ad Serap I, 28). Zutreffend urteilt auch Kunze, Glaubensregel, heil. Schrift etc. S. 244 ff.

1) Vgl. z. B. Eustathius, De engastrimytho 7: μόνη γὰρ ἡ τοῦ θεοῦ φλαυότητα φέματα πρὸς ἀκριβῆ σωτήριον καὶ πίστεως ἀργότητα. — Cyrill von Jerusalem hat den christlichen Glauben in seinen „Katechesen" an der Hand des Taufbekenntnisses dargelegt, aber er ist dabei der Überzeugung, daß dies Bekenntnis nur eine Zusammenstellung der Grundwahrheiten der heil. Schrift ist (cat. 5, 12) und schärft den Katechumenen ein, nur die Glaubenslehren anzunehmen, die aus der Schrift begründet werden (4, 17; 12, 5. 16). Die alleinige Quelle und Autorität ist also die heil. Schrift, sie ist von den heil. Geist inspiriert (4, 16. 33; 16, 2). Dabei warnt Cyrill vor Lesung der Apokryphen (4, 33. 35. 36).

2) Vgl. Kattenbusch II, 205f. Anm.

3) Vgl. die Kritik des Origenes in Eustathius' Schrift De engastrimytho.

6. 트웨인은 1900년 11월 20일에 뉴욕에서 한 연설에서 이 말을 했습니다. 그 원문은 이랬습니다. "A classic is something that everybody wants to have read and nobody wants to read."

어떻게 하나님을 안 믿는 사회주의자보다 못하나?

성경은 이 땅에서 지내는 삶을 원래 살던 곳을 떠나 잠시 먼 곳에 나와 있는 나그넷길로 묘사합니다. 그러다 보니 우리가 이 땅에서 삶을 마감하고 잠드는 것을 고향으로 가는 것으로 표현하기도 하죠. 이 땅에서 지내는 시간이 나그네 삶이라면, 비록 이 땅에서 열심을 다해 우리가 할 일을 한다 할지라도, 이곳에 많은 소유를 쌓으려고 전전긍긍할 필요도 없을 터이고 이 땅을 떠나면 이 땅에서 누리던 것들을 못 누릴까 봐 안타까워할 이유도 없을 것입니다. 실로 우리에게 진정한 고향이 따로 있고 진정한 쉼과 복락을 누릴 곳이 그 고향임을 안다면 우리는 분명 이 땅의 것들(이 땅에서 누리는 재물과 권세와 명예 같은 것들)에 연연하지 않을 것입니다. 어쩌면 그것이 우리 믿음을 드러내는 한 증거가 아닐까 하는 생각이 드는군요.

2011년 여름 한 출판사로부터 급작스레 부탁을 받고 한 책 중 일부를 번역했습니다. 목회자이자 신학자로서 20세기 개신교에 큰 영향을 끼치고 2011년에 세상을 떠난 존 스토트를 회상한 책이었습니다. 번역한 분량은 얼마 되지 않았지만, 저는 여러 부분에서 그리스도인 존 스토트의 모습에 큰 감명을 받았습니다. 존 스토트는 말년에 여러 질병과 부상에 시달렸습니다. 큰 수술을 받기도 하고 입원 치료도 받았습니다. 그런 그에게 그를 잘 아는 한 저명한 의사가 이런 조언을 했다고 합니다. "혹시라도 거동할 수 없거나 의식을 잃을 경우에 대비하여 당신을 치료할 의사가 활용할 수 있게 당신이 원하는 것을 법률상 효력을 가진 문서로 기록해놓는 것이 좋겠습니다." 이 말을 들은 존 스토트는 짧은 글로 자기 마음을 표현해놓았습니다. 그 글 가운데 제가 특히 감동한 부분은 마지막 대목이었습니다. "내가 만일 말기 상태나 식물인간 상태에 빠진다면 내 생명을 억지로 연장하고 싶지 않습니다. 내가 그렇게 사는 데 매달리고 싶지 않은 것은 내가 죽음 저편에서 이곳보다 훨씬 더 영광스러운 삶을 누리리라는 산 소망을 갖고 있기 때문입니다. 나는 이런 삶을 유업으로 받는 일을 불필요하게 방해받고 싶지 않습니다."[1]

간혹 신앙을 갖지 않은 사람들도 억지로 생명을 연장하기보다 존엄한 인간답게 깨끗이 죽음을 맞이하겠다는 신념으로 생명연장 치료 같은 것을 거부하는 경우가 있습니다만, 존 스토트의 글에서는 그것과 분명 다른 것들을 읽어낼 수 있습니다. 첫째, 그가 쓴 글에서는 이 땅의 것에 집착하지 않는 자유를 느낍니다. 예로부터 사람들은 이 땅에서 사는 동안 인간이 바라는 것들을 모두 누리길 원했고 심지어 내세를 믿는 경우에도 이 땅에서 누린 것들을 내세에서도 계속하여 누리길 소망했습니다. 중국 진시황 무덤에서 발견된 엄청난 토용土俑들이 그런 예입니다. 이는 황제로서 이 땅에서 누린 권세와 부귀영화를 사후 세계에서도 이어가고픈 욕심을 잘 보여주는 증거입니다. 그러나 진시황은 아마 이런 엄청난 토용과 자신이 잠들 커다란 황릉을 준비해놓았어도 죽는 순간 이 땅을 작별하는 것이 아쉽고 슬퍼 어찌할 줄 몰랐을 것 같다는 생각이 듭니다. 그는 이 땅의 것에 매여 자유를 누리지 못했습니다. 이 땅을 떠나는 순간까지 이 땅의 것만 의지하는 삶은, 설령 큰 권세와 부귀가 그에게 있다 해도, 초라하고 불쌍한 인생입니다.

사실 성경을 알지 못하고 신앙이 없어도 이 땅의 것에 집착하는 인생이 사실은 불쌍한 인생이라는 것을 깨닫는 사람들이 있습니다. 말하자면 신앙이 없어도 현세에 미련을 두지 않는 사람이 있죠. 과거에 중국 총리를 지냈고 중국 현대사에서 큰 자리를 차지하는 저우언라이周恩來(1898-1976) 같은 인물이 그런 예입니다. 그는 중국 공산당 지도자 가운데 가장 인품이 고매하고 유덕하며 친화력이 뛰어난 인물이었습니다. 때문에 중국 국민들에게도 널리 존경을 받았고 해외에서도 그를 인정하는 사람이

한국 전쟁 이후 한반도 문제와 동서 냉전 문제를 비롯한 국제 질서를 다룬 1954년 제네바 회담에 중국 대표로 등장한 저우언라이(가운데). 모든 사람의 주목을 받으며 당당하게 회담장으로 들어가고 있습니다. 그는 이때 뛰어난 외교 수완으로 탄생한 지 5년밖에 되지 않은 신생 중국을 전 세계에 확실히 심어놓았습니다. 그는 인격과 경륜, 지식과 언변을 가진 인물이었고 명필이었습니다. 중국 국영항공공사인 "중국민항中國民航" 로고도 저우언라이가 쓴 붓글씨였습니다.

많았습니다. 자기 권력을 지키려고 문화혁명[2]을 일으켜 자신과 함께 중국 공산당을 일으켰던 많은 동지들을 제거한 마오쩌뚱毛澤東(1893-1976)조차도 저우언라이를 존경했으며 그에게 의지할 정도였습니다.[3] 실제로 미국 대통령 리처드 닉슨이 중국과 화해하고자 중국을 방문했을 때(1972년 2월)도 투병 중인 마오쩌뚱을 대신하여 닉슨을 상대하고 닉슨의 브레인인 헨리 키신저를 상대한 인물은 저우언라이였습니다. 그런 그가 암으로 투병하다 1976년 1월 8일 세상을 떠납니다. 그런데 그가 세상을 떠나기 전 이런 유언을 했다고 합니다. "나는 살았을 때와 마찬가지로 죽어서도 인민들에게 어떤 폐도 끼치고 싶지 않습니다. 나를 화장하여 그 재를 내 조국에 뿌려주십시오. 그리고 나를 기념하거나 나를 추도하는 일은 일체 하지 말아주십시오." 그는 그 유언대로 한 줌 재가 되어 중국 곳곳에 뿌려졌습니다. 그는 남긴 것도 없었습니다. 깨끗하게 살다가 깨끗하게 마무리하고 떠난 셈이죠. 그는 사회주의자로서 이 땅의 것에 집착하지 않는 모습을 보여주고 떠나갔습니다.

그러나 존 스토트가 남긴 그 문서에는 저우언라이가 보여주지 못한 한 가지가 더 들어 있습니다. 그것이 바로, 둘째, 저 건너편에서 기다리는 참된 영광을 내다보는 소망입니다. 이 소망은 그 영광을 아는 자만이, 그리고 그 영광이 얼마나 크고 장엄한지 아는 사람만이 품을 수 있는 것입니다. 이 소망이 없는 사람은 그저 이 땅의 것에 집착하여 이 땅의 것, 다시 말해 으리으리하게 큰 집과 호화로운 승용차, 엄청난 재산, 더 올라갈 수 없는 벼슬자리, 더 비길 것이 없는 명예를 소망으로 삼고 살아가든지, 아니면 이런 것에 매이지 않더라도 저 건너편에는 아무것도 없다는 생각으로 허무함에 젖어 살아갈 수밖에 없습니다.

요새 한국 그리스도인들은 욕을 바가지로 얻어먹는 집단이 되었습니다. 특히 목사들이 그렇습니다. "왜 그럴까?" 하고 생각해보니, 우리 그리스도인들이 무신론자인 저우언라이보다도 더 못한 삶을 살아가기 때문이 아닌가 하는 생각이 듭니다. 그리스도인들은 전도할 때 천국과 지옥을 이야기합니다. 그런데 그리스도인들의 삶은 저 건너편에서 우리를 기다리는 참된 영광의 세계가 없는 것처럼 살아갑니다. 우리는 오히려 그냥 인생이 허무함을 깨달아 이 땅의 것에 매이기를 거부한 사람들보다 더 이 땅의 것들에 연연합니다. 그렇다면 그리스도인들이 전도하며 천국과 지옥을 들먹이는 것은 그야말로 거짓말이요 모순일 것입니다. 아마도 믿음이란 존 스토트처럼 이 땅에 매임에서 벗어나 저편에서 나를 기다리는 참된 영광을 고대하는 자세가 아닐까 하는 생각을 해봅니다. 정녕 그런 자세가 믿음일 것입니다.

• 주

1. 『존 스토트, 우리의 친구』(서울: 한국기독학생회출판부, 2011), 307.

2. 마오쩌뚱은 1949년 중화인민공화국을 세울 당시 중국 전체를 이끌었던 첫 지도자였습니다. 그는 스탈린에게 제 대접을 받진 못했지만 그래도 건국 초기에는 소련과 그런대로 잘 지냈습니다. 그러다가 1953년 소련에서 스탈린이 죽고 흐루시초프가 정권을 잡자, 상황이 바뀝니다. 흐루시초프는 스탈린을 깎아내리기 시작했고 독재와 이념에 빠진 인물로 몰아붙였습니다. 그러자 마오쩌뚱은 흐루시초프가 정통 마르크스-레닌주의를 벗어났다며 비난을 퍼붓습니다. 이를 계기로 소련과 중국은 관계가 틀어집니다. 소련은 중국 건국 초기부터 중국을 도우려고 제공했던 기술과 물자와 인력 지원을 다 끊어버립니다. 하루아침에 중국은 산업 자체가 무너질 위기를 만납니다. 이때 마오쩌뚱은 중국이 스스로 일어서서 부강한 나라를 이루어야 한다며 대개혁을 실시합니다(1958년 대약진 운동). 가령 공업 분야에서 동네마다 괴

이한 용광로를 만들어 철을 생산하게 하고 철강재를 자급자족하게 한 일이 그 예였습니다(물론 전혀 쓰지 못하는 불량품 철만 잔뜩 만들어냈습니다). 국가 경제가 파탄 나고 국민들이 굶주림에 시달리자, 마오쩌둥을 비판하는 목소리가 높아지고 그에게 책임을 지라는 목소리가 나오기 시작했습니다. 결국 마오쩌둥은 류사오치劉少奇(1898-1969)에게 주석 자리를 물려주고 2선으로 물러납니다.

그러나 마오쩌둥은 철저히 권력욕에 찌든 사람이었습니다. 그는 대외개방을 실시하여 중국이 살 길을 찾아보려 한 류샤오치 등을 자기 처인 장칭江青(1914-1991)을 비롯한 소위 4인방을 앞세워 미 제국주의의 앞잡이로 몰아붙이기 시작합니다. 1966년, 4인방은 공자와 자본주의 이념에 물든 중국의 썩은 문화와 사상을 개조한다며 문화혁명이란 것을 일으킵니다. 수많은 정치가와 지식인들이 이런 썩은 문화와 사상에 물든 이들로 몰려 자아비판을 강요당하고 지방으로 쫓겨나거나 목숨을 잃었습니다. 오직 마오쩌둥의 말만이 중국을 지배하는 이념이자 경전이 되어야 한다며 과거로부터 내려온 지식 자산들도 불속으로 사라졌습니다. 10년 동안 중국 사회를 휩쓸어 결국 중국 사회를 멸망지경까지 몰고 간 이 혁명은 1976년 마오쩌둥이 사망하고 화궈펑華國鋒(1921-2008)이 등장하여 국가주석이 되면서 막을 내립니다. 화궈펑은 문화혁명을 주도한 4인방을 숙청했습니다. 그러나 중국이 문화혁명에서 벗어나 세계와 함께 나아가는 시대로 접어든 것은 덩샤오핑鄧小平(1904-1997)이 실권을 잡은 1978년 이후였습니다.

여기서 하나 소개하고픈 책이 있습니다. 과거 중국 공산당 지도자들을 살펴볼 수 있는 좋은 자료 중 하나로서 미국의 저명한 언론인인 에드거 스노우Edgar Snow(1905-1972)가 쓴 『중국의 붉은 별』입니다. 이 책에는 스노우가 중국 공산당 지도자들과 동고동락하며 그들의 삶과 이념을 직접 관찰한 결과가 들어 있습니다. 일본의 사학자로서 릿쿄立教 대학 교수를 지낸 노무라 고이치野村浩一(1930-) 등이 쓴 『중국현대사』(오래전에 한길사에서 나왔는데 지금은 절판되었습니다)는 중국 공산당과 국공내전 역사를 큰 줄거리만 다루었지만, 『중국의 붉은 별』은 실제로 현장에서, 그것도 쉬이 접근할 수 없었던 공산홍군 진영에서 체험한 중국 현대사의 장면들을 생생하게 서술해놓았다는 점에서 중국 현대사를 연구하는 데 귀중한 자료라고 말할 수 있겠습니다. 특별히 중국 국민당군과 공산홍군이 벌였던 국공 내전 당시, 홍군이 국민당군이 전개한 대토벌전을 피하여 18개 산맥, 17개 강, 12개 성을 가로질러 무려 12,000킬로미터를 이동한 대장정(1934-1935년)을 홍군 시각에서 서술해놓은 내용과 사진은 이 책만이 알려줄 수 있는 특별한 정보입니다.

3. 이 때문에 저우언라이를 문화혁명을 이끈 숨은 주동자로 여기며 책략에 능한 사람이라고 비판하는 견해도 있습니다만, 반면에 중국이라는 국가의 시스템이 문화혁명이라는 광풍狂風 속에서도 완전히 무너지지 않았던 것은 저우언라이 덕분이었다고 평가하는 이들도 있습니다. 실제로 1967년에 홍위병들이 제국주의 타도를 외치며 영국 대사관을 공격할 때도 아무도 제지하지 못하는 홍위병들을 제지한 사람이 바로 저우언라이였다는 말이 있습니다.

제2부

번역자로 살아간다는 것

제1부에서 긴 얘기를 했더니 목도 아프네요. 잠시 쉴 겸 이 번역자
가 어떻게 살아가는지 이야기 좀 들려드리겠습니다. 조시면 안 됩
니다. 나름 재미나고 쓸모 있는 정보도 들어 있는 이야기니까요.

번역자는 나름 수도사랍니다

번역자를 아주 고상하고 수입도 많은 프리랜서로 생각하시는 분들이 꽤 계십니다. 물론 그런 번역자도 있겠습니다만, 최소한 제 관점에서 보면 번역자는 나름 수도사입니다. 나름 고적孤寂(외롭고 쓸쓸함)하고 나름 가난하며 나름 세상 권세 및 명예와 상관이 없기 때문입니다. 베테랑이신 분들과 비교하면 짧은 세월이지만, 저 역시 번역자로 살아온 시간들을 돌아보면 수도하는 세월이었다는 생각이 문득문득 들 때가 있습니다. 누군가가 "번역자? 그거 어렵지 않아요!"라고 얘기한다면 저는 이렇게 말해주고 싶습니다. "뺑칠래? 궁디를 주… 차삐까?"

2년 전인가요? 온 가족이 〈위대한 침묵〉이라는 영화를 보러 아침 일찍 출동했습니다. 늘 쪼들리는 형편 때문에 아이들에게 변변한 문화 혜택도 베풀어주지 못하다 보니 가능하면 영화라도 보여주고(물론 영화 비용마저 아끼려고 조조를 볼 때가 많았습니다) 짜장면이라도 한 그릇씩 사주는 걸로 생색을 좀 내려고 했습니다. "오랫동안 감춰져왔던 수도원의 비밀이 열린다"
는 광고문에 홀딱 넘어가 아이들에게 "우리가 평소에 볼 수 없는 멋진 삶
을 볼 수 있을 거야"라고 설득하여 추운 겨울 이른 아침밥을 먹고 갔습니
다. 하지만 영화관에 가서 목격하고 체험한 것은 정말 〈We大한 침묵〉이
었습니다. 영화가 말하는 것은 "우리 크게 하나가 되어 침묵해요!" 같았
죠! 유달리 길게 느껴진 상영 시간 내내 영화도 침묵, 관객도 침묵이었습
니다(관객 중에는 코 고는 분들도 계시고! 마침 어느 성당에서 단체 관람을 오신 것 같던데, 그
분들도 달콤한 수면 가운데 침묵하시는 분들이 여럿 계셨습니다).

영화가 끝나고 나서 재미없는 영화 때문에 늦잠도 못자고 고생했다는
아이들 불평을 무마하느라고 결국 짜장면에 더하여 사천 탕수육까지 사
줘야 했습니다("모든 광고에는 얼마간 뻥이 들어 있다!" 그놈의 영화 광고 때문에! 이것은
가슴 깊이 새겨야 할 만고불변의 진리인 것 같습니다). 사실은 아이들 기호에 맞을 리
가 없는 영화이기도 했습니다. 거의 침묵 아니면 기도, 공부, 공동 노동,
잠시 시간 내서 근처 계곡으로 가서 놀기쯤으로 이어지는 수도사의 삶이
무슨 재미가 있었겠습니까? 더욱이 이 영화를 찍은 곳은 가톨릭교회 안
에서도 은둔과 침묵, 청빈 규율이 엄격하기로 소문난 카르투지오 수도회
의 본산인 그랑 샤르트뢰즈Le Grand Chartreuse 수도원이었습니다. 이 수도회
는 기도나 말씀 연구, 식사 같은 것도 수도사가 자기 방에서 혼자 하고 주
일 같은 경우는 하루 종일 서로 말도 하지 않고 침묵을 지키는 것으로 유
명하죠. 게다가 거친 옷을 입고 육식도 자제하며 가난을 실천하는 삶으
로도 잘 알려져 있습니다(육식을 안 하기 때문인지 영화를 보니 한 수도사가 먹는 바게
트 빵이 엄청나게 크더군요. 고기 대신 빵이었습니다). 그런 수도회의 중심인 수도원
을 촬영한 영화이니 오죽했겠습니까? 그 뒤부터 아이들은 아빠가 고른 영
화에는 관심을 끄기 시작했고 자기들끼리 알아서 영화를 보러가는 쪽으로
방향을 바꿨습니다. 덕분에 짜장면과 사천 탕수육 값을 아끼게 되었지만,

카르투지오 수도회의 본산 그랑 샤르트뢰즈 수도원.

아이들이 조조를 보지 않고 일반 프로를 보면서 햄버거를 사먹는 바람에 오히려 지출은 더 커졌죠! 아, 〈위대한 침묵〉의 부작용이 너무 큽니다!

그런데 가끔은 〈위대한 침묵〉이 묘사하는 카르투지오 수도사의 삶과 제 삶이 비슷하다는 생각이 듭니다. 우선 침묵하는 시간이 많죠. 아무래도 번역할 책을 읽어보고 이를 컴퓨터 화면에 나타나는 A4 용지에 옮기는 작업을 하다 보면 말을 잊고 지내는 시간이 많습니다. 밥 먹는 시간이 아니면 아이들과 거의 대화도 나누지 못하고 차 마시는 시간이 아니면 아내와도 대화하기 어렵습니다. 세상에서 가장 편한 복장(거의 늘 트레이닝복 차림이죠!)으로 가장 짧은 거리를 출근하여(거실에서 밥 먹고 나면 설거지를 해준 다음 바로 작업용 컴퓨터가 있는 안방으로 직행입니다!) 일하는 사람이라고 아이들은 놀려대는데, 사실은 맞는 말 같습니다. 일이 밀리면 이른 아침부터 늦은 밤까지 가족들에게 제 등만 보여줄 때가 많습니다. 나중에 아이들이 이런 아빠의 뒷모습을 기억해줄 날이 있을지 모르겠네요. 친구들도 거의 만나지 못하죠. 그리스도 안에서 사귐을 가지는 몇몇 형제자매의 가정이 그나마 이런저런 속내를 털어놓고 함께 식사 교제도 나누는 벗들입니다. 저는 휴대전화도 사용하지 않고 요즘 많이들 한다는 트위터나 페이스북 같은 것도 하지 않는지라 이런 문명 이기利器를 통한 사귐도 갖질 못합니다.

이렇게 살아가다 보니 한 가지 좋은 점은 있습니다. 아내와 제법 많은 대화를 나눌 수 있다는 게 그것입니다. 언젠가 한 번 고등학교 동창들을 만났는데, 모두 가정사를 마음만큼 돌볼 수 없는 이 시대 가장들의 바쁜 생활을 토로하더군요. 그 친구들에 비하면 그래도 저는 아내와 많은 사귐을 가지고 있으니 행복한 사람입니다. 어쩌면 혼인한 지 20년이 다 되어가도록 어려운 처지를 이어가는 형편 속에서도 아내가 묵묵히 인내하고 이해해준 것은 이렇게 서로 대화를 나눌 수 있는 기회를 마련해준 번역의 남다른 배려(?) 때문이 아닌가 싶군요.

번역이 이렇게 남다른 배려를 베풀어주기도 하지만 남달리 어려운 일이기도 합니다. 그것은 일이 고되어도 많은 수입을 올릴 수 없는 일이기 때문입니다. 카르투지오 수도사들이 스스로 가난을 택했다면, 번역자는 자의 반 타의 반으로 가난을 택했다고 봐야겠습니다. 번역이라는 수도원에 발을 들여놓은 것은 자기 뜻이지만, 가난은 타의他意라고 봐야겠죠. 사실은 대다수 번역자들이 힘든 삶을 꾸려가는 것 같습니다. 가끔씩 언론 매체에서 소위 유명하다는 번역자들을 소개할 때가 있는데, 그분들 역시 지금은 비록 형편이 좀 나아졌을지 몰라도 번역을 시작한 뒤로 아마 상당한 시간을 가난을 벗 삼아 살았을 것입니다. 일반 소설이나 책들을 번역하는 분들은 그래도 기독교 서적을 번역하는 이들보다 좀 나은 것 같습니다. 기독교 출판계는 영세한 출판사가 많아서 그런지 번역비가 박합니다. 번역비는 인세로 계산하기보다 번역 원고를 기준으로 200자 원고지 1장당 얼마 하는 식으로 계산하여 받을 때가 많습니다(소위 "매절" 방식). 이 경우 지급은 책을 다 번역한 뒤에 일시불로 받거나 회사 형편이 어려우면 분할하여 지급받지요. 그런데 사실 저처럼 가난한 프롤레타리아는 본디 가진 자산도 없는데다 그저 번역비 하나로 온 가족이 생계를 이어가다 보니 정말 궁박할 때가 한두 번이 아닙니다. 가령 번역하는데 대여섯 달이 걸리는 두꺼운 책을 번역하기라도 하면, 그 대여섯 달 동안은 딱히 생활비를 마련할 길이 없어 카드빚으로 살아야 할 때도 있었으니까요. 이런 처지를 아무에게도 말하지 못하고 아내와 둘이서 끙끙대야 하는 번역자의 처지는 정말 눈물겹습니다.

다행히 요 근래는 번역자의 이런 어려운 처지를 이해하여 번역비를 미리 일정액씩 매월 지급해주는 출판사들이 있습니다. 저 같은 입장에서는 참 고마운 일이죠. 물론 그 일정액이 절대 액수 기준으로 따지면 많은 금액은 아닙니다만, "이번 달에도 카드빚을 내야 하나!"라고 근심하는 아내 모습을 보면서 "내가 왜 번역을 했을까?"라고 미안함 반 후회 반인 고통을 삭여야 하는 시간은 좀 줄어들었으니 그나마 다행한 일이라 여깁니다. 돌이켜보면 번역자로 살아온 시간들은 왜 틸리케 목사가 『세계를 부둥켜안은 기도』에서 사람이 주님의 십자가로 나아가는 데 가장 큰 고통을 안겨주는 시험거리가 처자妻子라고 말했는지 그 이유를 깨달을 수 있었던 시간이요, 아브라함 집안에서 쫓겨나 아들 이스마엘을 데리고 광야에서 방황하다가 결국 물이 떨어져 죽을 수밖에 없는 처지가 된 하갈의 심정(창세기 21장)을 그리고 조금 남은 가루와 기름으로 음식을 만들어 먹고 아들과 함께 죽겠노라고 마음먹었던 사르밧 과부의 고통(열왕기상 17장)을 절절히 느낄 수 있었던 시간이 아닌가 싶습니다. 저 혼자 어렵고 주리고 목마른 것은 참아내겠는데, 처자가 힘들고 어려워하는 모습을 보는 것은 정말 고문拷問입니다. 이웃 일본 같은 경우만 해도 번역자와 저자의 인세가 동일하고 번역비만으로도 생활 영위가 가능하다는 말을 들었습니다.

그런데 우리나라 번역자들 대다수는 그런 처지에 있지 않습니다. 아마도 우리 출판 구조 혹은 출판계 구조에 무언가 문제가 있든지 아니면 번역 자체를 그리 높이 평가하지 않는 우리 풍토 때문이 아닌가 하는 생각이 듭니다.

그런가 하면 수도사가 세상에서 말하는 권세와 명예를 멀리하듯이 번역자도 그런 존재인 것 같습니다. 이 역시 자의 반 타의 반입니다. 번역자가 애초에 이름을 얻으려고 번역을 시작하지도 않았겠지만, 번역을 홀대하는 한국 사회 풍토도 번역자가 수도사의 삶을 살 수밖에 없도록 만들어 줍니다. 재작년(2010년)에 삶의 무게가 안겨주는 고통을 스스로 내려놓으셨던 한 번역자 이야기를 들었습니다. 하이데거 연구자로 실력을 인정받던 분이요 그분이 공부한 독일에서도 독일에 남아 교수를 하라는 권유를 받을 만큼 학문성을 인정받던 분이었는데 그만 안타깝게도 지천명知天命의 나이(50세)에 쓸쓸히 세상을 떠나갔습니다. 신상희 박사가 그분입니다. 독일에서 공부를 마치고 귀국하신 뒤로 오랫동안 몸을 의탁할 곳을 찾지 못한 채 20년 가까이 시간강사로서 힘든 세월을 보내셨다고 합니다. 그러면서도 자신이 평생 사명으로 여긴 일에 끝까지 충실하려고 애쓰셨다 합니다. 하이데거가 남긴 저작들을 정성스럽게 한국어로 번역하여 한국에 소개하는 것이 그분의 목표였다고 하는군요. 하이데거 하면 보통『존재와 시간Sein und Zeit』 정도만 생각하지만, 사실은 여러 작품들이 있습니다. 신상희 박사는 이를 제대로 번역하여 소개하면 하이데거를 바로 이해하고 한국에서 철학을 비롯한 인문학 연구를 진작시킬 수 있는 계기가 되겠다 싶어 아무도 알아주지 않는 일에 헌신하셨다고 합니다. 하지만 이 시대에 얼마나 많은 사람이 이런 분의 수고와 기여를 기억하겠습니까? 정말 안타까운 일입니다. 차라리 그의 출중한 실력을 알아봤던 독일 스승의 권유를 따라 독일에 남았더라면, 신상희 박사는 하이데거 연구자로서 더 편안한 삶을 살 수 있었을지도 모릅니다.

사람에게는 누구나 권세와 명예를 누리고픈 마음이 있습니다. 그러나 번역을 하여 권세와 명예를 누리겠다는 마음을 가진 분이라면 번역을 시작하더라도 오랜 세월을 번역자로 살아가기는 힘들 것 같습니다. 자신이 번역한 책에 "아무개 옮김" 혹은 "아무개 역譯"이라는 말이 남는 것만으로도 감사할 수 있다면 번역자로 곤궁하고 고독한 삶을 살아가더라도 이겨낼 수 있지 않을까 싶습니다. 오히려 이렇게 번역자라는 이름으로 책에 영원히 이름이 남기 때문에 더 막중한 책임감을 느껴야 하는 것이 번역자의 본분입니다. 허술한 번역, 불성실한 번역이 그 번역서를 읽으며 미래를 도모할 뒤 세대 사람들을 엉뚱한 길로 이끌 수도 있고 그 사람들에게 분노와 좌절을 안겨줄 수도 있기 때문입니다. 번역자가 딱히 명예를 추구하려 한다면, 마치 자기가 만든 도자기나 검劍의 작품성과 완성도에 목숨을 거는 장인들이 그 작품에 흠이 있고 완성도가 떨어지는 것을 견디지 못하듯이, 번역자도 그야말로 정숙한 미녀(원전에 충실하면서도 유려한 번역으로 독자들을 사로잡는 작품)로서 생명을 가진 작품을 빚어냈다는 것으로 명예를 삼아야겠죠.

이렇게 적어놓고 보니 번역자가 더더욱 수도사 같다는 생각이 듭니다. 이번에 아예 번역 수도회를 하나 창설해보는 것이 좋겠군요. 규칙도 정하고 다른 수도회처럼 복장도 정하는 겁니다(가령 트레이닝복으로 한다든지!). 수도원은 번역자가 일하는 방으로 하는 게 좋겠군요. 그러면 번역비는 수도회를 지원하는 신자들의 연보로 봐야 하나요? 거 참, 상당히 복잡하네요. 그냥 수도회를 만들지 말고 바울 사도처럼 스스로 일하여 생활비를 충당하며 하나님 나라 일에 조그마한 봉사를 하고 있다는 것으로 만족하지요. 그것이 번역자라는 수도사가 누리는 기쁨이요 행복이 아닐까 싶습니다.

번역을 하려면 외국어뿐 아니라 이것들도 필요하답니다

아주 가끔씩 "번역을 하시니 외국어를 잘하시겠습니다"라는 말을 듣습니다. 그럴 때마다 저는 "전혀 그렇지 않습니다"라고 손사래를 칩니다. 이는 결코 겸양이나 겸손이 아닙니다. 저는 분명 번역을 하지만 외국어를 잘 하지는 못합니다. 사실 "외국어를 잘한다"는 말은 참 모호한 말입니다. 토플이나 토익을 만점을 맞으면 영어를 잘한다고 하는 것인지, 독일이나 프랑스에서 나오는 신문을 줄줄 읽고 그 나라 사람들과 그 나라 말로 이야기를 좔좔 하면 독일어나 프랑스어를 잘하는 것인지 참 아리송합니다. 아무리 영어를 잘 하는 사람이라 해도 『율리시스*Ulysses*』를 쓴 제임스 조이스*James Joyce(1882-1941)*와 비교하면 영어를 잘한다고 명함이나 내밀 수 있겠습니까? 그러면 제가 그런 사람들과 비교하면 그 언어를 못하는 사람이기 때문에 외국어를 못한다고 말하는 게 아닌가 하고 오해하실 분이 계실지 모르는데, 결코 그렇지 않습니다. 일일이 말로 표현하지는 못하지만 아직도 원서를 대할 때마다 심장이 떨리는 때가 한두 번이 아닙니다. 어떤 원서든지 한 번만 쓱 읽어봐도 그 내용이 머릿속에 선명히 떠오르는 경지에 이르면 솔직하게 "예, 읽고 이해하는 것은 조금 합니다"라고 시인하겠습니다만, 여태껏 그러지 못한 경우가 상당히 많답니다. 이것은 절대 겸손을 부리는 게 아닙니다.

무엇보다 "번역을 하면 외국어를 잘 할 것이다"라는 말 자체가 항상 진리인 명제는 아닙니다. 물론 번역을 하시는 분 중에는 당신이 번역하는 언어를 읽기도 잘하시고 쓰기도 잘하시며 회화도 잘하시는 분들이 꽤 있는 것 같습니다. 그렇지만 저 같은 경우는 읽고 이해하는 것, 쓰는 것은 조금 할지 몰라도 회화 같은 것은 정말 숙맥입니다. 예전에 『주 예수 그리

아일랜드 문호 제임스 조이스(왼쪽). 1920년, 프랑스 파리의 유명한 영미문학 전문 고서점 셰익스피어 앤드 컴퍼니에서 찍은 사진입니다. 가운데 여성이 이 서점 설립자요 음란물로 치부하여 어느 누구도 출간하려 하지 않았던 『율리시스』의 진가를 알아보고 이를 기꺼이 출간해준 실비아 비치Sylvia Beach(1887-1962)이며, 오른쪽 여성은 실비아 비치가 이 서점을 열 수 있게 도와주었던 비치의 친구이자 시인이며 도서 출판자였던 아드리안느 모니에Adrienne Monnier(1892-1955)입니다.

스도』를 쓰신 허타도 교수가 한국에 오셔서 그분 강연회에 갔다가 몇 마디 말을 나눌 기회가 있었는데, 부족한 회화 실력 때문에 정말 등골이 오싹했습니다. 말 그대로 더듬더듬 이야기하는 저를 보면서 혹시라도 허타도 교수가 "야, 이거 이런 친구에게 내 작품 번역을 맡겨도 되나? 이거 당장 출판사에게 번역자 교체를 요구해야 되겠군!" 하고 마음을 먹기라도 하는 날이면, 그러는 날이면…. 아이고 생각만 해도 식은땀이 흐릅니다. 읽기와 이해하기 역시 새로 번역해야 할 책을 대할 때마다 늘 새로운 시련을 만나고 늘 새로운 암초를 만납니다. 황순원 선생이나 전광용 선생 소설보다 이상 선생이 쓴 소설이 어렵게 다가오듯이, 신학서도 마찬가지입니다(그렇다고 황순원 선생이나 전광용 선생이 쓴 소설이 쉽다는 말은 결코 아닙니다).

사실 "번역을 하면 외국어를 잘 할 것이다"라는 말에는 정말 중요한 오해가 깔려 있는 것 같습니다. "외국어를 잘하면 번역을 할 수 있다" 혹은 "외국어를 잘해야 번역을 잘할 수 있다"는 오해가 바로 그것입니다. 물론 외국어를 잘하면 번역을 하는 데 어느 정도 도움은 되겠지만 번역을 잘한다는 보장은 없습니다. 번역이란 것이 외국 책을 읽고 이해하는 데서 끝나는 게 아니라, 자기가 이해한 외국어를 우리말로 풀어내야 하는 작업이기 때문입니다. 아무리 머릿속에서는 외국 책이 말하는 내용을 완벽하게 이해했더라도 그것을 우리말로 우리말답게 유려한 문장으로 풀어내지 못하면 그 번역은 훌륭한 번역이 아닙니다. 저는 가끔씩 이전에 사사로이 번역해놓은 원고들을 읽어볼 때가 있습니다. 그중에는 완성된 원고도 있고 일부만 번역한 원고도 있습니다. 그런데 이런 원고를 읽을 때면 어떤 때는 제 자신이 번역했던 원고인데도 얼굴이 화끈거려 읽지 못할 때가 있습니다. 부끄러운 번역문 때문에 더 이상 읽어갈 용기를 내기가 힘들죠. 그래서 그런 원고를 살펴보려고 하면 어떤 때는 정말 자신의 부끄러움과 맞설 수 있는 용기가 필요한 때가 있습니다. 하지만 용기를 내어 그런 번역 원고를 읽고 또 수정해가다 보면 "아, 이게 번역자로서 자라가는 과정이겠구나!" 하는 생각이 들곤 합니다.

번역자가 자라가는 과정은 의상 디자이너가 되어가는 과정과 같습니다. 모델의 체형과 맵시, 이미지를 아무리 잘 해석해도 그 해석을 제대로 디자인에 담아 의상으로 표현해내지 못하면 사람들은 그를 훌륭한 디자이너라고 인정해주지 않을 겁니다. 번역도 마찬가지입니다. 원문을 잘 해석하고 이해해도 그 해석과 이해를 번역문이라는 의상에 멋들어지게 담아내지 못하면 이 번역자라는 의상 디자이너는 패션쇼 무대에 결코 오르지 못할 것입니다. 번역을 하려면 외국어만 잘하면 되는 게 아니라, 외국어도 열심히 하고 우리말을 풀어내는 실력도 부지런히 갈고 닦아야 합니다.

또 하나 번역을 잘하고 싶으면 넓게 배우고 많이 알려고 노력해야 한다는 생각이 듭니다. 그러려면 아무래도 여러 분야에 걸쳐 두루 그리고 깊이 책을 읽는 게 지름길이겠지요. 더불어 좋은 신문을 꼼꼼히 읽어보는 것도 필요합니다. 신문은 그날그날 세계 역사가 돌아가는 상황을 분야별로 알려주기 때문에 신문이 제시하는 기사 내용만 잘 기억하고 있어도 어느 날 갑자기 번역에 도움을 받을 때가 있습니다.

오래전에 「리더스 다이제스트」라는 잡지에서 읽은 기사가 생각납니다. 제2차 세계대전이 막바지에 이른 1944년 겨울 성탄절이 다가왔을 때 서부 전선에서 대치하고 있던 미군과 독일군이 기적처럼 싸움을 멈추고 이틀 동안 한 집에서 그 집 식구들과 주님이 나신 날을 기념한 이야기를 감명 깊게 들려준 이야기였습니다. 그 배경이 정확히 기억나지는 않지만 아마도 히틀러가 작심하고 서부 전선 연합군에게 결정타를 먹이려 했던 벌지Bulge 대전투 때가 아니었나 하는 생각이 듭니다. 히틀러는 1944년 12월 16일, 서부 전선에서 밀려오는 연합군을 저지하여 전세를 돌이켜볼 야심을 품고 벨기에 아르덴 지역에서 대공세를 감행합니다. 처음에는 독일이 자랑하는 티거Tiger 탱크 부대를 앞세워 연합군을 거세게 몰아붙였습니다. 그러다가 불과 일주일 만에 연합군의 강력한 저항에 부닥치죠. 성탄절 무렵에 이르러 독일군을 방어하던 미군 부대는 부대 전체가 전멸할 위기를 만나지만 끝까지 항복하지 않고 치열한 저항을 계속합니다. 이 전투는 한 달 뒤인 1945년 1월 하순에 결국 연합군의 승리로 끝납니다. 그러나 연합군이 이런 승리를 누릴 수 있었던 것은 성탄절 무렵에 전멸 위기를 만났던 한 미군 부대의 무용武勇 때문이었습니다. 말하자면 「리더스 다이제스트」가 들려준 이야기의 배경인 바로 그 성탄절 무렵에 미군과 독일군은 정말 "네가 죽느냐 아니면 내가 죽느냐"라는 각오로 혈투를 벌였던 것입니다. 이런 배경을 알고 그 기사를 번역한다면 아마 번역하는 사람도 그 기사의 감동을 더 절절히 살려낼 수 있지 않을까 하는 생각이 듭니다. 평소에 제2차 세계대전을 다룬 역사책들을 관심을 갖고 읽어두면 큰 도움이 되었을 것입니다.

실제로 제임스 조이스가 썼고 김종건 교수가 번역하신 『율리시스』(생각의나무)를 보면 조이스가 서두에 떡 하니 이런 말을 써놓았습니다(김종건 교수가 번역하신 글을 그대로 옮겨봅니다). "나는 『율리시스』 속에 너무나 많은 수수께끼와 퀴즈를 감춰두었기에 앞으로 수세기 동안 대학 교수들은 내가 뜻하는 바를 거론하기에 분주할 것이다. 이것이 자신의 불멸을 보장하는 유일한 길이다"(원문은 이렇습니다: I've put in so many enigmas and puzzles that it will keep the professors busy for centuries arguing over what I meant, and that's the way of insuring one's immortality; 외람되고 서툴지만 저는 이 원문을 이렇게 번역해보았습니다: 나는 『율리시스』 안에 아주 많은 수수께끼들과 난제들을 숨겨놓았나니, 교수들은 앞으로 수세기 동안 내가 말하려 한 것을 논하느라 쉴 틈이 없을 것이요, 또 그것이 한 사람의 불멸을 보장하는 유일한 길이니라). 조이스 말대로 이 『율리시스』는 난해하기가 이루 말할 수 없는데, 이를 번역하려면 비단 외국어 지식만 갖춰서 될 일이 아닙니다. 그야말로 잡다한 지식이 필요하죠.

　이윤기 선생도 이탈리아의 유명한 기호학자요 작가이며 언론인인 움베르토 에코가 쓴 『장미의 이름』을 다시 번역해내시면서 『장미의 이름』에 등장하는 여러 가지 사항들을 상세히 설명해준 일본의 한 사전으로부터 도움을 받았다고 이야기하셨는데, 이는 책 하나를 번역할 때도 그만큼 여러 가지 다양한 배경 지식이 뒷받침되어야 한다는 것을 증명해주는 사례라 하겠습니다. 신학서도 예외는 아닌 것 같습니다. 성경신학 책 같은 것을 번역하다 보면 성경 해석에 동원한 여러 가지 해석론을 이야기할 때가 많은데, 저는 그런 부분을 만날 때마다 정말 제 지식이 형편없음을 한탄합니다. 번역자에게도 지식을 충전할 수 있는 안식년이 있었으면 좋겠습니다. 그러나 도저히 그럴 수 없는 것이 현실이죠! "저는 앞으로 1년 동안 지식을 충전하러 안식년을 갖겠습니다"라고 선언하면 아마 그 번역자는 1년 동안 생계 밑천이 끊기는 차원을 넘어 평생 번역 안식년을 누릴지도 모릅니다.

　번역자로서 짧은 세월을 보냈지만, 그 세월 동안 번역이 외국어만 한다고 할 수 있는 일은 아니라는 점만은 분명하게 깨달았습니다. 물론 외국어 실력도 날마다 갈고 닦아야 합니다. 번역하면 사전을 찾지 않아도 원문을 후다닥 해석할 수 있는 사람으로 여기는 분이 가끔씩 계십니다. 하지만 비록 번역하는 분야가 어떠한가에 따라 다르긴 해도 저 같은 경우는 오히려 시간이 지날수록 사전을 더 찾지 않나 하는 생각도 듭니다. 이렇게 외국어 공부도 중요하지만 자신이 이해한 원문을 멋들어지고 근사한 우리말로 풀어낼 수 있는 능력을 닦고 박학다식한 배경 지식을 쌓아가야 비로소 번역자로서 성장해갈 수 있지 않을까 하는 생각이 드는군요.

번역자가 걸리는 신종 직업병 : 교정보듯 책 읽기 병

번역자로 살다 보면 걸리는 무시무시한 신종 직업병이 있습니다. 이번에는 그 직업병 얘기 좀 해보려고 합니다. 작년에 어느 출판사 주선으로 번역자 몇 분과 사귐을 나눌 기회가 있었습니다. 모두 저보다 번역도 오래 하시고 번역자로서 이름이 알려진 분들이라 제겐 사실 좀 어렵고 조심스러운 자리였습니다. 그런데 그 자리에서 어느 번역자 분이 재미있는 말씀을 들려주셨습니다. 번역을 한 뒤로 이상한 습관이 생기셨다는 것입니다. "마치 교정을 보듯이 독서하는 습관"이 생기셨다는 겁니다. 그 말씀을 듣고 깜짝 놀랐습니다. "헐! 나도 그런데! 야, 어쩌면 이게 번역에 따르는 직업병일지도 모르겠구나!" 하는 생각이 들었죠. 교정을 보듯이 독서한다는 게 뭐냐고요? 말 그대로 책을 읽을 때 다른 번역자가 번역했거나 다른 저술가가 써놓은 글을 교정보는 것처럼 읽어간다는 말입니다. 교정보는 것처럼 읽는 책은 비단 우리나라 번역자가 번역해놓은 번역서뿐만이 아넙니다. 우리나라 소설가가 쓴 소설도 우리나라 학자가 써놓은 인문학 서적도 교정보듯이 읽어갑니다.

물론 번역을 하기 전에도 이렇게 책을 읽어갈 때가 있었습니다. 가령 잘못된 글자나 잘못된 문장을 집어내어 고쳐가며 읽는 것이 그런 예입니다. 책을 읽는데 이런 문장이 나타났다고 가정해보십시오. "한국을 어제 축구 경기에서 일본을 2:0으로 이겼습니다." 분명 "한국을"을 "한국은"이나 "한국이"로 고쳐야 맞을 겁니다. 그러면 재빨리 빈 공간에 "한국을→한국은/한국이"로 적어놓거나 "을"에 X표를 하고 그 밑에 "은"이나 "이"로 고쳐 넣습니다. 그러면서 "내가 나름 성실하게 독서하는구나!"라는 뿌듯함과 함께 출판사나 저자/역자에게 좀더 신경 써서 글을 쓰거나 책을 만들라는 충고를 해주고 싶은 충동을 느낍니다. 그러다가 열혈 독자는 그런 충동을 실천으로 옮기기도 합니다. 출판사 홈페이지에 들어가거나 아니면 메일로 "이것이 잘못된 것 같으니 바로 잡아주십시오"라고 글을 남기는 것이죠. 실은 저도 그런 열혈 독자 행세를 두어 번 해봤습니다. 그런데 번역을 하다 보니 이런 독서 습관이 희한하게 발전해갑니다. 서서히 진짜 직업병으로 변해가는 것이죠. 그런데 의학 사전에 나와 있지도 않을 이 신종 직업병도 병세病勢에 따라 단계가 있더군요(그 말은 곧 단계별로 병세를 경험해봤다는 말이겠죠!). 모든 병이 심해지면 골치가 아파지듯이 이 신종 직업병도 증세가 심해지면 여러 가지로 골치가 아픕니다. 지금부터 이 신종 직업병인 "교정보듯 책 읽기 병" 말기까지 갔다가 기적처럼 나은 한 번역자(바로 제 자신입니다) 이야기를 좀 해보겠습니다.

어느 날 어떤 번역서를 읽는데, 책 가운데서 이런 문장이 불쑥 튀어나옵니다. "사람의 성격은 상황에 의해 결정된다." 그냥 별 탈 없는 문장이고 무슨 말인지 이해할 수 있는 문장입니다. 그런데 언젠가부터 이런 문장을 만나면 좀 껄끄럽고 아쉬운 심정이 들면서 속으로 이런 생각을 하기

시작했습니다. "아이고, 수동태 문장을 곧이곧대로 번역했구나. 수동태를
능동태로 좀 바꾸지. '사람 성격은 상황이 결정한다'라고 번역하거나 '상
황이 사람의 성격을 결정한다'로 번역했으면 좀 좋아. 신경 좀 쓰지!" 사
실 그 책을 번역하는 번역자는 오죽 신경을 쓰며 번역했겠습니까? 그런
데 졸지에 그 책을 번역한 번역자를 신경 좀 쓰지 않은 번역자로 여기면
서 그 한 문장을 읽고 생각하고 수동태 번역문을 능동태로 교정하느라 책
을 읽어나가지 못하는 겁니다. 진도가 안 나가는 것이죠. 그러다 보니 2-3
일이면 후다닥 읽어낼 만한 책을 일주일, 보름, 한 달을 붙들고 늘어지는
부작용이 생깁니다. 출판사나 그 책 번역자가 제게 그 책 교정을 봐달라고
부탁한 것도 아닌데 혼자 그리 열심을 내며 야단법석을 떠는 것이죠.

그런가 하면 이런 경우도 있습니다. 영어나 독어 같은 외국어에서
"…ical"이나 "…isch" 같은 형용사를 만나면 대개 "…적的"으로 번역할 때가
많습니다. 그런데 이 말은 대개 일본 사람들이 즐겨 쓰는 번역어라고 하
죠. 그러다 보니 책에서 "…적"이라는 말을 만나면 공연히 애국심(!)이 발
동합니다. "무턱대고 일본식 번역어를 가져다 쓸 수 없어!"라는 오기가 생
기는 거죠. 그래서 가령 저는 역사적 예수라는 말을 보면 역사 속 예수로
고쳤습니다. 보통 historical Jesus나 historischer Jesus를 역사적 예수로 번
역하곤 하는데, "역사적"으로 번역하면 "역사 속에 실제로 사셨던"이라는
의미인지 아니면 "역사에서 큰 의미를 가지는 중요한"이라는 의미인지 좀
헷갈립니다. 그래서 이 말이 본디 "역사 속에 실제로 사셨던(존재하셨던) 예
수"를 가리킨다 생각하여 과감하게 역사 속 예수로 고쳤습니다. 실제로
저는 번역할 때도 historical Jesus나 historischer Jesus를 역사 속 예수로 번
역합니다(하지만 어쩔 수 없이 지금도 "…적"을 쓸 때가 있습니다). 이렇게 "수동태는
어색하니 능동태로 고치자, 이 번역어는 될 수 있으면 쓰지 말아야 할 번
역어이니 고쳐 쓰자" 정도 증세가 나타나면 "교정보듯 책 읽기 병" 1기에

해당합니다.

이 증세가 심해져 "교정보듯 책 읽기 병" 2기로 발전하면 이제는 책을 못 읽어나가는 정도가 아니라 아예 읽고 있는 책을 증보^{增補}해주거나 개정^{改訂}해주는 정도에 이릅니다. 이 2기를 대표하는 증세 중 하나가 "각주^{脚註} 달기"입니다. 어떤 책을 읽어나가다가 좀 이해하기 어려운 말이나 문장이 나타납니다. 역시 그 책 저자나 번역자가 부탁하지도 않았는데 그 책에 각주를 달아 집어넣는 겁니다. 가령 중동 전쟁사를 다룬 책을 읽는데 "이집트 대통령 안와르 사다트는 소련을 방문하여 소련 공산당 서기장 브레즈네프에게 이스라엘을 이길 무기를 지원해달라고 요청했다" 같은 문장이 나왔다 합시다. 그런데 지은이가 안와르 사다트가 누구인가는 설명해놓았는데 브레즈네프는 주인공이 아니라고 설명을 쏙 빼놓은 겁니다. 그러면 대뜸 옆에다 이렇게 적어 넣습니다. "1910-1982. 미소냉전 시절에 소련을 이끈 최고 지도자였으며 대미 강경책을 주도한 인물이다." (아! 막상 이런 각주를 적어놓는다면서 안와르 사다트가 누구인지 설명을 빠뜨렸네요. 안와르 사다트[1918-1981]는 낫세르에 이어 이집트를 이끈 인물로 처음에는 이스라엘과 대립했지만 나중에는 이스라엘을 방문하여 평화협정을 맺는 등 중동 평화에 애썼던 인물이랍니다. 그 바람에 이집트 국내 강경파의 미움을 받아 암살당하고 말았죠. 그 후임자가 얼마 전에 쫓겨난 후스니 무바라크입니다. 사다트 밑에서 공군 사령관과 부통령을 지냈죠.) 진짜 저자가 부탁하지도 않았는데 혼자서 열심히 각주를 적어주다가 세월을 다 보냅니다. 이 정도 되면 각주 혹은 역주 달아주기 아르바이트를 하면 이 교정보듯 책 읽기 병 치료비를 마련할 수 있지 않을까 싶네요. 역시 하나님은 막히면 길을 뚫어주시고 모든 것이 합력하여 선을 이루게 하시는군요! 그래도 이 정도면 자기 시간을 뺏기고 책을 제대로 못 읽어나가는 증세는 있어도 견딜 만합니다. 그러나 3기에 이르면 드디어 물질도 축나기 시작합니다.

"교정보듯 책 읽기 병" 3기는 대개 번역서를 읽을 때 증세가 나타납니다. 번역서를 읽다 보니 번역이 껄끄러워 맘에 안 들고 가끔씩 앞뒤가 맞지 않는 문장이 있는 것 같습니다. 그러면 증세가 나타납니다. "원서를 구해봐야겠다. 대조해봐야겠어!" 이거 뭐 원서 대조 교정을 부탁받은 것도 아닌데, 무슨 사명감인지 없는 살림에 기어코 원서를 구입합니다. 그래서 원서와 번역서를 대조해보다가 기어코 시빗거리라도 하나 잡아내면 쾌재를 부릅니다. "내 그럴 줄 알았어. 역시 내 예리한 눈은 못 속여!" 하지만 이런 증세를 그대로 방치하다간 아마도 살림이 거덜 날 겁니다. 처음에는 "한국 번역 문화중흥의 사명을 띠고 이 땅에 태어난"(예전 박정희 정권 시절에 학교를 다니신 분들은 국민교육헌장이라는 것을 외웠을 겁니다. 그 첫 줄이 "우리는 민족중흥의 역사적 사명을 띠고 이 땅에 태어났다"였죠. 무조건 외우라는 대로 외워야 했고 외우지 못하면 벌을 받아야 했던 그 시절! 왜 그것을 다 외워야 했는지 지금도 이해할 수가 없습니다) 것처럼 의기양양하게 원서를 사들여 번역서를 분석하지만, 자신도 모르는 사이에 원서 구입비가 늘어납니다. 이 정도 되면 번역서를 읽는다고 표현할 게 아니라 번역서를 검증한다고 표현해야 하나요?

여기서 "교정보듯 책 읽기 병" 말기인 4기로 넘어가면 이제는 "외국 저자가 쓴 책은 무조건 원서로 읽자. 번역서는 아예 읽지 말자!"는 쪽으로 나아갑니다. 번역서는 철저히 불신하고 오직 원서만 신뢰한다는 모토로 살아가는 셈이죠. 그러나 이렇게 되면 큰 문제가 생깁니다. 가령 유고슬라비아 작가가 세르비아어로 쓴 작품이라든지 아랍 작가가 아라비아어로 쓴 작품 같은 경우는 거의 읽을 수 없는 사태가 벌어지죠. 그러면 아랍 문학의 고전이라는 『이븐 바투타 여행기』 같은 책도 정수일 선생이 힘써 번역하신 훌륭한 번역서가 있건만 평생 구경도 못하는 일이 생길 테고, 작가 이보 안드리치Ivo Andrić(1892-1975, 1961년에 노벨 문학상을 받은 구 유고의 국민 작가입니다)가 세르비아어로 쓴 명작 『드리나 강의 다리Na Drini ćuprija』도 김지향 선생이 힘써 번역한 역서가 있지만 읽지 못할 것입니다. 오히려 자기

독서 세계만 좁아지고 읽을 수 있
는 책도 현저히 줄어들어 결국 자기
만 손해 보는 일이 일어납니다. 이런
사실을 깨달으면 비로소 "이게 병이
구나. 이래서는 안 되지!"라고 마음
을 돌이킵니다. 저도 한때는 말기까
지 갔는데, 결국은 그게 제 자신에게
유익하지 않다는 것을 깨달았습니
다. 그 순간 과감히 결단하고 이 병
을 털어버렸죠. 그러나 아직도 가끔
은 1기 증세 정도는 남아 있음을 느
낍니다.

옛 유고슬라비아가 낳은 국민 작가
이보 안드리치.

그런데 요새는 이런 "교정보듯 책 읽기 병"이 번역자뿐 아니라 번역을
하시지 않는 일반 독자들께도 상당히 퍼져 있다는 느낌을 받습니다. 소위
일반 독자들이 번역 검증 같은 것을 행하는 일들이 그런 예라고 볼 수 있
죠. 그러나 출판문화 전체를 놓고 보면 이런 번역 검증이 상당히 훌륭한
기여를 하는 점도 있습니다. 번역 검증이라는 말이 나왔다는 것은 그만큼
우리나라 번역 문화가 독자들이 자란 만큼 자라지 못했다는 증거라고 할
수 있습니다. 하긴 그동안 얼마나 불성실한 번역이 많았습니까? 독자들
입장에서는 불만도 많고 아쉬움도 컸을 겁니다. 오히려 이런 번역 검증을
계기로 번역자와 출판계가 더 성실하게 번역하고 출판하는 풍토를 만들
어간다면 "교정보듯 책 읽기 병"이 오히려 한국 출판계에게 불성실과 엉
터리라는 나쁜 병균을 몰아낼 항체를 만들어주었다고 봐야겠죠. 병이 때
로는 우리 몸에서 약한 곳이 어디였는지 깨닫게 해줄 때가 있듯이, "교정
보듯 책 읽기 병"도 우리 번역, 우리 출판에서 어디가 약한 부분인지 일깨

워줄 수 있다고 봅니다. 그렇다면 차라리 "교정보듯 책 읽기"를 장려해야 하나요? 이런 책 읽기가 전염병으로 발전하지 않게 글 쓰는 사람, 번역하는 사람이 미리미리 자신을 가다듬고 성실하게 일해야겠습니다. "교정보듯 책 읽기 병" 말기까지 갔던 제 자신을 돌이켜보니 사실 제가 그런 병에 걸린 원인은 부족하기 이를 데 없는 번역자인 바로 제 자신이라는 생각이 듭니다. 저도 더욱더 성실한 번역자가 될 수 있게 노력해야겠습니다.

번역자의 가난한(!) 스트레스 해소법

번역자도 인간인지라 번역으로 에너지를 쏟아내다 보면 나름 스트레스를 받습니다. 스트레스가 긴장 강도를 높여줘 일하는 속도를 높이기도 하지만 아무래도 한계점에 이르면 감당하기 힘들 때가 있습니다. 그럴 경우를 대비하여 나름대로 스트레스 해소책을 준비해놔야 합니다. 아내는 제가 종일 책상에 앉아 머리 노동만 하는 사람이라고 여겼는지 궁박한 살림에 11개월을 고민하다 11번가에서 11개월 할부로 초염가 실내용 자전거를 사주었습니다. 그러나 이 자전거 역시 다른 선배 실내용 자전거들이 걸었을 길을 따라 종종 빨래걸이 역할을 함으로써 자전거는 본디 운동도구가 아니라 밖에서 타는 운송도구라는 것을 일깨워줍니다. 다행히 저는 제 자신이 생각해도 스트레스 내성耐性이 강한 것 같은데, 이런 강한 내성은 무거운 제 궁둥이(!)와 더불어 그나마 이 번역이라는 일에 몰두할 수 있는 밑바탕이 되어주는 것 같습니다. 이런 내성과 궁둥이를 허락해주신 하나님과 부모님께 무한감사를 올립니다!

　그래도 저 역시 나름대로 스트레스를 푸는 길이 있답니다. 그중 하나가 유튜브Youtube로 음악 듣기입니다. 예전에는 무리를 해서라도 CD나 테이프를 사서 들어보려고 했지만 커가는 아이들 때문에 이런 곳에 쓸 돈은 이제 거의 사라졌습니다. 그러니 입장료가 몇 만원, 심지어 몇십만 원씩 하는 음악회를 간다는 것은 더더욱 꿈도 못 꿀 일이죠. 그런데 유튜브는 이런 가난뱅이 번역자에게 음악을 들을 기회를 열어주었습니다. 비록 메뉴는 한정되어 있지만 그래도 잘만 찾으면 다양한 장르의 음악을 들어볼 수 있습니다. 팝 음악부터 시작하여 재즈, 고전 음악, 국악, 종교 음악, 가요에 이르기까지 다양한 음악들을 들어볼 수 있지요.

　하루 종일 일하느라 기운이 빠질 때면 가끔씩 우울증이 찾아오기도 합니다. 이럴 때에 조용히 유튜브라는 DJ를 찾아가 영국의 유명한 6인조 아카펠라 그룹 킹스 싱어즈가 노래하는 〈푸른 옷소매 환상곡Green Sleeves〉을 들려달라고 요청하죠. "참, 어떻게 저런 화음을 만들어낼 수 있을까?"라는 감탄을 거듭하며 이 여섯 남자[1]가 들려주는 노래를 듣다 보면 한결 마음이 가벼워집니다. 킹스 싱어즈는 올해로 벌써 44년 역사를 자랑하는 오래된 그룹입니다. 멤버는 세월이 흘러가는 동안 여러 차례 바뀌었지만, 남자 카운터 테너가 여성의 고음역高音域까지 노래했던 과거 합창의 전통을 잘 살려간다는 인상을 받습니다. 때로는 진지하게 부르다가도 청중을 사로잡는 재치로 큰 웃음을 선사하기도 하죠.

　2000년에 독일 라이프치히에서 바흐 서거 250주년을 추념하는 큰 음악회가 열렸습니다. 라이프치히는 바흐가 활약한 중심 도시였는데 바로 그곳에서 유대인 바이올리니스트인 길 샤함Gil Shaham(1971-) 같은 유명한 바이올린 연주자로부터 〈걱정 마, 행복하게 살아!Don't Worry, Be Happy!〉로 유명한 바비 맥퍼린Bobby McFerrin(1950-) 같은 크로스오버 음악가까지 많은 음악인들이 24시간 내내 바흐 음악을 연주하는 큰 잔치를 벌였죠. 이 자리에서 킹스 싱어즈는 바흐가 작곡한 곡들을 발췌, 편곡하여 아카펠라로 들려줬는데, 끝부분이 아주 재미있었습니다. "아, 이제 이 곡을 어떻게 끝내지?"라고 고민하는 베이스의 노래가 끝나기 무섭게 그의 주머니에 들어 있던 휴대폰에서 방금 끝난 베이스의 노래와 절묘하게 이어지는 바흐의 곡이 벨 소리로 울려 퍼지죠. 말하자면 이미 다 짜놓은 각본이었겠지만, 순간 청중들은 박장대소합니다. 그 벨 소리를 이어받아 여섯 명이 한 목소리로 마치 이 곡을 끝낼 멜로디를 찾아 다행이라는 듯이 크게 피날레를 장식하는데, "아, 역시 킹스 싱어즈답다!"라는 생각이 들었습니다. 이 장면을 보면서 음악으로 사람의 병을 고치기도 한다는데 충분히 그럴 수 있겠다는 생각이 들었습니다.

또 바흐가 쓴 〈토카타와 푸가〉를 20세기 독일이 낳은 걸출한 오르간 연주자 칼 리히터_{Karl Richter(1926-1981)}의 연주로 듣다 보면, 정말 바흐가 연

파이프 오르간을 연주하는 칼 리히터. 유명한 지휘자이기도 했습니다.

주하던 이 곡을 듣던 사람들은 자기들이 "몸 안에 있는지 몸 밖에 있는지"
도 몰랐을 수 있겠다는 생각이 듭니다. 리히터는 정말 20세기를 대표할
만한 오르간 연주자요 쳄발로 연주자였지만, 그의 거대한 몸집을 그 심장
이 감당하기 어려웠던지 평생 심장병으로 고생하다 결국 일찍 세상을 떠
나고 말았습니다. 그런 그가 연주하는 바흐의 곡은 그 장엄한 음색과 듣
는 이의 머리까지 울리는 음량이 마음속에 자리한 온갖 번민을 털어줍니
다. 비록 소품이지만 역시 바흐가 작곡한 〈예수는 영원히 내 기쁨Jesus bleibet
meine Freude〉 같은 음악도 현실이라는 무게에 눌려 있을 때 다시금 주님을
의뢰하게 하는 촉매제가 되어줍니다.

　　그런가 하면 가끔씩 옛날 아내와 혼인하던 때가 떠오르면서 청춘이었
던 시절이 그리워지기도 하죠. 그럴 때면 〈지붕 위의 바이올린〉에 나오는
저 유명한 멜로디 〈해가 뜨고 해가 지고Sun Rise Sun Set〉를 들어봅니다. 러시
아 우크라이나 땅에 사는 가난뱅이 딸부자 유대인 테비아의 장녀가 혼인
하는 날 혼인식 장면에서 울려 퍼지는 이 음악을 들을 때면 역시 고생스
럽게 혼인하여 20년 가까운 세월을 보낸 우리 부부의 처지가 생각이 나
저도 모르게 울컥할 때가 많습니다. 랍비의 주례로 밤에 치르는 이 전통
유대교식 혼인식 장면에서 부모는, 비록 딸이 사랑하는 남자이긴 하지만,
가난한 재봉사와 혼인하는 딸을 애처로이 바라봅니다. 그 부모의 표정을
볼 때면 "볼품없는 가난뱅이에게 딸을 내주셨던 장인 장모님도 저런 심정
이셨겠구나!" 하는 마음이 들죠. 그 아버지 뒤에서 이 장녀를 돈으로 사려
했던 털보 푸줏간 주인의 얼굴이 비치는데, 그 얼굴을 보면서 사랑보다
돈을 앞세우는 이 시대 젊은이들이 이 영화를 꼭 봤으면 좋겠다는 생각을
합니다. 20세기 초 러시아가 혁명이라는 격변을 치르던 무렵, 온갖 핍박
과 고초를 겪었던 우크라이나 지방 유대인들의 삶을 묘사한 영화라 그런
지 역시 유대인이요 우크라이나 출신인 걸출한 바이올린 연주자 아이작

스턴Isaac Stern(1920-2001)이 뛰어난 오리지널 사운드트랙을 선사했습니다. 이 바이올린 연주만 들어도 영화가 전해주는 애잔한 슬픔이 더 슬프게 다가옵니다.

그런가 하면 기타의 전설로 불리는 에릭 클랩턴Eric Clapton(1945-)이 연주하는 기타 음악을 들어봐도 마음이 기쁩니다. 역사상 가장 뛰어난 기타리스트로 불리는 지미 헨드릭스Jimi Hendrix(1942-1970)처럼 요절하지 않아 다행이라는 말까지 할 수 있을 만큼 그의 기타 솜씨는 기타의 "ㄱ"자도 모르는 제가 들어도 빼어나다는 생각이 듭니다. 특히 그가 어린 아들을 잃은 뒤에 만든 명곡 〈티어스 인 헤븐Tears in Heaven〉 속에는 그의 절절한 그리움이 그대로 녹아납니다. 너무 서글픈 이야기만 늘어놓았나 봅니다. 이런 음악만 듣다보면 마음이 좀 가라앉죠? 그럴 경우에는 스웨덴이 자랑하는 4인조 혼성 그룹 아바ABBA의 노래나 1980년대 유럽 팝을 일으켰던 남성 2인조 런던 보이스London Boys가 부르는 〈할렘 디자이어Harlem Desire〉 같은 곡도 한번 들어보면 그 시절 추억과 함께 마음이 즐거워지기도 합니다.

유튜브에서는 훌륭한 교향악 연주도 들을 수 있습니다. 독일에는 유명한 교향악단이 많이 있는데, 그중 대표라 할 만한 것이 베를린 필하모닉 오케스트라죠. 과거에 빌헬름 푸르트뱅글러Wilhelm Furtwängler(1886-1954) 같은 대지휘자가 그 초석을 다졌다면, 헤르베르트 폰 카라얀Herbert von Karajan(1908-1989)이 뛰어난 곡 해석력과 기획력으로 이 악단을 독일이 자랑하는 문화 자산으로 만들어놓았습니다. 같은 오스트리아 출신인 히틀러는 독일에 와서 독일을 엉망으로 만들어놓았는데, 역시 모차르트와 같은 잘츠부르크 출신으로 오스트리아 태생인 이 카라얀은 독일에게 큰 공헌을 한 셈이네요.

하지만 저는 카라얀이 왠지 부담스럽습니다. 그의 치밀한 곡 해석과 아귀가 척척 들어맞는 곡 전개는 마치 빈틈 하나 없는 정교한 번역 같아

부러울 때가 많지만, 귀족 출신임을 나타내는 이름(독일식 이름에서 전치사 von 이 들어간 성은 귀족 집안임을 나타냅니다)에다 고전 음악 지휘자라는 이미지에 걸 맞지 않은 여성 편력과 은근한 재물 욕심은 나름 수도사인 번역자의 이미지와 맞지 않는 것 같습니다. 카라얀은 1957년부터 일본을 (제 기억이 맞다면) 여섯 차례나 방문하여 연주회를 열었지만, 한국은 전성기가 한참 지난 1984년에야 한 번 방문하여 단 한 번 공연했습니다. 레퍼토리도 우리가 잘 아는 베토벤 교향곡 정도였고 앙코르 요청도 받아들이지 않는 오만한 모습을 보여주었죠. 그가 일본을 후대한 이유는 독일과 일본이 제2차 세계대전 동맹국이라는 것, 1960년대부터 일본의 유명한 클래식 레이블인 소니(전자회사로 유명한 회사죠)가 카라얀에게 재정 후원을 했다는 것과 같은 여러 이유들이 있었을 겁니다. 일본과 친하게 지낸 탓인지 그의 수제자 중 하나가 유명한 지휘자 오자와 세이지小澤征爾(1935-)입니다.

그런 이유 때문인지 차라리 20세기 러시아가 낳은 유명한 바이올린 연주자 다비드 오이스트라흐David Oistrakh(1908-1974)가 나름 수도사인 번역자의 이미지에는 어울린다는 생각이 들어요. 러시아 예술가답게 좀체 표정 변화를 드러내지 않지만, 그의 연주는 무겁고 진지합니다. 예술가다운 자유로운 영혼과 자유가 없는 조국 러시아의 정치 현실 사이에서 방황하다 끝내 망명지인 네덜란드에서 쓸쓸히 숨을 거뒀지만, 오히려 오이스트라흐의 그런 모습이 자유로움을 갈망하면서도 늘 고적한 나름 수도사와 어울리지 않나 하는 생각이 듭니다. 어쩌면 카라얀도 존경했다는 러시아의 유명한 지휘자요 명성이 자자한 레닌그라드 필하모니의 상임 지휘자였던 예프게니 므라빈스키Yevgeny Mravinsky(1903-1988)가 지휘하는 차이코프스키 곡이나 베토벤 곡을 들어보는 것이 더 나을 것 같습니다. 예전에 박정희, 전두환 독재 정권 시절에는 과거 사회주의 소련 시절에 활약했던 작곡가들이나 연주가들의 음악이 금지곡이었습니다. 볼셰비키 정부에 협력

20세기 러시아가 낳은 걸출한 바이올리니스트 다비드 오이스트라흐. 그의 아들 이고르 오이스트라흐도 유명한 음악가입니다.

했던 드미트리 쇼스타코비치Dmitri Shostakovich(1906-1975)의 곡 같은 것은 아예 들어볼 수가 없었죠. 소련 같은 나라와 외교관계도 없었으니 당연히 이런 나라의 뛰어난 교향악단도 한국에 올 수 없었습니다. 그런 점을 생각하면 1973년에 레닌그라드 필하모니를 초청하여 멋진 음악을 감상한 일본이 부럽기도 합니다(비틀즈도 이미 1966년에 일본을 찾아가 공연했답니다).

베를린 필하모니는 매년 여름 베를린의 큰 숲 한가운데 자리한 발트 뷔네Waldbühne에서 멋진 음악제를 열더군요. 유료이긴 하지만 세계의 유명 음악가들이 엄청나게 많은 관중들에게 여름을 나는 즐거움을 선사하기 때문에 한번 꼭 가보고 싶은 음악제입니다. 실은 이런 음악제가 우리나라 에서도 많이 열려(기왕이면 무료로) 저 같이 유튜브라는 DJ에게만 의지하는 가난한 사람들도 음악제 구경 좀 해봤으면 합니다. 그것이 모든 이가 사 람답게 살아가는, 사람 사는 세상 아니겠습니까?

또 하나 스트레스를 푸는 길은 영화 보기입니다. 요새는 영화 관람료도 많이 올라서 영화를 잘 보지 못합니다. 집에서 케이블 TV로 영화를 볼 때가 가끔씩 있는데 아무래도 원하는 장르를 원하는 만큼 볼 수가 없기 때문에 아쉬움이 많답니다. 주로 좋아하는 영화는 추리물이나 서스펜스 작품입니다. 예전에는 자기 영화에 뜬금없이 카메오로 등장하길 좋아하는 알프레드 히치콕Alfred Hitchcock(1899-1980) 감독의 작품도 텔레비전에서 시리즈로 방영해주곤 했는데, 요새는 그런 일이 드문 것 같습니다. 제 입장에서는 신학 고전들이 많이 빛을 보기를 바라듯이 영화 고전도 묻히지 말고 늘 관객들에게 선을 보였으면 합니다.

오래전에 보았던 이탈리아의 명감독 페데리코 펠리니Federico Fellini (1920-1993)의 〈길La Strada〉 같은 영화는 요새처럼 엄청난 제작비를 쏟아붓지 않아도 영화가 얼마나 사람을 사로잡을 수 있는지 보여주었죠. 악랄한 잠파노(안소니 퀸Anthony Quinn[1915-2001]이 간사하고 악랄한 사람이 어떠한지 기막히게 보여줬죠)에게 늘 구박당하고 이용만 당하는 순진한 바보 젤소미나 역을 보여주었던 줄리에타 마시나Giulietta Masina(1921-1994, 펠리니의 부인이었습니다. 쉽게 만났다 쉽게 헤어지는 현대 서양 풍토에서 보기 드문 순정파 여성이었고 훌륭한 아내였습니다)의 연기는 지금도 가끔씩 생각날 때가 있습니다. 책으로 등장한 고전들처럼 영화 고전들도 역시 사람의 영혼 속에 오랫동안 깃든 채 늘 떠오르는 것 같습니다.

법과 정치란 것이 사회가 안고 있는 문제를 해결해주기보다 오히려 불의와 결탁할 때가 많은 모습을 보면, 영화 〈택시 드라이버〉(1976년 작품)에서 소녀 창녀 조디 포스터Jodie Foster(1962-)를 착취하는 악덕 포주와 악랄한 손님들을 직접 응징하는 로버트 드 니로Robert De Niro(1943-) 같은 인물이 나왔으면 하는 바람이 들 때도 있습니다. 마치 홍길동을 응원하는 심정이라고나 할까요? 말이 나온 김에 이 〈택시 드라이버〉 얘기 좀 해야겠네요.

영화 〈길〉에서 젤소미나가 트럼펫을 부는 처연한 장면. 줄리에타 마시나는 악당인 차력사 잠파노에게 늘 이용당하고 괴롭힘을 당하면서도 바보처럼 순종만 하다 끝내 죽음을 맞는 젤소미나의 고통과 고뇌를 이 한 표정에 고스란히 녹여냈습니다.

워낙 인상 깊게 봤던 영화라 그렇습니다. 〈택시 드라이버〉는 마틴 스콜세지Martin Charles Scorsese(1942-)가 감독하고 로버트 드 니로가 불의와 불법을 그대로 눈감는 사회악에 맞서 총을 뽑아든 택시 운전사 트래비스로, 십대였던 조디 포스터가 소녀 창녀로 열연했던 영화이지요. 조디 포스터가 소녀 창녀로 나왔다 하여(실제로 이 영화에 출연할 당시 14세였습니다) 우리나라에서는 상영이 금지되었다가 희한하게도 전두환 정권 때 해금되어 개봉관에서 상영되었던 명화입니다. 전두환 정권은 국민들을 섹스와 스포츠와 영화에 빠지게 만들어 독재에도 순응하는 어리석은 사람들로 만들려고 소위 3S(Sex, Sports, Screen의 머리글자) 장려정책을 폈는데, 바로 이 3S 때문에 정치와 사회악이 결합해 있는 현대 사회 구조를 고발한 이 〈택시 드라이버〉가 빛을 봤으니 참 아이러니죠.

대학 시절 알게 된 걸물 친구가 하나 있습니다. 지금까지 살아오면서 "진짜 천재다!"라는 생각이 든 사람은 아직까지 이 친구가 유일합니다.

文, 史, 哲(문학, 역사, 철학)과 예술에 조예가 깊은 이 친구는 우리가 다녔던 학과에서는 이단아요 별종이었습니다. 거개가 출세와 영달을 목표로 살아가는 이들인데, 유독 이 친구는 그런 일에 관심이 없고 오로지 사람다움에 관심이 많았지요. 무지렁이 촌놈인 저에게 헌책방, 영화, 고전 음악의 세계를 알려주고 깨우쳐준 인물이 바로 이 친구였습니다. 다른 친구들은 서서히 국가고시를 준비한다며 공부에 열을 올려가던 2학년 2학기, 바로 그때부터 우리는 거꾸로 서서히 수업을 빼먹고 영화관, 고전음악 감상실, 책방들을 돌아다니기 시작했습니다. 가난한 저는 거의 걸인 신세였지만, 제법 넉넉히 용돈을 받았던 이 친구가 제 문화비까지 감당해주었죠. 어느 날 이 친구는 "해금解禁만 되면 보려고 옛날부터 벼렀던 영화가 있는데 이제야 풀렸다. 보러 갈래?"라고 물었습니다. "그래?, 근데, 영화비가 없는데!"라고 대답했더니, 역시나 또 "보여줄게, 가자"라고 말하더군요. 그렇게 해서 우리 둘은 또 사이좋게 명보극장으로 영화를 보러갔습니다. 차를 타고 명보로 가는 동안, 친구는 이 영화의 내용과 그동안 상영이 금지되었던 연유, 이 영화가 영화사와 사회사, 정치사에서 가지는 의의를 죽 설명해주었습니다. 뭐, 한마디로 촌놈이 또 눈을 뜨는 순간이었죠. 그리하여 마침내 우리는 영화를 보았습니다.

베트남전이 끝난 뒤 미국 사회를 배경으로 한 이 영화는 소녀 창녀와 이 소녀 창녀를 늑탈하는 악랄한 포주가 존재하는 현실을 보여줍니다. 그런데 영화 줄거리를 자세히 들여다보면, 선거에 나선 정치인도 그 정치인을 뽑는 시민들도 이런 현실을 해결하고 바로잡는 데는 관심이 없습니다. 어린 나이에 이미 인생 막장에 다다른 소녀에게 관심을 보이며 이 불의한 현실에 울분을 참지 못하는 이는 단 하나, 택시 드라이버 트래비스(로버트 드 니로)뿐입니다. 이런 현실을 선거판에 뛰어든 정치인에게 고발하며 해결할 의지가 있는지 캐묻지만, 역시나 그 정치인은 관심이 없습니다. 그에게 유권자는 그저 선거 때만 잠깐 공 들이면 되는 인생들이니까요. 참다 못한 로버트 드 니로는 도발을 저지릅니다. 그가 점찍은 정치인의 유세장에 가서 수상한 행동으로 이목을 끌려 하죠. 그러나 결국 실패한 그는 그 스스로 문제 해결에 나서기로 마음먹습니다. 차근차근 준비한 총들로 "쓰레기들"을 직접 소탕할 준비를 합니다. 그가 준비했던 권총 가운데 승용차 하나쯤은 거뜬히 날려버릴 만한 매그넘 44도 눈에 띄었는데, 이 엄청난 총은 아마도 로버트 드 니로가 품고 있던 분노가 얼마나 강렬한지 상징해주는 것 같았습니다. 그렇게 모든 준비를 마친 로버트 드 니로는 조디 포스터가 갇혀 있는 그 악의 소굴로 출발합니다. 그리고 무시무시한 화력을 난사하여 그가 지목한 "쓰레기들"을 다 쓸어버리고 말지요. 치열한 총격전 끝에 그 역시 부상을 입지만, 영화의 피날레는 다시 택시 운전사로 돌아와 있는 그를 비춰줌으로써 로버트 드 니로가 의도한 해피엔딩을 암시합니다. 단숨에 소탕전을 완수하는 로버트 드 니로의 모습을 보면서, 저와 제 친구는 왠지 모를 환희를 느꼈습니다. 대리만족이었을까요? 우리는 말했습니다. "법보다 주먹이 낫네!"

그런데 그때 그 영화를 보았던 때로부터 30년이 다 되어가는 이 시대도 그때와 다름없이 우리더러 자주 〈택시 드라이버〉 속의 로버트 드 니로가 되어볼 생각이 없느냐고 묻는 것 같습니다. 자꾸 이렇게 이 나라의 모든 영역에서 로버트 드 니로가 분노했던 것과 같은 불의가 쌓여간다면, 어느 순간 또 다른 로버트 드 니로들이 "법보다 주먹이 나을 수 있다"며 그 마음에 준비해두었던, 매그넘 44, 글록 같은 무시무시한 권총을 뽑아들고 나설지 모른다는 생각이 듭니다. 그러나 저는 제발 그렇게 사람들이 영화 속의 로버트 드 니로처럼 다 나섰으면 합니다. 하지만 저는 그렇게 나선 이들이 매그넘 44, 글록으로 겨누는 표적이 조디 포스터가 상징하는 약자의 등골이나 빼먹는 뚱뚱보 포주나 인간쓰레기 기둥서방, 이들을 방관하는 정치꾼 나리들의 비만한 몸뚱이가 아니라, 한쪽에는 1부터 10까지 숫자들이 죽 쓰여 있고 그 옆에는 네모난 빈 칸들이 세로로 죽 나 있는 직사각형 종이(투표용지)가 되기를 간절히 바랍니다.

영화란 것이 그저 많은 관객을 동원하는 것도 중요하지만 인생이란 것이 무엇이며 인간이란 존재가 무엇인지, 사회가 무엇인지 생각하게 만 드는 영화들이 많이 선을 보였으면 좋겠습니다. 이런 문화 자산은 시장성 을 떠나 국가에서 공공재 개념으로 보호하고 길러주었으면 하는 마음이 있습니다. 마치 훌륭한 책들을 공공 도서관이 반드시 구입하는 시스템을 운영하는 서양 여러 나라처럼 훌륭한 고전 영화들을 텔레비전이나 영화 관에서 반드시 일정 비율만큼 상영하게 하고 국가가 문화 예산으로 보전 해주는 시스템이 갖추어진다면 왠지 상업성에 물들어감으로써 가볍고 추 락하는 것만 같은 이 시대 영화나 문화가 훌륭한 문화 장르로 계속 살아 남을 것 같은 생각이 드는군요.

- • 주

1. 지금 멤버는 데이비드 헐리David Hurley(카운터테너 1), 팀 웨인-라이트 Tim Wayne-Wright(카운터테너 2), 폴 피닉스Paul Phoenix(테너), 크리스토퍼 브루어튼Christopher Bruerton(바리톤 1), 크리스토퍼 개비티스Christopher Gabbitas(바리톤 2), 조너선 하워드Jonathan Howard(베이스)입니다. 제일 고 참이 데이비드 헐리입니다.

뭐, 번역이 취미라고? 부럽습니다!

이상하게도 저는 문학 작품(특히 소설)에 관한 한 이 시대 작가들과 그리 친하게 지내지 않습니다(하긴 노래 같은 것도 그렇긴 합니다. 김건모 씨가 부른 노래는 그래도 알아듣겠는데, 요새 가수들이 부르는 노래는 도통 뭔 말인지!). 작가들에겐 죄송한 말이지만 이 시대에 인기 있다는 작가들(가령 김훈, 신경숙, 공지영 같은 이들)이 쓴 작품은 거의 읽어보지 않았습니다. 이상하게도 이 시대 작가들이 쓴 작품들에게는 그리 마음이 내키지 않습니다. "현역 작가라 그런가?" 하는 생각을 해봤는데 딱히 그렇지도 않습니다. 이외수 선생의 『장수하늘소』나 조정래 선생의 『태백산맥』에는 관심을 보이기 때문입니다. 그렇긴 해도 이광수가 쓴 장편 『단종애사』나 그리스도인의 위선을 비꼰 염상섭의 단편 『절곡絶穀』, 삼오당 김소운이 쓴 『목근통신木槿通信』 같은 작품들에 관심이 더 쏠리는 것만은 분명한 사실입니다. 삼국지를 봐도 여전히 박종화 삼국지나 김구용 삼국지가 입맛에 맞지, 이문열 삼국지나 황석영 삼국지에는 전혀 관심이 가지 않습니다.

우리나라 작가만 그런 줄 알았더니 외국 작가들 경우도 그런 것 같습니다. 일본 소설이 그렇게 인기라 하는데도 지금까지 읽어본 소설들은 모리 오가이森鷗外(1862-1922), 나쓰메 소세키夏目漱石(1867-1916), 시마자키 도손島崎藤村(1872-1943), 나가이 가후永井荷風(1879-1959), 다니자키 준이치로谷崎潤日郎(1886-1965), 아쿠다카와 류노스케芥川龍之介(1892-1927), 가와바타 야스나리川端康成(1899-1972), 다자이 오사무太宰治(1909-1948), 미시마 유키오三島由紀夫(1925-1970) 같은 예전 작가들이 쓴 책이었습니다. 노벨 문학상을 받은 오에 겐자부로가 쓴 책도 읽다가 이상하게 흥미가 일어나지 않아서 그냥 덮어버렸죠. 아무래도 문학 작품에 관한 한 제 몸 어딘가에 20-21세기를 거부하고 19-20세기를 살아가려 하는 독특한 유전자가 자리해 있나 봅니다. 요새 인기 최고라는 무라카미 하루키 작품도 "전혀" 읽지 않았죠.

그런데 별 일이 생겼습니다! 하루키 씨가 쓴 작품을 읽어봐야겠다고 마음을 먹은 것입니다. 유독 하루키를 먼저 고른 이유는 그가 유명한 소설가이기도 하지만 또 유명한 번역가이기도 하기 때문입니다. 마침 그가 자신이 썼던 이런저런 글들을 모아 『잡문집』이라는 것을 냈다는데, 그 안에 그의 번역 이야기가 들어있다는 광고를 보았습니다. 이전과 달리 아무런 거부감이 없이 (아니 오히려 즐거운 마음으로) 냉큼 그 책을 사서 읽어보았습니다. 그런데 거기서 저 같으면 언감생심 꿈도 못 꿀 말을 읽었습니다. 하루키 씨가 즐기는 취미 가운데 하나가 번역이라는 말이었습니다. 말 그대로 그에게는 번역이 취미였습니다. 그 대목을 읽다 보니 갑자기 생각이 "멍!"해지더군요. 책을 읽고 머릿속이나 연습장에 번역 초고를 잡은 뒤 문장을 가다듬어 컴퓨터 화면에 뜨는 A4 용지에 번역문을 적어 넣어도 하루에 겨우 몇 쪽을 번역하는 게 제 현실입니다. 그렇게 번역하느라 종일 애를 써도 "오늘 내가 무슨 일을 한 거지? 일한 게 거의 없네!"라는 한숨

1968년에 일본인으로서 처음으로 노벨 문학상을 받은 가와바타 야스나리. 1946년에 그의 집에서 찍은 사진입니다. 유명한 작가 다니자키 준이치로가 그의 작품 『음예예찬陰翳禮讚』(역서 이름은 『그늘에 대하여』)에서 예찬한 일본의 어둠, 곧 밝지도 않고 어둡지도 않은 어슴푸레한 어둠이 돋보이는 사진입니다.

이 흘러나오오죠. 제게는 진땀 흘리며 애써야 할 일業인 것이 그에게는 즐거운 취미였습니다. 물론 하루키 씨도 아침 일찍 일어나 자기 업인 소설 쓰기를 먼저 한다고 하더군요. 말하자면 그에게도 고심하고 고생하며 해야 할 일이 있었습니다. 그러나 그 일을 마치면 그는 책상에 앉아 자기가 번역하고픈 책을 즐기며 번역한다고 말했습니다. 반면 저는 그날 할 번역 분량을 마쳐도 가령 즐거운 취미 삼아 글을 적는 일을 할 여유가 거의 없습니다. 한편으로는 하루키 씨가 무한히 부럽기도 하고 또 한편으로는 제 자신의 처지가 한없이 가여워지더군요.

그렇다고 이제 와서 하루키 씨 이 양반처럼 아침 일찍 일어나 자기 글을 쓰고 취미 삼아 번역하는 삶으로 바꾸기도 좀 늦지 않았나 하는 생각이 들기도 합니다. 제가 그렇게 글을 잘 쓰는 사람도 아니고요(하루키 씨 문체가 상당히 묘하게 사람을 끌어당기는 매력이 있더군요. 그가 하는 생각을 그냥 보통 하는 말로 그대로 풀어내는 것 같았습니다. 그리고 왠지 그가 쓴 글은 하나같이 이렇게 말하는 것 같았습니다. "제 글을 읽어주시면 고마운 일이고요. 안 읽어주셔도 상관없습니다. 저는 그냥 열심히 제가 쓰려는 이야기를 쓰겠습니다." 그 자신도 그런 말을 언뜻 합니다만 왠지 외톨이 분위기가 진하게 배어나오는 글입니다.[1] 왠지 저와 좀 닮은 사람이 아닐까 하는 생각이 들었습니다. 하루키 씨, 혹시 혈액형이 B형이십니까?). 먹여 살려야 할 처자도 있는데, 가장이 무턱대고 일을 저지를 수는 없죠. 그래도 하루키 씨가 부럽긴 부럽습니다.

『잡문집』을 읽으면서 이 시대 작가들에게도 조금씩 마음을 열기로 했습니다. 그리고 한 가지, 번역가 하루키를 한번 분석해보고 싶은 생각이 들었습니다. 그가 현대 미국 작가인 카버Raymond Carver(1938-1988)나 챈들러Raymond Chandler(1888-1959)가 쓴 작품들을 번역했다 하니 이런 번역 작품들을 읽어보고 분석해보고 싶은 마음이 생기더군요(물론 일본어 실력이 그 정도 되어야 가능한 일이겠지만, 저는 아직 "가갸거겨" 수준이니 꿈같은 이야기입니다). 이리 해보고 싶은 것은 "일본이 번역을 잘한다 하는데, 과연 얼마나 잘할까?" 하는 의문 때문입니다. 하지만 그리하려면 번역을 취미처럼 즐길 수 있는 날이 와야 될 것 같은데, 과연 그런 날이 올 수 있을지 모르겠습니다. 제 공부도 아직 턱없이 모자라고요. 어쨌거나 번역이 즐거운 취미라는 하루키 씨가 부럽습니다. 그리고 당신 덕분에 현대 작가들에게도 마음이 열려 고맙습니다(덕분에 없는 살림에 책값만 더 많이 나가게 생겼습니다!).

 번역과 반역의 갈래에서

• 주

1. 그러면서도 하루키 씨의 글에는 여느 일본 작가들과 달리 자기를 감추지 않는 담백함 같은 것이 있더군요. 하루키 씨가 쓴 소설을 읽어보지 않아서 정확하게 평가하기가 그렇지만, 아무튼 이 『잡문집』에 나타난 그의 문체는 독특합니다. 미시마 유키오는 가령 『금각사』나 『가면의 고백』에서 부끄러워 보일 수 있는 고백을 하거나 체험을 이야기해도 엘리트 같은 진지함으로 포장하여 유식하고 격조 있게 이야기합니다. 어떤 경우에도 균형을 잃지 않고 꼿꼿한 자세를 유지하려는 모습을 보이죠(마치 일본 무사들처럼). 반면 가와바타 야스나리는 『설국』이나 『천우학千羽鶴』 같은 작품을 보면 늘 경계가 모호합니다. 사랑도, 도덕도 끝까지 간 것 같은데도 "끝까지 간 것이 아니었나?" 하는 생각이 들 때가 많답니다.

번역에 관심이 있는 분들에게 감히 드리는 두 가지 도움말

겨우 10년 정도 번역한 번역자인데, 황송하게도 어떻게 하면 번역을 잘할 수 있는지 물으시는 분들이 가끔씩 계십니다. 아직도 번역이란 것을 배워가는 처지에 있는 제 입장에서는 당연히 별로 도움을 드리지 못합니다. "그저 열심히 성실하게 해나가다 보면 길이 열리는 것 같습니다"라는 말밖에 할 수 없습니다. 하지만 아무리 그게 진실이라 할지라도 그렇게 이야기하고 넘어가려니 왠지 너무 성실치 않은 답변 같아 죄송스러운 마음이 듭니다. 그래서 심히 부족한 번역자이지만 두 가지 정도만 말씀드리고 싶습니다. 첫째는 자꾸 번역을 해보시라고 말씀드리고 싶습니다. 왜냐하면 번역이란 것이 "해봐야 늘기" 때문입니다. 제 생각과 비슷한 이야기를 어느 유명한 번역자이자 통역가가 쓴 책에서 읽었습니다. 일본의 수필가요 이름난 러시아어 통역자이며 번역자인 고 요네하라 마리 米原万里 (1950-2006) 씨가 쓴 책 『미녀냐 추녀냐』였습니다. 마리 씨도 그 책에서 다른 사람이 한 말을 빌려 "번역(통역)은 해봐야 는다"고 말하더군요. 번역을 한다며 보냈던 지난 시간을 되돌아보니 정말 그 말이 옳다는 생각이 들었습니다.

『기독교의 미래』가 책으로 나왔을 때 일입니다. 그 책은 신학교 절친인 분과 공동으로 번역한 책까지 포함하면 세 번째로 번역한 책이었습니다. "야, 벌써 세 번째 번역서가 나왔구나!"라는 마음에 조금은 우쭐대는 심정도 있었습니다. 그런데 이런 심정은 출판사가 보내준 책을 펴서 읽어본 순간 순식간에 사라져버렸습니다. 우선 제가 애초 번역 원고에 써놓았던 번역문과 달라진 부분들이 눈에 띄었습니다. 문장 자체를 다듬은 곳도 있었고 외국어 표기 자체가 달라진 곳도 있었습니다. 가령 원래 번역 원고에서는 Portugal을 뽀르뚜갈이라 적었는데, 출간된 책을 보니 모두 포르투갈로 바뀌어 있었습니다. 저는 나름대로 "외국어는 원래 발음에 가깝게 적어야 하지 않을까?"라는 고뇌(!)에서 나온 산물이 뽀르뚜갈이었는데, 이것이 다시 포르투갈로 바뀌어버렸으니 왠지 모를 서운한 심정이 들었습니다.

또 번역 원고에는 세세한 역자 주를 288개나 달아놓았는데, 출간된 책을 보니 그중 상당수가 사라지고 없었습니다. 가령 이집트 알렉산드리아가 교회사에서 어떤 역할을 한 곳이었는지 설명해놓은 역주를 달아놓았는데, 그 역주는 아예 사라지고 없었습니다. 그나마 남아 있는 역주 중에도 역주 내용이 줄어든 것들이 여럿 있었습니다. 가령 저는 독일의 가톨릭 신부인 쉴라이어가 만든 국제어 볼라퓌크를 설명하면서 본디 이런 역주를 붙였습니다. "1879년경 독일의 가톨릭 신부인 쉴라이어J. M. Schleyer(1831-1912)가 만든 국제어로서 모두 26개 자모로 이루어진 알파벳(a, b. c. d, e, f, g, h, I, j, k, l, m, n, o, ö, p, r, s, t, u, ü, v, x, y, z)을 가지고 있다. 몇몇 단어를 보면, '책'은 Buk, '입'은 Mul이며, '하나(1)'는 bal, '열(10)'은 여기에 s를 붙여 bals라고 한다. 인칭대명사 '나'는 ob, '우리'는 obs인데, 특이하게도 인칭대명사가 주어로 동사가 술어로 나오는 문장에서는 동사와 인칭대명사 순서로 결합하여 한 문장을 나타낸다. 가령 '나는 …이다'는 Binob, '우리는 간다'는 golobs다." 그런데 출간된 책은 이 역주를 "독일의 가톨릭 신부인 쉴라이어가 만든 국제어"로 줄여놓았습니다(『기독교의 미래』, 45쪽).

저는 독자들에게 세세한 설명을 제공하는 것이 도리겠다 싶어 상세한 역주를 붙인 것인데, 편집자가 이런 심정을 몰라준다는 것이 야속했습니다. 그렇다고 출판사를 찾아가 "아니 왜 이렇게 책을 편집했습니까? 문장도 마음대로 고치고 정성스럽게 붙여놓은 역주도 빼버리고 외국어 표기도 바꿔버리고! 이럴 수가 있습니까?"라고 따질 수도 없었습니다. 턱없이 부족한 사람을 믿고 번역을 맡겨준 것도 그지없이 고맙거니와 앞으로도 계속 번역을 하고픈 처지였는데 함부로 그리할 수는 없죠(출판사가 "갑"입니다! 번역자는 "을"이에요!). 그래도 애초에 넘겨준 번역 원고가 달라진 내막이라도 듣고 싶어 출판사를 찾아가 조심스럽게 이런 궁금증을 털어놓으며 한 수 가르침을 청했습니다. 처음에 넘겨준 번역 원고를 수정했다면 그 원고에 뭔가 부족함이 있어서 그랬을 터인데 그 부족한 부분을 좀 알려달라고 부탁했죠. 그랬는데, 역시나! 출판사 편집장은 "짬밥은 못 속인다!"는 군대 격언이 확 떠오르는 말들을 들려주었습니다. 신출내기 번역자는 미처 생각하지도 못했던 내공을 전수해주었습니다. 그 편집장은 우선 번역과 해석은 다르다는 것을 일깨워주었습니다. 해석은 나 혼자 원서를 읽고 잘 이해하면 그만이지만, 번역은 그 번역서를 읽는 모든 독자들이 잘 이해할 수 있는 글을 만들어내는 작업이라는 것이었습니다. 그러면서 몇 가지 도움말을 전해주었습니다. 그가 준 도움말을 토씨 하나 틀리지 않고 옮길 수는 없지만 그 핵심은 정확히 기억하기에 제 나름대로 풀어 다음과 같이 적어보았습니다.

첫째, 원서 문장을 정확히 옮기되 원서가 표현해놓은 문장을 우리말 문장답게 바꿀 길을 궁리하라. 가령 원문이 주어를 뒤에 배치했다 하더라도 번역문에서는 주어를 앞에 배치하면 독자들이 저자가 말하려는 것을 더 분명하게 이해할 수 있는 경우가 많다 합니다. 또 원문 자체가 써놓은 문장이 지나치게 길 경우, 저자의 문체를 특별히 살려야 할 경우가 아니면 짧게 끊어 번역하는 것도 고려해봐야 한다고 합니다.

둘째, 원서 문장을 그대로 옮기더라도 "번역어 경제"를 생각하라. 같은 뜻을 전할 수 있다면 길고 난삽한 문장보다 간결하고 명쾌한 문장이 좋으며 한 글자라도 짧은 말을 쓰는 것이 좋다 합니다. 문장 어미도 "한 바 있다"나 "하였다"라고 적기보다 간결하게 "했다"로 적는 쪽이 더 낫다고 합니다. 실제로 이렇게 적는 것이 늘 재정 사정이 열악한 출판사를 배려하는 일이겠다는 생각이 듭니다. 요새는 종이 값도 많이 올라 출판사들이 책을 하나 만드는 데 들어가는 비용이 만만치 않다고 들었는데 한 문장에 불필요한 글자를 하나씩만 줄여도 얼마나 큰 도움이 되겠습니까?

셋째, 기왕이면 번역문을 그 분야를 모르는 아마추어 독자들에게 읽어보게 하고 그 평가를 들어보라. 그 책이 다루는 분야를 잘 아는 독자들은 번역자가 좀 거칠고 서투르게 번역해도 알아서 읽어내지만 잘 모르는 독자들은 그렇지 않다는 것입니다. 그 분야를 모르는 독자들이 잘 이해할 수 있는 글이라면 좋은 번역문이라고 말할 수 있다 합니다. 이런 독자들로부터 평가를 듣다 보면, 이런 독자들이 잘 이해할 수 있게 배려할 곳이 어디인지 (가령 역주를 어디에 붙여야 하는지) 알아낼 수 있는 이점도 있다고 합니다.

넷째, 편집자와 소통하라. 편집자는 원서를 번역하여 출간하려고 기획할 때부터 어느 정도 번역서 틀을 짜놓기 때문에 편집자와 미리 이야기를 나누며 번역하면 그 번역서를 읽을 독자들의 눈높이도 어느 정도 파악할 수 있고 번역과 편집에 들어가는 시간도 줄일 수 있다 합니다. 『기독교의 미래』를 번역할 때도 미리 편집자와 소통하며 번역했더라면 역주도 필요한 만큼만 달고 편집자도 역주를 취사取捨하는 데 쓴 시간을 아낄 수 있었으리라는 생각이 듭니다. 더불어 외국어 표기와 관련된 수고도 덜 수 있었겠죠.

저는 그 다음부터 번역할 때는 이런 훈수를 항상 마음에 새기며 번역하려고 노력했습니다. 그런데 "마음은 그렇게 하고 싶어도 몸은 그만큼 따라주지 않는 것"이 인생사 아니겠습니까? 실제로 번역을 해나가다 보니 번역어 경제나 역주를 다는 문제나 편집자와 소통하는 문제는 어느 정도 수월하게 개선할 수 있는데, 해석이 아니라 번역을 만들어내는 일은 진보가 더뎠습니다. 모든 독자들이 수월하게 읽을 수 있는 번역문을 만들어내기가 쉽지 않았죠. 헬무트 틸리케 목사가 쓰신 『세계를 부둥켜안은 기도』를 번역할 때였습니다. 이 책은 아예 번역을 다해놓고 출판사에 원고를 보내 "이런 책이 있는데 출간해주실 수 있을까요?"라고 부탁했습니다. 그래서 무난하게 금방 나오려니 하고 생각했는데, 역시나 예리한 편집자의 눈은 허술한 번역자가 못 본 부분들을 정확하게 집어내시더군요. 편집자께 고마웠던 점은 문장 하나하나, 번역어 하나하나까지 번역자와 소통하며 번역자 의견을 반영해주려고 애써주신 점이었습니다. 그 과정에서 절실히 깨달은 것은 번역 문장을 더 매끄럽게 만들어낼 수 있는 훈련을 많이 해야겠다는 것이었습니다. 그래서 고안해낸 방법이 1차 번역 뒤에 2차 번역하기였습니다. 우선 연습장에 번역문을 적은 다음, 원서를 보지 않고 그 번역문을 읽어봅니다. 이 번역문을 검토하면서 부족한 부분이 있으면 채워 넣고 매끄럽지 않은 부분은 다듬으며 역주가 필요한 부분이 있으면 역주를 답니다. 그렇게 보완한 원고를 읽어보고 됐다 싶으면 이를 컴퓨터 화면에 옮깁니다. 이렇게 번역하다 보니 번역 시간이 많이 걸리고 자연히 번역 진도가 잘 나가지 않았지만 그래도 제 스스로 문장을 다듬어갈 기회를 확보할 수 있어서 좋았습니다.

이 방법은『어쩔 수 없는 숙명이라는 말은 무신론자나 하는 말입니다 *Wer hofft, kann handeln*』라는 책을 번역할 때 제대로 활용했습니다. 마침 2007년 대통령 선거가 다가오고 있었기 때문에 적어도 한국의 그리스도인들만큼은 정말 주님의 가르침을 염두에 두고 공의를 실천하며 약자를 보살필 줄 아는 대통령을 뽑았으면 하는 바람이 간절하여 그런 본보기로 라우라는 인물을 소개하고 싶었죠. 그래서 저는 더더욱 이 책을 정성스럽게 번역하려고 노력했습니다. 그런데도 아쉬운 실수가 있었습니다. 이 책 8쪽 엮은이 글 둘째 문단을 보면 "옥석만을 선별하여 모은 것입니다"라는 문장이 있는데, 이는 "옥석玉石을 가려 옥玉만을 모은 것입니다"라고 적어야 옳습니다. "옥과 돌을 가려 옥만을 모아놓은 것"이라는 뜻으로 쓴 말이기 때문이죠. 우리가 일상에서 쓰는 말도 "옥석을 가린다"고 말하지 "옥석만을 가린다"고 말하지 않지요. 제가 어쩌다가 이런 잘못을 했는지 모르겠습니다. 어쨌거나 1차 번역 뒤에 2차 번역하기 방법을 쓰니 번역문이 한결 매끄러워진다는 느낌이 들었습니다(물론 제 생각일 뿐입니다).

어느 분야에서나 그렇겠지만 경험이 쌓여간다는 것은 세세한 구석까지 살필 줄 알고 대비할 줄 아는 사람이 되어간다는 뜻이 아닐까 하는 생각이 듭니다. 번역도 마찬가지입니다. 단지 원서를 우리말로 옮기는 작업에 그치지 않고 하나둘 생각하고 꼼꼼하게 챙겨야 할 일들이 많습니다. 이런 일들을 스스로 깨달아가는 것이 말하자면 번역이 늘어가는 한 증거일 것입니다. 그런 점에서 보면『기독교 그 위험한 사상의 역사』는 제게 한 전환점이었다는 생각이 듭니다. 출판사에서 처음 원서를 받아들고 집에 돌아온 뒤 원서를 잠시 읽어보았습니다. 그 과정에서 인명人名과 지명地名은 그 사람과 장소가 속한 나라 언어 표기를 따르자, 교황 칭호는 가톨릭교회의 표기를 따르자, 책 제목은 가능한 한 영역서英譯書 제목이 아니라 원서 제목을 표시해주자, 시를 번역할 때는 가능하면 운문답게 운율을 살려 번역해보자, 역주는 세심하게 달되 장황하게 달지는 말자, 저자가 구사하는 문장이 쉽지 않은 만큼 원서의 의미를 정확히 옮길 수 있다면 문장을 쉽게 만들어 번역하자 같은 번역 원칙을 미리 세울 수 있었습니다. 일단 이런 원칙을 세운 다음, 번역을 시작하기 전에 미리 조사해두어야 할 자료는 미리 조사했습니다. 가령 교황 칭호 같은 것은 한국 가톨릭교회가 쓰는 칭호와 라틴어식 칭호를 모두 조사했습니다. 책 원제^{原題}같은 것은 번역해나가면서 조사했습니다. 또 저자인 맥그라스 교수가 원서에 적어놓은 내용 가운데 오류가 있으면 이를 정리해두었다가 역서에서는 이를 바로 잡아 번역하기도 했습니다. 특히 맥그라스 교수가 적어놓은 한국 관련 내용에 일부 오류가 있었는데, 작년에(무척 늦은 부탁이죠!) 이를 교수께 메일로 알려드리면서 "개정판을 내실 때는 바로 잡아주십시오"라고 부탁드렸습니다. 곧바로 바른 정보를 알려주어 고맙다는 답신을 받았습니다.

하지만 지금도 번역할 때마다 부족한 부분들을 줄기차게 발견합니다. 당연한 일이겠죠. 이제 겨우 10년 정도밖에 안 된 번역자가 알면 얼마나 알겠습니까? 사실 이런 글도 고 이윤기 선생이나 안정효 선생, 김석희 선생 같은 분이나 쓰실 법한 글이지 주제넘게 저 같은 사람이 쓸 글은 아니죠. 다만 독자 여러분이 "10년 정도 번역해오면서 겨우 이런 깨달음이라도 얻었습니다"라는 고백 정도로 받아주시면 감사하겠습니다. 서두에서 이야기했던 고 요네하라 마리 씨는 『미녀냐 추녀냐』에서 가장 훌륭한 번역으로 정숙한 미녀를 이야기하시더군요. 정숙함과 아름다움을 갖춘 여성, 다시 말해 원문에 충실하면서도 독자들이 즐겁게 읽을 만큼 매끄러운 번역이 가장 훌륭한 번역이라는 말이었습니다. 정숙한 미녀를 만들어내는 길은 순식간에 이루어지지 않는 것 같습니다. 성형외과에 가서 "뚝딱!"

성형한다고 정숙한 미녀가 탄생할 수는 없죠. 미녀까지야 가능하겠지만, 성형외과가 정숙함까지 만들어줄 수 있겠습니까? 오랜 세월을 걸어가며 꾸준히 인품을 갈고 닦아도 어려운 일일 것입니다. 정말 맞는 말입니다. "번역은 해봐야 늡니다." 해보고 또 해나가다 보면 번역자가 그려내는 얼굴은 점점 더 정숙한 미녀로, 어쩌면 저 신윤복이 그려낸 미인보다 더 아리땁고 춘향 아씨보다 더 고운 마음을 지닌 미녀로 바뀌어 가리라고 믿습니다. 저도 그런 믿음을 갖고 정숙한 미녀를 그려내고자 더 정진해가겠습니다.

둘째로 번역을 하시려는 분들에게 말씀드리고 싶은 것은 "번역할 책을 찾아서 번역하려고 노력해보라"는 것입니다. 번역은 고된 일입니다. 번역자가 이렇게 고된 일을 계속 이어가는 동기가 여럿 있겠지만 그 가운데 하나가 번역하는 보람 때문이 아닐까 하는 생각이 듭니다. 저도 비록 오랜 세월을 번역하지는 않았지만 번역하는 보람을 느낄 때가 있습니다. 그중 하나가 제가 직접 찾아서 소개하고 번역한 원서가 역서로 탈바꿈하여 선보일 때입니다. 처음에 번역을 시작했을 때는 출판사가 맡겨준 책을 번역했습니다. 그런 식으로 번역해나가다 보니 어떤 때는 "내가 마지못해 번역하고 있구나!"라는 느낌을 받을 때가 있었습니다. 원서의 성향이 저와 맞지 않거나 그 내용에 공감할 수 없는 경우가 그런 예였습니다. 그런 원서를 번역하다 보면 정말 몸에서 진액이 빠져나가는 것을 느낄 정도로 고되고 힘이 들었습니다. 그렇게 고되고 힘이 들어도 차마 출판사에 "이 책은 저와 성향이 맞지 않네요. 번역을 못하겠어요"라는 말을 할 수 없습니다. 그런 소리를 했다간 십중팔구 그 출판사로부터 더 이상 번역 일감을 받을 수 없을 테니까요. 그러면 영락없이 흥부처럼 밥 동냥을 해야 하는 신세가 될 지도 모릅니다. 어쨌거나 이런 경우를 당하니 갑자기 신학교에 다니던 때 일이 생각났습니다.

신학교를 다니던 시절, "신학교를 졸업하면 번역해야겠다!"라는 마음을 먹은 적이 한 번도 없었는데 정말 나중에 번역을 하려고 그랬는지 사사로이 신학서와 철학서를 조금씩 번역해본 일이 있었습니다. 그렇게 한 이유는 무엇보다 신학과 철학이라는 분야가 저와 잘 맞았고 조금씩 읽어나가며 번역한 그 책들이 언젠가는 한국에서 꼭 선을 보였으면 하는 바람이 있었기 때문입니다. 그렇게 사사로이 번역해본 책이 독일의 저명한 신학자인 한스-요아힘 크라우스Hans-Joachim Kraus(1918-2000)가 쓴 『구약 역사비평 연구사Geschichte der historisch-kritischen Erforschung des Alten Testaments』와 하이데거의 제자요 유명한 실존철학자인 칼 뢰비트Karl Löwith(1897-1973)가 쓴 『세계사와 구원사건Weltgeschichte und Heilsgeschehen』입니다. 『구약 역사비평 연구사』는 구약 해석 역사에서 지금까지 큰 영향을 끼치는 역사비평을 그 근원부터 시

Hans-Joachim Kraus

Geschichte der historisch-kritischen Erforschung des Alten Testaments

Neukirchener

Unveränderter Nachdruck der 3., durchgesehenen und um die Paragraphen »Geschichte Israels«, »Exegese« und »Biblische Theologie« erweiterten Auflage, mit eingehender Darstellung und Analyse der neuesten Entwicklung

Inhalt

독일 신학자 한스-요아힘 크라우스가 쓴 『구약 역사비평 연구사』(1988년판, 최종판)의 표지와 목차 부분 첫 페이지입니다. 목차를 보면 짐작할 수 있듯이, 이 책은 종교개혁 시대부터 20세기 말까지 펼쳐진 구약 해석론을 중요 인물 중심으로 집약해놓은 걸작입니다. 크라우스는 이 마지막 판을 그에게 명예박사 학위를 수여한 스코틀랜드 애버딘 대학교에 헌정했습니다.

작하여 시대순으로 살펴본 대작입니다. 무엇보다 각 시대에 활약했던 주요 학자들을 하나씩 살펴보면서 그들이 내세운 주장과 그들의 공과_{功過}를 잘 요약해놓았기 때문에 구약 해석론을 공부하는 학자들은 반드시 읽어봐야 할 책입니다. 그러나 분량이 워낙 많은데다(1988년에 마지막 개정판인 4판이 나왔는데 620쪽입니다. 그러나 글자가 워낙 작고 촘촘하여 실제 분량은 아주 많습니다. 저도 완독하지 못했답니다) 크라우스가 간간이 인용하는 그 시대 학자들의 글 가운데 중세 독일어나 라틴어나 중세 프랑스어로 된 글들이 들어 있어서 번역하기가 쉽지 않습니다.

그런가 하면 『세계사와 구원사건』은 뢰비트가 저명한 역사가인 야콥 부르크하르트부터 성경에 이르기까지 시대를 거꾸로 거슬러 올라가면서 각 시대를 대변하는 인물과 성경이 역사를 어떻게 바라보는지 이야기한 책입니다. 이 책은 철학자가 쓴 글답지 않게 난해하지 않습니다. 덴마크 철학자 쇠연 키에르케고어 Søren Kierkegaard(1813-1855)가 쓴 『죽음에 이르는 병』처럼 읽다가 죽음에 이르는 사태는 벌어지지 않지요!(대학 1학년 때 이 책을 읽다가 정말 세상을 작별하는 줄 알았습니다) 『세계사와 구원사건』은 본디 영어로 처음 출간되었습니다(영어판은 오래전에 이한우 씨가 번역하여 『역사의 의미』라는 제목으로 문예출판사에서 출간했습니다). 뢰비트가 제2차 세계대전 때 망명한 미국에서 교수로 재직할 때 처음 집필했지요(뢰비트는 아내가 유대인이었습니다!). 그러다가 전쟁이 끝난 후에 고국인 독일로 돌아와 독일어판을 다시 썼습니다. 뢰비트는 독일어판 서문에서 아무래도 영어가 그에게는 외국어였기 때문에 제대로 표현하지 못한 부분이 있었다고 말합니다. 하지만 내용 자체만 놓고 보면, 독일어판과 영어판 사이에 차이는 거의 없습니다. 『구약 역사비평 연구사』는 앞부분만 조금 번역했지만 『세계사와 구원사건』은 4분의 1 가까이 번역했지요. 이 책들을 번역할 때는 비록 "보수도 없었지만", 그래도 즐거움과 보람이 있었습니다.

이런 추억이 떠오르자, 출판사가 맡겨주는 책만 번역할 게 아니라 "찾아서 번역해보자"라는 결심을 하게 됐습니다. 즐겁게 번역할 수 있는 책, 그러면서 한국 독자들이 꼭 읽었으면 하는 책들을 직접 찾아내 번역하여 소개해보기로 마음먹은 것입니다. 그때부터 책들을 찾기 시작했습니다. 책을 찾을 때는 우선 제가 관심을 갖고 있던 주요한 신학자나 철학자들을 중심으로 이들이 쓴 책 가운데 아직 한국에 소개되지 않은 책들이 있는지, 혹은 특정한 신학 주제나 철학 주제를 다룬 책들 가운데 시리즈로 소개할 만한 책은 없는지 찾아보았습니다. 그러면서 그런 책들이 한국 사회나 한국 교회의 상황에 필요한 책인지, 비록 책이 조금은 어려워도 한국 교회 신자들이나 독자들이 꼭 읽었으면 하는 책인지 살펴보았습니다. 이런 책들을 찾아볼 때는 아마존은 물론이요 독일 헌책방 협회 홈페이지(www.zvab.com; ZVAB는 Zentrales Verzeichnis Antiquarischer Bücher의 머리글자를 딴 것으로 "고서 총목록" 정도로 의역할 수 있겠습니다. 세계 각지의 헌책방들과 네트워크를 구축하여 헌책을 가장 싼값에 구입할 수 있는 기회를 제공해줍니다. 다만 배송료가 아마존처럼 통일되어 있지 않은 것이 조금 불편합니다)와 이탈리아, 에스파냐의 인터넷 서점들을 뒤져보았습니다. 또 외국 대학 도서관들과 출판사 홈페이지도 수시로 참고했지요(이때 일본이 정말 많은 신학책들을 번역했고 아주 많은 신학 원서들을 갖고 있음을 알았습니다. 도쿄 대학 도서관에 들어가 검색해보니 대한성서공회 도서관이나 우리나라 대학 도서관에도 없는 희귀한 신학책이나 철학책이 정말 많더군요).

이렇게 하여 책들을 찾아내면 그 결과를 연습장에 목록으로 정리해보았습니다. 가령 본회퍼에게 영향을 끼쳤던 신학자들이 쓴 책으로서 본회퍼와 연관성이 있을 만한 책들을 찾아 번역하고 소개해보려는 마음을 먹었다면, 일단 그런 신학자들이 쓴 책을 찾아봅니다. 본회퍼가 가장 큰 영향을 받았다는 루터파 신학자 칼 홀Karl Holl(1866-1926), 본회퍼의 박사학위 논문을 지도했던 저명한 교리사학자 라인홀트 제베르크Reinhold Seeberg, 본회퍼의 정치 사상과 교회 활동에 큰 영향을 미친 칼 바르트, 본회퍼가 존경했다는 신약학자 율리우스 쉬니빈트Julius Schniewind(1883-1948) 같은 사람들이 쓴 책을 모두 찾아보는 것이죠. 그런 다음 이들이 쓴 책 가운데 본회퍼의 사상과 연관성을 가질 만한 책을 염두에 두고 그 책에 관한 정보를 찾아봅니다. 그 책을 구입할 수 있다면 구입하여 살펴보기도 합니다. 또 가령 "예수와 바울"이라는 신학 주제를 다룬 책들을 찾는 경우에는 저자와 책 제목, 출간연도를 확인합니다. 이 경우에도 율리우스 카프탄Julius Kaftan(1848-1926)이 쓴 『예수와 바울Jesus und Paulus』, 파울 파이네Paul Feine(1859-1933)가 쓴 『예수 그리스도와 바울Jesus Christus und Paulus』, 요제프 블랑크Josef Blank(1926-1989)가 쓴 『바울과 예수Paulus und Jesus』, 이탈리아의 쥬제페 바르발리오Giuseppe Barbaglio(1934-2007)가 쓴 『나사렛 예수와 다소 사람 바울Gesù di Nazaret e Paolo di Tarso』, 프레더릭 브루스F. F. Bruce(1910-1990)가 쓴 『예수와 바울Jesus and Paul』과 같이 목록을 만들고 이 책들에 관한 정보를 찾아 한국에 소개할 만한 책인지 검토해보았습니다. 이런 식으로 번역할 책을 찾아서 번역하기를 시작하면서 소개해보고 싶은 책들을 여러 가지 발견했지만 금세 번역과 출판으로 이어지지는 못했습니다. 설령 번역하여 소개하고 싶은 책을 찾아도 막상 출판사에 가서 책을 소개해보면 여러 가지 출판 현실 때문에 선뜻 출판 응낙을 얻어내기가 힘들었죠.

그러다가 찾아서 번역하기를 시작한 뒤 3년여 만에 첫 열매로 나온 작품이 『내 어머니 모니카』(좋은씨앗)였습니다. 이 책을 이탈리아의 한 인터넷 서점 홈페이지에서 찾아냈을 때가 기억납니다. 처음에는 아우구스티누스가 쓴 책으로서 아직까지 한 번도 소개되지 않은 책을 발견한 줄 알고 무척 흥분했습니다. 그러다가 책 소개를 자세히 읽어보니 이탈리아의 저명한 교부학자 아고스티노 트라페Agostino Trapè(1915-1987) 신부가 아우구스티누스가 쓴 글에서 그의 어머니 모니카를 이야기한 내용들만 모아놓은 책이었습니다. 그렇다 해도 트라페 신부가 아우구스티누스 연구의 권위자이고 또 모니카의 생각과 삶이 우리나라 어머니 그리스도인들의 그것과 유사한 점이 있어 이 책을 한번 번역하여 소개해보기로 마음먹었습니다(모니카가 신실한 신앙인이었다고는 하지만, 그녀도 아들이 세상에서 출세하기를 바라는 마음이 간절했죠! 그것이 모니카의 기도 제목 중 하나이기도 했습니다). 이탈리아어로 된 책은 처음 번역해보는 것이라 결코 수월한 작업이 아니었습니다(번역에 쓴 원서는 이탈리아어판인 『내 어머니*Mia Madre*』였습니다). 아무리 이탈리아어를 공부했어도 원서를 번역해나가는 일은 또 다른 공부의 시작이었습니다.

찾아서 번역하기의 두 번째 열매로 나온 책이 헬무트 틸리케 목사가 쓰신 주기도문 강설 『세계를 부둥켜안은 기도』(홍성사)였습니다. 사실 번역 순서로 따지면 이 책이 『내 어머니 모니카』보다 앞섭니다. 『세계를 부둥켜안은 기도』는 번역하면서 번역하는 제 자신이 정말 감동한 책이었습니다. 주기도문이 얼마나 심오한 기도인지 새삼 깨달을 수 있었습니다. 이 책을 번역하고 나서 15세기 이탈리아 피렌체의 개혁자요 도미니크 수도회 사제인 지롤라모 사보나롤라*Girolamo Savonarola(1452-1498)*가 쓴 『주기도문 강설*Esposizione del Pater Noster*』도 마저 번역하여 소개하고 싶었으나 이 일역시 현실의 여러 제약 때문에 이루어지지 못했습니다. 아직까지 한국에서는 사보나롤라가 쓴 작품이 제대로 소개된 적이 없으니 언젠가는 사보나롤라가 남긴 다양한 책들이 빛을 볼 날이 있으리라 생각합니다.

찾아서 번역하기의 세 번째 열매는 독일의 전 대통령인 요하네스 라우가 남긴 설교와 강론을 모아놓은 『어쩔 수 없는 숙명이라는 말은 무신론자나 하는 말입니다』(살림)였습니다. 그리고 찾아서 번역한 책으로 세상에 선을 보인 네 번째 열매가 카를 하임*Karl Heim* 교수가 쓴 『성경의 세계상』(홍성사)입니다. 그러나 근래에 들어와 찾아서 소개한 두 책을 응낙해주신 출판사들이 있었습니다. 그 책들도 번역이 끝나는 대로 한국 독자들에게 선을 보이리라 생각하니 벌써부터 마음이 설렙니다(그 책 중 한 책의 저자는 한국에 처음 선을 보이는 분입니다. 외국 학계에서는 오래전부터 유명한 석학인데도 한국에서는 거의 알려져 있지 않았죠).

찾아서 번역하기는 출판사가 맡긴 책만 번역할 경우에 느낄 수 있는 무력감이나 권태를 벗어나는 방편이 되기도 하지만 좋은 공부 기회가 되기도 합니다. 특정한 주제를 다룬 책들이 얼마나 폭넓게 나와 있는지 살펴보고 경우에 따라서는 그런 책을 구입하여 읽어봄으로써 언젠가는 번역에 도움을 줄 수도 있는 지식을 쌓아갈 기회를 마련해줍니다. 또 이렇게 책을 찾아 소개하다 보면 원하는 대로, 바라는 대로 책을 낼 수 없는 출판사의 고뇌와 우리나라 출판 현실이 얼마나 어려운가도 체감할 수 있기 때문에 출판사와 편집자를 더 이해할 수 있는 계기가 됩니다. 번역이 출판사 및 편집자와 함께 해가야 할 일이라면 출판사와 편집자만이 가진 고뇌를 이해할 수 있다는 것이 번역자에게는 얼마나 소중한 발전인지 모릅니다. 제 자신도 처음에는 제가 번역하고 싶은 책을 번역해보고 싶다는 마음으로 찾아서 번역하기를 시작했지만 찾아서 번역하기를 해오면서 나름 더 공부할 기회를 가졌고 출판사와 편집자의 어려운 처지와 출판 현실을 아주 조금이나마 깨닫고 이해할 수 있는 기회를 얻었습니다.

제 짧은 번역 이력으로 무언가 도움말을 드린다는 것이 어불성설인 것은 알지만, 그래도 혹시나 하여 두 가지만 말씀드렸습니다. 그 둘은 첫째, "번역은 해봐야 느는 만큼 번역을 많이 해보시라는 것", 그리고 둘째, "번역할 책을 찾아서 번역하려고 노력해보시라는 것"이었습니다. 실제로 얼마나 도움이 되는 말일지 모르겠습니다만, 그래도 번역을 하시려는 분들에게 조금이나마 보탬이 되기를 간절히 바랍니다.

제3부

번역한 책이 깨우쳐준 우리의 문제와 해답

제3부에서는 그동안 번역한 책들이 깨우쳐준 우리 사회와 교회의 문제와 해답을 이야기해봤습니다. 번역한 책들은 다 외국 책들인데 신통방통하게도 꼭 우리 문제를 이야기하는 것 같고 우리가 찾던 해답을 일러주는 것 같았습니다. 번역한 책들마다 나름대로 가르침을 얻었지만, 이번에는 여섯 가지만 이야기해보겠습니다.

요하네스 라우의
『어쩔 수 없는 숙명이라는 말은 무신론자나 하는 말입니다』

민주주의는 국민이 선거로 대표자를 뽑아 국민을 섬길 의무와 권한을 주어 나라를 운영하게 합니다. 때문에 이런 민주주의가 제대로 자리를 잡아 명색이 민주주의 나라라는 나라가 제구실을 하느냐는 국민이 그 대표자를 제대로 뽑느냐에 달려 있다고 해도 과언이 아닙니다. 국민이 그 대표자를 뽑을 때 "정의나 도덕이 우리를 먹여 살리지 않는다. 그저 우리 아파트 값이나 올려다오"라는 마음을 품고 대표자를 뽑는다든지, "남이야 어찌 되든, 살 만한 능력(?)이 있는 사람이나 살고 보자"는 마음으로 그저 내 이익만을 지켜줄 사람을 뽑는다면, 결국 그런 국민이 뽑은 지도자는 정의와 도덕은 아예 관심조차 없고 오로지 국민에게 투기 비법이나 전해줄 사람, 소위 능력이 있는 사람들이나 살려주고 힘이 없는 약한 이들은 죽든 말든 버려둘 사람일 수밖에 없습니다.

결국 민주주의라고 주장하는 한 나라가 정의와 도덕은 온데간데없고 오로지 불의와 부패만이 넘쳐나며 약자를 궁휼히 여기고 참된 화해를 추구하기보다 오로지 강자만을 섬기고 강한 자만이 살아남을 수 있는 질서를 만들어간다면, 그건 분명 그 나라 국민들이 다 그렇게 썩어 있기 때문이요 궁휼과 화해를 무시하기 때문이지 어느 한 인간 때문만은 아닙니다. 이탈리아의 유명한 기호학자요 고전학자이며 저술가인 움베르토 에코 Umberto Eco(1932-)는 자기 나라인 이탈리아 사람들이 서로 헐뜯고 싸움질이나 하고 부패한 정치인들을 그렇게 욕하면서도 이런 정치인들에게 40년 동안이나 변함없이 투표하며 동조한 이유를 "바로 이탈리아 국민 자신이 타락했기 때문"이라고 꼬집었습니다. 정치인들을 "도둑놈"이라고 욕하는 국민들 자신부터 힘 있는 사람을 배경 삼아 쉽게 취직하고 경쟁 없이 돈을 써서 공사를 낙찰받는 것을 편하다고 여겨 그렇게 자기 이익을 챙겨줄 "도둑놈"들에게 투표한 결과가 오늘날 이탈리아 꼴을 만들었다는 것이 에코의 통찰이었습니다.[1] 우리나라는 5년마다 대통령 선거를 치릅니다. 올해 2012년에도 이 선거를 치르는데, 과연 우리 국민들이 어떤 마음, 어떤 의식을 가지고 있느냐에 따라 우리가 뽑은 대표자 수준도 결정될 것이고 우리 민주주의 수준도 판가름 날 것입니다.

2007년에도 대통령 선거가 있었습니다. 어려운 경제 탓이었는지 우리 국민들은 먹고 사는 것에 많은 관심을 쏟았습니다. 자연히 잘 먹고 잘 살게 해줄 사람이 선호 대상 1순위로 올랐죠. 그러나 저는 그런 상황이 심히 안타까웠습니다. 하워드 진은 『미국 민중사』에서 우리가 위인이라 떠받드는 미국 초기 지도자들(조지 워싱턴, 토머스 제퍼슨 같은 이들)이 국민에게 조그만 떡고물을 약속하면서 뒤에 가서는 그보다 훨씬 더 큰 잇속을 챙긴 자들이었다고 고발하며 이것이 정치 세계의 법칙이라고 꼬집었는데, 흡사 그런 상황이 한국에서도 그대로 펼쳐질 것 같은 예감이 들었습니다. "무능한 정의보다 유능한 부패가 낫다"는 해괴한 구호가 사람들을 파고드는 모습을 보면서, 이것이 옛날 그리스 민주주의를 몰락시켰던 어리석은 군중 정치가 아니었을까 하는 회의가 들었죠. 더욱이 저는 소위 그리스도인들이라는 사람들조차도 정의와 도덕, 약자를 돌봄이나 참된 화해 같은 것에는 관심이 없고 자기만 잘 먹고 잘 사는 것에 무한한 관심을 쏟는 것이 더 걱정스러웠습니다. 옛날 이스라엘이 바로 그렇게 자기만 잘 먹고 잘 사는 것에만 정신을 쏟으면서 하나님 사랑과 이웃 사랑이라는 계명을 멀리 하다가 멸망을 당했기 때문입니다. 그 상황에서 그저 아무 힘없이 선거일에 투표지에 O표 하나 찍고 나오는 것으로 시민으로서 할 일을 다 했다고 말하기는 부끄럽다는 생각이 들었습니다. 그래서 번역을 통해서라도 뭔가 좀 의미 있는 기여를 해야겠다는 결심을 했습니다. 그리하여 시작한 일이 우리 국민에게 정말 추천해볼 만한 정치가(정치꾼도 아니요 정치인도 아니요 말 그대로 정치를 제대로 하는 정치가)가 쓴 책이나 그를 다룬 책을 발굴하여 번역하고 소개하는 일이었습니다.

20세기 독일의 유명한 실존철학자인 칼 야스퍼스Karl Jaspers(1883-1969)는 1960년대 초에 독일 바이에른 텔레비전 방송에서 독일 국민에게 한 철학 강의에서 이런 명제를 제시했습니다. "본디 정치가는 자기 국민과 자기를 고귀한 인간 존재로 끌어올리는 사람입니다. 금방이라도 성공할 것처럼 보이는 정책을 내걸어 국가를 도덕 파멸로 내모는 정치인은 정치가가 아니라 정치꾼일 뿐입니다." (야스퍼스는 이 13주 연속 강의를 *Kleine Schule des philosophischen Denkens*라는 책으로 펴냈고, 우리나라에서는 최혁순 교수가 『철학적 사고의 소학교』로, 표재명 교수가 『철학적 사유의 작은 학교』로 번역해냈습니다. 저는 최혁순 교수 역본을 읽었는데, 위 명제는 그 책 93쪽에서 야스퍼스가 말한 내용을 제 나름대로 정리한 것입니다.)[2] 야스퍼스가 말한 그런 정치가를 한번 소개해보고 싶어 노심초사한 끝에 찾은 책이 지금은 하나님 품으로 떠나간 독일 대통령 요하네스 라우 Johannes Rau(1931-2006)가 한 설교와 성경 강론을 모아놓은 책 『소망하는 사람은 행동할 수 있습니다*Wer hofft, kann handeln*』(이 책의 원래 제목입니다)였습니다.

요하네스 라우는 우리에겐 생소한 사람입니다. 몇 가지 이유가 있을 것입니다. 독일이라는 나라가 경제력은 영국이나 프랑스보다 더 큰데도 국제 정치 무대에서 행사하는 영향력은 이 두 나라보다 작은 것이 한 이유일 수 있습니다(아마도 제2차 세계대전 이후에 만들어진 국제 질서가 패전국인 독일을 많이 낮춰버린 느낌이 듭니다). 또 독일이라는 나라가 의원내각제 국가인 것도 한 이유일 수 있습니다. 실권은 총리가 갖고 대통령은 연방 의회에서 선출하는 국가의 상징이자 대표로서 몇 가지 권한만 갖다 보니, 자연히 사람들이 주목하는 사람은 독일 대통령보다 독일 총리일 가능성이 더 높습니다. 때문에 콘라트 아데나워Konrad Adenauer(1876-1967, 재임 1949-1963), 빌리 브란트Willy Brandt(1913-1992, 재임 1969-1974), 헬무트 쉬미트Helmut Schmidt(1918-,

2001년, 독일 대통령으로 재직할 당시 독일 프랑크푸르트에서 열린 독일 개신교회 교회대회 Evangelischer Kirchentag에 참석한 라우 대통령. "독일의 수도사"라는 별명이 생길 정도로 국민과 교회로부터 존경받는 그리스도인이었던 그는 교회대회 의장을 여러 번 지냈고 교회대회에서 성 경도 여러 번 강론했습니다.

재임 1974-1982), 헬무트 콜Helmut Kohl(1930- . 재임 1982-1998) 같은 독일 총리들은 많이 알려져 있어도 구스타프 하이네만Gustav Heinemann(1899-1976, 재임 1969-1974)이나 요하네스 라우 같은 대통령은 그리 알려져 있지 않습니다. 그러나 라우 대통령은 "독일의 수도사"라는 별명을 가질 정도로 그리스도의 가르침을 따라 살려 했던 훌륭한 신앙인이었고(독일 개신교회 장로였습니다) "독일의 현자賢者" 중 하나로 꼽힐 정도로 미래를 내다보며 약자를 돌보고 참된 화해를 몸소 실천해간 정치가였습니다.

그의 삶은 퍽 이채롭습니다. 그는 목사의 아들로 태어나 보통 대학에 진학하는 학생들이 많이 가는 9년제 인문 고등학교 김나지움을 나왔지만 대학에 진학하지 않았습니다. 그 대신 그는 출판사에 들어가 오랜 세월을 출판계에서 일했죠. 그러다가 예수 그리스도가 마태복음 5-7장에서 말씀하신 산상설교의 가르침을 정치 현장에서 그대로 이루어보려는 꿈을 안고 정치 일선에 뛰어듭니다.

그가 속한 정당은 사회민주당[3]이었는데, 이 당은 본디 독일식 사회민주주의 이념[4]을 실현하는 것을 목표로 삼고 특히 사회 속 약자들을 보호하는 데 힘써온 당이었습니다. 이 당이 추구하는 노선을 잘 보여주는 인물이 유명한 신학자요 목사인 크리스토프 프리드리히 블룸하르트Christoph Friedrich Blumhardt(1842-1919)와 독일 총리를 지낸 빌리 브란트입니다. 블룸하르트는 독일에서 산업 독점 자본가들이 활개를 치던 시절에 힘이 없는 노동자들과 어린이, 여성들을 보호하고 강자만을 옹호하는 부패한 사회 질서 그리고 권력과 부자들과 결탁한 독일 교회에 맞서다 목사직까지 박탈당했던 사람입니다. 그리고 빌리 브란트는 저 유명한 동방 정책Ostpolitik을 실시하여 같은 민족인 동독 그리고 동구 공산권과 화해할 길을 열고[5] 특히 독일이 제2차 세계대전 당시 동유럽 사람들에게 저질렀던 죄악을 진심으로 사과하며 여러 가지 조치를 통해 그 피해를 배상하는 데 앞장섰던 정치가였습니다.

라우 대통령은 자신이 늘 간직해왔던 기독교 신앙이 바로 이렇게 약자와 억압당하는 자들을 보살피고 사회 정의를 세우며 참된 화해를 이루는 모습으로 나타나야 한다고 믿었습니다. 그래서 그는 강자만이 살아남는 무한 경쟁을 추구하는 미국식 신자유주의 정책에 반대하고 독일식 사회민주주의 이념을 철저히 지켜가려 했습니다. 그런가 하면 2000년 2월 16일에는 이스라엘 의회인 크네세트Knesset에서 독일 대통령 중 처음으로 과거 독일이 유대인에게 저지른 죄악을 진심으로 사죄하여 독일과 이스라엘이 진정으로 화해할 길을 열어놓았습니다. 사실 그전에는 이스라엘이 독일을 얼마나 미워했던지 히틀러가 우상처럼 떠받들었던 유명한 작곡가 리하르트 바그너Richard Wagner(1813-1883)의 곡[6]은 이스라엘에서 연주조차 못했습니다. 그런데 라우 대통령이 이 사과를 한 뒤로 이스라엘 교향악단들도 하나둘씩 바그너 곡을 연주하기 시작했다고 합니다. 이런 화해 노력은 일찍이 라우 대통령과 같은 당 소속이었던 대정치가 브란트가, 1970년 12월 7일, 춥고 비가 내리는 궂은 날씨 속에서도 폴란드 바르샤바 제2차 세계대전 희생자 추도비 앞에 무릎을 꿇고 나치 독일 때문에 희생당한 폴란드인들에게 진심으로 사죄하는 모습을 보임으로써 독일과 폴란드가 화해할 길을 열어놓았던 모습을 떠올려줍니다. 라우 대통령은 대통령에서 물러나고 2년 뒤인 2006년에 지병으로 세상을 떠났습니다. 그의 장례는 국장으로 치러졌고, 그의 유해는 헤겔과 본회퍼 그리고 유명한 극작가 브레히트Bertolt Brecht(1898-1956)가 잠들어있는 도로텐쉬타트에 묻혔습니다.

제가 라우 대통령의 설교와 성경 강론을 모아놓은 이 책에서 특히 흥미롭게 보았던 것은 그가 1998년에 프랑스 스트라스부르에서 "국가권력과 하나님의 다스림"이라는 제목으로 한 성경 강론이었습니다(『어쩔 수 없는

나치가 폴란드를 점령했을 당시 게토에 갇혀 있다 봉기했으나 결국 나치에게 처참한 죽음을 당한 (영화 〈피아니스트〉에도 나오는 사건입니다) 유대계 폴란드인들을 기리는 추념비 앞에 무릎을 꿇은 빌리 브란트 총리. 아무 말 없이 추념비에 다가서더니 갑자기 무릎을 꿇은 그의 행동에 독일과 폴란드는 물론 온 세계가 충격을 받았습니다. 당시 독일의 유명한 시사 주간지 「쉬피겔*Spiegel*」이 표지 제목을 "브란트는 과연 무릎까지 꿇어야 했나?"로 뽑을 만큼, 이 사건은 큰 충격이었습니다. 브란트는 이때 무릎을 꿇고 사죄한 것이 거짓이 아니었음을 이후 실천으로 증명했습니다.

숙명…』205쪽). 이 성경 강론은 "각 사람은 위에 있는 권세들에게 복종하라"라는 말씀으로 시작하는 로마서 13:1-7을 본문으로 삼아 이 로마서 본문이 이 시대 그리스도인들에게 들려주는 말씀을 상세히 설명합니다. 그리스도인들 가운데에는 이 말씀을 이렇게 받아들이는 이들이 많습니다. "모든 권세는 하나님이 세우셨다. 따라서 그 권세에 무조건 복종해야 한다. 그 권세가 설령 악을 행한다 할지라도 그것 역시 하나님이 허락하신 일이므로 무조건 복종해야 한다." 한국 현대사에서 독재 정권들이 온갖 악을 저지르고 정치인들이 권력을 앞세워 사리사욕을 챙기기에 바빠도, 이런 정치인들이 하나님이 명령하셨던 길과 반대쪽으로 나아가면서 가난한 이웃, 약한 자들, 나그네들, 바른 소리를 하는 이들을 억압하고 심지어 목숨까지 빼앗아갈 때도 한국 교회가 침묵을 지키다 못해 이런 독재자들을 지지한다고 선언했던 이유는 "위에 있는 권세들에게 복종하라"는 말씀을 금과옥조처럼 여겼기 때문입니다. 불의에 맞서는 선지자들의 경고와 온갖 위선과 악행으로 백성을 괴롭히는 이들[7]을 "독사 새끼들"이나 "회칠한 무덤"이라는 말로 엄히 꾸짖으시던 예수 그리스도의 말씀은 외면한 채 그저 "위에 있는 권세들에게 복종하라"는 말씀에만 순종한 셈입니다.

그런데 라우 대통령은 이 말씀이 그런 뜻이 아니라고 일깨워줍니다. 그는 모든 권세를 하나님이 세우셨다는 것은 인정하지만, 이 말씀을 무조건 복종을 요구하는 말씀으로 받아들이는 것은 말씀을 잘못 해석한 것이라고 주장합니다. 그는 이 말씀을 이렇게 해석합니다. "국가는 이 세상에 의와 평강을 베풀라고 하나님이 마련해두신 선한 질서다. '위에 있는 권세들에게 복종하라'는 것은 국가가 어떤 일은 하든 관심도 갖지 말고 무조건 국가가 시키는 대로 따르라는 뜻이 아니다. 오히려 하나님이 마련해두신 이 선한 질서가 힘을 잃지 않고 움직일 수 있게 모든 사람이 공동 책임을 지라는 뜻이다. 그것은 곧 무정부 상태와 야만, 자의와 독재, 집단주의와 개인주의가 지배하는 나라가 아니라 법과 평화가 지배하는 나라를 만드는 데 공동 책임을 지라는 뜻이다."

라우 대통령은 국가 권력이 어떠하든 무조건 복종해야 한다는 것은 국가 권력을 우상으로 섬기는 것이요 그 우상의 노예가 되는 것이라고 말하면서, 만일 국가 권력에 무조건 복종해야 한다는 식으로 말하면 오히려 이 권력조차도 하나님께 복종해야 하는 종이라는 것을 잊어버리는 일이라고 일깨워줍니다. 그는 국가 권력도 분명 하나님의 종이므로 하나님이 원하시는 것을 행해야 한다고 말합니다. 그것은 곧 모든 이들에게 선을 베풀고 모든 사람이 안녕을 누리게 하는 것입니다. 라우 대통령은 국가가 이런 방향으로 나아갈 수 있게 모든 사람이 책임을 져야 한다고 말합니다. 이런 맥락에서 그가 하는 다음 말은 우리에게 정말 무겁게 다가옵니다. "우리는 개인의 이익과 집단 이익을 초월하는 공동체 가치를 새롭게 이해해야 한다. 우리는 소수 사람만이 더욱더 부유해지고 대다수 사람들은 더욱더 곤궁해지는 현실에 익숙해져서는 안 된다. 우리는 밖으로 쫓겨날 처지에 있는 사람들을 우리들 가운데로 끌어당겨야 한다." 그는 이 성경 강론 말미에서 모든 권세도 결국 하나님이 명령하신 가치를 잘 따랐는지 심판을 받을 것이라고 경고합니다. 마치 모든 권세들이 천년만년 이어질 것처럼 착각하며 살아가는 현실을 생각하면 한 지혜로운 정치가가 던진 이 경고는 정말 무섭기 그지없습니다.[8]

라우 대통령은 독일 개신교회 장로였고 독일 개신교회가 2년마다 한 번씩 여는 교회대회Kirchentag[9] 의장을 여러 번 지냈습니다. 그런 그가 이 강론에서 말한 것은 국가 권력 역시 하나님의 종이라는 것, 국가 권력은 하나님의 가르침을 따라 선을 행하고 국민 전체가 안녕을 누리게 해야 한다는 것(특히 소수의 부자가 아니라 부자가 아닌 다수, 약자인 다수를 돌보는 데 중점을 두어야 한다는 것), 국가의 국민 역시 국가가 이런 방향으로 흘러가도록 책임을 져야 한다는 것, 그 책임은 개인이나 집단의 이익만 챙기는 이기주의가 아니라 공동체를 중시하는 행동으로 나타나야 한다는 것입니다. 그의 이런 강론 요지는 그가 몸담은 독일 개신교회 역사에서 우러나온 것입니다.

히틀러가 이끄는 나치가 집권했을 때, 독일 개신교회의 많은 목회자들과 신학자들은 히틀러를 메시아와 동일시한 거짓 복음에 동조했지만, 일부 신학자들과 목회자들은 이런 거짓 복음을 거부하고 투쟁했습니다. 이들은 그리스도만이 유일한 구주이시며 그분이 전하신 말씀만이 참 진리임을 선언하고(바르멘 신학 선언) 독일 개신교회에서 떨어져 나와 고백교회Bekennende Kirche를 조직했습니다(물론 고백교회에 몸담지 않고 히틀러에 저항한 신자들도 많이 있었습니다). 이 교회는 히틀러와 나치가 저지르는 악행에 맞서

투쟁했고, 결국 많은 고백교회 지도자들이 목숨을 잃거나(디트리히 본회퍼 Dietrich Bonhoeffer[1906-1945]도 그중 하나입니다) 옥고를 치러야 했으며(마르틴 니묄러 Martin Niemöller[1892-1984] 같은 지도자들이 그런 예입니다) 강단에 설 수가 없었습니다(헬무트 틸리케 같은 사람이 그런 예입니다). 그러나 이렇게 저항한 자들은 결국 하나님이 순전한 복음을 선포할 교회를 다시 세우실 요량으로 "남겨두신 자들"이었습니다. 이들이 전쟁 후에 독일 개신교회를 재건하는 중심이 되었고 독일 개신교회는 거짓 복음에 맞서 참 복음을 수호했던 신앙 정신을 이어갈 수 있었습니다.[10]

라우 장로는 바로 그런 흐름 속에 자리해 있던 인물이었습니다. 만일 많은 사람들이 오해하는 대로 "위에 있는 권세에게 복종하라"는 로마서 13:1이 권세가 악을 행하든 말든 그 권세는 하나님이 세우신 것이므로 무조건 복종하라는 가르침이라면 히틀러가 거짓 복음을 주장하고 온갖 악행을 저질러도 교회는 그에게 무조건 복종해야 했을 것입니다. 그것은 교회가 갈 길이 아닙니다. 그렇다고 교회가 그 악한 권세를 뒤집어엎는 혁명에 나서야 한다는 말이 아닙니다. 오히려 교회는 다른 방법으로 악한 권세에 저항해야 합니다. 하나님이 명령하신 길이 무엇인가를 바로 선포하고 교회가 앞장서서 그 길로 나아가는 것, 바로 그것이 교회가 악한 권세에게 저항하는 방법입니다. 악한 권세가 수많은 약자와 가난한 자들을 능멸하고 오로지 몇몇 부자들과 강한 자들만을 생각하는 정책을 편다면, 교회는 하나님이 얼마나 가난한 자들을 생각하시고 사회 속 약자들을 마음에 두셨는지 선포해야 하고 이들을 돌보는 데 앞장서야 합니다. 악한 권세가 강한 자들만이 모든 것을 차지한 현실을 그대로 인정하며 이기주의를 부추길 때, 이 이기주의가 결국은 공동체를 멸망케 한다는 역사 진리를 일깨워주고 이기주의를 몰아내는 데 앞장서야 하는 이가 교회입니다. 바로 이것이 참되고 유일한 권세이신 하나님께 복종하는 길이요, 교회가 그 사명을 다하는 길입니다. 세상이 공의를 멀리하고 사람들의 마음 속에 맘몬과 바알을 섬기는 마음이 가득할 때, 그것이 아니라고 부인하고 공의와 진리를 선포하는 것이 교회가 할 저항입니다.

이 책은 기독교 출판사에서 둥지를 틀지 못하고 일반 출판사인 살림 에서 둥지를 틀었습니다. 저나 출판사나 당시 상황에서 그래도 이 책이 뭔가 의미 있는 역할을 해주길 바랐지만 소원은 소원일 뿐이었습니다. 더욱이 출간도 대통령 선거가 끝난 뒤에야 비로소 이루어졌습니다. 독자들 에게 조금이라도 더 다가보려고 출판사가 책 제목까지 바꾸는 모험을 감 행했지만 많은 호응을 얻지는 못했죠. 올해도 5년 동안 나라를 이끌어갈 대표자를 뽑습니다. 말로는 국민을 섬긴다 하나 국민 위에 군림하는 자가 대표가 될지, 진정 국민을 섬기는 자가 대표가 될지 아무도 모르지만, 한 가지 분명한 것은 그 대표가 누구든 우리가 뽑은 자라는 사실입니다. 라 우 대통령의 설교와 성경 강론 스무 꼭지를 모아놓은 이 책에는 앞에서 말씀드린 내용 외에도 우리가 생각해볼 문제들이 많이 들어 있습니다. 올 해는 부디 우리 한국 교회 강단에서도 라우 대통령, 라우 장로가 외쳤던 호소들이 울려 퍼지길 간절히 바랍니다.

• 주

1. 움베르토 에코, 『민주주의가 어떻게 민주주의를 해치는가』(김운찬 옮 김; 파주: 열린책들, 2009), 225-229. 게이오慶應義塾 대학을 설립한 일 본 개화파 지도자 후쿠자와 유키치福澤諭吉(1834-1901)도 그의 저서인 『학문을 권함』에서 그저 권세 있는 자들에게 머리나 조아리고 그런 자들의 종노릇이라 하려는 일본 국민성을 질타하면서, 국민이 깨어야 지도자들이 각성하고 나라 수준이 올라간다고 역설하며 "한 나라 수 준은 그 나라 국민의 수준이 결정한다"고 딱 잘라 말합니다.

2. 마침 이 이야기를 다 쓸 무렵에 야스퍼스가 쓴 독일어 원서를 구입했습니다. 원서를 살펴보니, 역시 이 책도 원서를 다시 더 쉽게 번역했으면 좋겠다는 생각이 들었습니다. 독자 여러분이 이 부분을 더 잘 음미하실 수 있도록 제가 인용한 이 부분의 원문과 제가 새로 번역한 글을 실어놓습니다.

> "Niedrig ist der Politiker ohne jene Spannung: er tut, was gerade den geringsten Widerstand bietet und für den Augenblick erfolgreich scheint. Groß ist der Staatsmann, der in dieser Spannung das Handeln der Selbstbahauptung findet, das sein Volk und ihn zum Adel des Menschseins steigert, der tut, was er für immer auf sich zu nehmen gewillt ist. Er kann nicht der sogenannten Realpolitik und dem Opportunismus sich unterwerfen. Er will die staatliche Gemeinschaft, der er dient, nicht durch verwerfliche Handlungen, die für den Augenblick erfolgreich scheinen, moralisch vernichten. Mit dem, was er tut, erzieht er zugleich die Staatbürger. Er bleibt nicht um jeden Preis an der Macht, wenn sein Gewissen, politisch und moralisch zugleich, es ihm verbietet, zu verantworten, was gegen Interesse und Würde des eigenen Volkes geschieht"(Karl Jaspers, *Kleine Schule des philosophischen Denkens*[München: R. Piper & Co. 1977], 84-85).

> "그런 긴장이 없는 정치꾼은 천박합니다. 그는 사람들의 저항이 가장 적고 지금 당장 큰 성공을 거둘 것 같은 일을 합니다. 하지만 정치가는 위대합니다. 정치가는 이런 긴장 속에서 자기주장이 담긴 행동(곧 양심과 이성에 따라 자기 신념을 관철하면서 자기가 행한 정치 행위 결과에 책임을 지는 행동)을 찾아내고, 그의 국민과 그(정치가 자신)를 고귀한 인간 존재로 끌어올리며, 그가 영원히 책임질 의사가 있는 일을 행합니다. 그런 정치가는 소위 현실정치와 기회주의에 굴복하지 않습니다. 그런 정치가는 구역질나고(비난받아 마땅하고) 지금 당장 큰 성공을 거둘 것

같은 짓거리들을 벌여 그가 섬기는 국가공동체를 도덕 파멸
로 몰고 가는 일을 하려 하지 않습니다. 아울러 그런 정치가
는 그가 하는 일들을 통해 국민들을 가르칩니다. 그런 정치가
는 그의 양심이 정치상 그리고 도덕상 자기 국민의 이익과 존
엄에 어긋나 보이는 일을 맡아 행하는 것을 금지한다면, 어떤
대가를 치르더라도 권력을 붙들고 있으려는 일을 하지 않습
니다.”

야스퍼스는 폭력과 자유, 술수 및 속임수와 솔직함 및 성실함 사이에
서 긴장을 느끼고 갈등하다가도 전자보다 후자를 택하는 것이 정치를
하는 사람이 가져야 할 자세라고 말합니다. 그는 폭력과 술수와 속임
수를 택하는 사람을 정치꾼Politiker이라 부르고 자유와 솔직함과 성실
함을 택하는 사람을 정치가Staatsmann라 부릅니다. Politiker는 “정치인”
또는 “정치 참여자”로 번역할 수 있지만, 여기에서는 거짓과 폭력뿐인
정치인을 말하기에 “정치꾼”으로 번역했습니다. 지금 이 나라가 도덕
파멸로 내몰리고 국민의 이익과 존엄이 짓밟혔다면, 아마도 이 나라에
는 “정치가”가 아니라 “정치꾼”이 우글거리기 때문이겠죠! 하지만 기억
하십시오! 그런 정치꾼을 뽑은 이들은 바로 “우리” 자신입니다.

3. 독일어로 정식 명칭은 Sozialdemokratische Partei입니다. 1863
년에 유명한 작가요 노동 운동가인 페르디난트 라살레Ferdinand
Lassalle(1825-1864)가 주도하여 조직한 전 독일 노동자 연합Der Allgemeine
Deutsche Arbeiterverein이 이 당의 뿌리입니다. 지금도 독일 기민당(정식 이
름은 기독민주당Christlich Demokratische Union인데, 정치이념면에서는 기독교식
사회민주주의, 도덕면에서는 보수주의를 표방하면서도 만인의 자유와 평등과 존
엄을 실현하는 데 목표를 둔 민중 정당입니다), 녹색당과 더불어 독일 3대 정
당을 이룹니다.

4. 자유를 추구하면서도 모든 국민에게 평등한 삶을 보장하는 복지 정
책을 통해 사회 정의를 실현하려는 이념을 말합니다. 독일 헌법인 기
본법Grundgesetz은 사회민주주의를 독일연방공화국이 지향하는 이념으
로 못 박아넜습니다. 근래 일부 사람들이 민주주의라는 말에는 사회

주의 이념까지 포괄하는 사회민주주의도 포함되니 자유민주주의라는
말을 써야 한다고 주장하는데, 이 사람들이 과연 사회민주주의가 어
떤 것인지나 알고 이런 말을 하는 것인지 궁금합니다.

5. 독일 통일 이전의 서독은 이미 1955년에 소련과 국교를 맺었지만, 다
른 동유럽 국가와 외교 관계를 맺지는 않았습니다. 다른 동유럽 국가
들과 국교를 열고 동독과 정상회담을 갖기 시작한 것은 빌리 브란트
총리 때였습니다. 소련과 국교를 맺을 당시, 서독 총리였던 기민당 소
속 아데나워 총리는 소련을 방문하여 시베리아에 갇혀 있던 제2차 세
계대전 독일군 포로 송환 문제를 협의했으나, 제2차 세계대전 때 서로
상대방에게 저지른 죄악을 두고 소련 공산당 서기장 니키타 흐루시초
프와 날카로운 말싸움을 벌였죠. 그러나 소련이 보기에 이미 서독은
경제 부흥기에 돌입하여 그 존재를 무시할 수 없는 강국이었고 서독
이 보기에 소련은 어차피 독일 통일을 이루려면 늘 대화하며 친하게
지내야 할 존재였습니다. 때문에 냉전이 치열한 시기였는데도 두 나
라는 국교를 맺었습니다.

　한편 독일은 브란트 총리가 동방 정책을 실시한 뒤 브란트 총리가
속해 있지 않던 기민당이 정권을 잡아도 동방 정책을 일관되게 이어
갔습니다. 1970년 3월에 브란트 총리와 동독 쉬토프 총리 사이에 처
음 열었던 서독과 동독의 정상회담은 기민당이 정권을 잡은 뒤에도
계속 이어졌고, 동독과 맺은 기본 협정에 따라 동독과 교류하며 동독
을 원조하는 일을 일관되게 이어갔습니다. 미국과 소련이 여전히 냉
전 중이던 1982년 11월에 소련의 강경파 지도자 레오니드 브레즈네
프가 사망했을 때도 독일의 기민당 소속인 헬무트 콜 총리는 즉시 모
스크바로 가서 조문 외교를 펼치고 소련의 강경파 지도자요 브레즈네
프 후임자였던 유리 안드로포프 같은 이들과 친분을 다졌습니다. 독
일이 스스로 통일을 주도해갈 수 있었던 이유는 이렇게 자기 민족 내
부 문제를 스스로 정리하면서, 자칫 자기를 경계하며 통일을 바라지
않을 수 있는 주변 강국들(특히 제2차 세계대전 때 독일에게 큰 피해를 입은
소련과 프랑스)과 늘 대화하고 이들과 신뢰 관계를 쌓았기 때문입니다.

6. 히틀러가 음악과 미술에 재주가 많았다는 이야기는 잘 알려져 있

습니다. 그는 바그너 곡을 통째로 다 외워버렸다고 합니다. 저 유명한 지휘자 헤르베르트 폰 카라얀Herbert von Karajan(1908-1989)이 한번은 히틀러 앞에서 바그너 곡을 지휘했는데, 히틀러가 악단이 한 음정을 틀린 것을 찾아내고 노발대발하며 카라얀을 엄벌에 처하라고 명령했답니다. 그런데 유명한 지휘자요 베를린 필하모니가 세계 최고 오케스트라가 될 수 있는 주춧돌을 놓은 빌헬름 푸르트뱅글러Wilhelm Furtwängler(1886-1954)가 겨우 무마하여 카라얀이 목숨을 부지할 수 있었다고 합니다.

7. 예수가 사시던 시대에 예루살렘 성전 제사장들은 심지어 성전에서 희생 제물을 잡을 때 제물에서 흘러나온 피도 가난한 농부들에게 좋은 비료라며 팔아 돈을 챙겼습니다.

8. 신학자들이 로마서 13장의 이 본문을 어떻게 해석해왔는지 잘 설명해준 책이 있습니다. 일본의 정치 사상가요 신학자인 미야타 미쓰오宮田光雄 교수가 쓴 『국가와 종교』라는 책이 그것입니다. 이화여대 양현혜 교수가 번역하여 삼인출판사에서 펴낸 번역서가 나와 있습니다.

9. 교회대회는 사실 해마다 열립니다. 한 해는 개신교회가 주관하고 한 해는 가톨릭교회가 주관합니다. 이 교회대회는 독일 사회가 부닥친 여러 문제들을 놓고 일반 신자들과 많은 신학자와 목회자들이 참여하여 성경을 토대로 그 문제들을 해결해갈 길을 모색하는 자리입니다. 근래 개신교가 주관하는 교회대회는 2011년 6월 1일부터 5일까지 드레스덴에서 열렸고(33회 대회), 다음 34회 대회는 2013년 5월 1일부터 5일까지 하노버에서 열릴 예정입니다.

10. 오늘날 한국 교회가 이렇게 타락한 근본을 따져보면 일제 강점기 때는 일본에 협력하다가 해방 이후에는 반공 투사로 돌변한 목사들이 해방 이후 한국 교회의 중심에 자리 잡았기 때문입니다. 이것이 독일 개신교회와 한국 교회의 커다란 차이점입니다.

헬무트 틸리케의 『세계를 부둥켜안은 기도』

헬무트 틸리케Helmut Thielicke(1908-1986) 역시 요하네스 라우 대통령처럼 우리에겐 잘 알려져 있지 않은 인물입니다.[1] 그러나 그는 현대 독일 신학계에서 꽤 큰 비중을 차지하는 사람이요 무엇보다 유명한 설교자였습니다. 그가 함부르크 대학교에서 교수로 재직하던 시절 함부르크에 있는 성 미하엘리스 St. Michaelis 교회에서 한 달에 한 번씩 설교했는데, 그때마다 그의 설교를 들으려는 신자들이 예배당에 가득했다는 말이 있을 정도로 설교자로서 이름이 있는 사람이었습니다. 그런 대 설교자가 한 설교를 담은 책이기에 이 책은 번역할 때도 남다른 보람이 있었습니다. 번역하면서 많은 깨우침을 받았고 깨달음을 얻었죠.

무엇보다 이 설교가 특별한 이유는 이 설교가 이루어진 상황 때문입니다. 이 설교는 제2차 세계대전에서 독일이 패배할 징조가 뚜렷하게 나타나고 마침내 패전에 이른 1944년과 1945년에 이루어졌습니다. 사실 독일은 이미 1943년부터 급격히 기울기 시작했습니다. 미국과 영국 연합군이 이탈리아에 상륙하여 독일과 한편이었던 이탈리아를 무너뜨렸고 소련도 스탈린그라드 전투와 쿠르스크 전투(이 두 전투는 1943년 소련 남부에서 벌어졌고 독일과 소련 양쪽에 엄청난 피해를 안겨주었습니다. 그러나 소련은 엄청난 인구와 자원으로 피해를 신속히 복구했지만 독일은 그러지 못했습니다. 이때부터 소련은 독일을 밀어붙이기 시작합니다)에서 독일을 무너뜨리기 시작했죠. 1944년 6월에 이루어진 노르망디 상륙 작전은 나치 독일에게 시간이 얼마 남지 않았음을 알려주는 신호였습니다. 독일 곳곳이 연합군 폭격기에게 두들겨 맞아 폐허로 변해갔고 수많은 독일 군인과 민간인들이 목숨을 잃었습니다.[2] 종말이 다가오고 있었습니다.

바로 그때 틸리케 목사는 폐허 속에서 패전과 멸망이라는 현실 앞에서 떨고 있는 독일 사람들에게 누더기 같은 차림새로 주님이 가르쳐주신 기도를 설교했습니다. 그 설교들을 모아놓은 것이 바로 이 『세계를 부둥켜안은 기도*Das Gebet, das die Welt umspannt*』입니다. 이 설교는 주기도문 설교이지만 단순히 주기도문을 강해하는 데 그치지 않습니다. 오히려 이 설교는 과거 역사와 현재의 고통을 냉철하게 돌아보는 회개요 미래에 신자들과 교회가 나아갈 방향을 일러주는 지침입니다. 이 설교가 언제라도 찾아올지 모르는 죽음에 맞서며 모든 것이 폐허로 변해버린 현실을 보고 절망한 청중들을 알량한 말로 위로해주는 것이었다면 지금껏 생명을 갖지도 못했을 것이고 여러 언어로 번역되지도 않았을 것입니다. 이 설교에는 어떤 상황에서도 하나님이 일러주신 진리를 곧이곧대로 전하는 선지자 정신이 그대로 녹아 있습니다.

틸리케 목사가 이 설교에서 먼저 역설한 것은 회개였습니다. 독일 국민이 패전에 이른 그 시점까지 보여주었던 태도는 "잘 되면 우리 인간이 잘해서, 못 되면 하나님이 잘못해서"였습니다. 제1차 세계대전을 지나 제

2차 세계대전에 이르기까지 독일은 험난한 시절을 겪었습니다. 제1차 세계대전에 지는 바람에 막대한 전쟁 배상 책임을 감당하느라 나라 전체가 완전히 망해버릴 정도였죠. 경제가 얼마나 엉망이 되었던지 극심한 인플레이션 때문에 돈이 제 가치를 잃어버려 감자 하나를 살 때도 돈을 수레에 싣고 가야 했고 아예 지폐를 땔감으로 쓸 정도였습니다.

이 모든 것이 자신들을 괴롭히는 다른 나라들(제1차 세계대전 승전국들)과 내부의 적(특히 사회주의자와 유대인) 때문이라고 생각한 독일 국민들은 처음에는 그런 나라들과 내부의 적을 원망하고 증오하더니 결국 그 원망과 증오를 하나님께 쏟아놓기 시작했습니다. "하나님, 당신은 우리가 그렇게 애타게 찾았는데도 대체 어디에 계셨습니까? 우리가 그렇게 고통을 당하는 순간에도 왜 그렇게 무심하게 계실 수 있죠?" 이 원망과 증오는 이윽고 불신으로 이어졌습니다. "우리는 당신을 믿을 수 없습니다. 우리가 그토록 애타게 당신을 찾을 때 당신은 우리를 외면했습니다. 그런 당신이 어떻게 우리 아버지가 될 수 있다는 말입니까?" 그리고 결국에는 하늘에 계신 아버지를 버리고 멀리멀리 떠났습니다. 이런 모습만 보면 정말 독일이라는 아들딸이 애타게 하나님이라는 아버지를 찾고 그분에게 의지했는데 그분은 냉정하게 외면하고 이 아들딸을 버린 나쁜 아버지처럼 보입니다. 아버지가 자식을 외면하고 버리는 바람에 결국 자식이 아버지를 외면하고 떠난 것처럼 보입니다.

그러나 실상은 달랐습니다. 틸리케 목사는 그 실상을 똑바로 일러줍니다. 아버지가 우리를 외면하신 게 아니라 우리가 아버지를 외면했습니다. 아버지가 우리를 무시하신 게 아니라 우리가 아버지를 무시했습니다. 아버지가 우리를 버리신 게 아니라 우리가 아버지를 버렸습니다. 그게 사실은 독일이라는 자식이 이미 오래전부터(역사를 놓고 보면 제1차 세계대전이 일어나기 훨씬 전부터) 걸어온 길이었습니다. 이 자식은 자기가 차지한 재산을

믿고 득의양양하게 아버지를 떠난 탕자(누가복음 15:11-32)처럼 자신이 가진 힘, 자신이 가진 지식, 자신이 가진 돈, 자신이 가진 철학(인생철학)을 믿고 아버지를 떠나 아버지가 원하시지 않는 그곳으로 멀리멀리 가버렸습니다. 더 이상 아버지 얼굴도 보이지 않고 아버지가 하시는 말씀도 들을 수 없는 먼 곳으로 가서 자기 마음대로 행동했습니다. 아버지가 인생(돈, 권력, 지식)을 의지하지 말라고 가르쳐주셨지만 이런 가르침은 새까맣게 잊어버렸습니다. 아버지가 내 이웃을 내 몸과 같이 돌아보라고 가르쳐주셨지만 옆에서 죽어가는 이웃의 부르짖음이 들려도 전혀 귀를 기울이지 않았습니다. 아버지가 당신에게는 늘 풍성함이 있으며 영원히 썩지 않는 소유가 있다고 알려주셨지만 그 말씀을 믿을 수 없다며 우리가 확보한 것들(금세

)을 지키느라 여념이 없었습니다. 아버지가 그렇게 살면 반드시 타락이요 멸망을 맞을 것이라고 경고해주셨지만 쓸데없는 잔소리로 여겼습니다. 이렇게 자식은 아버지 얼굴이 보이지 않고 아버지 목소리가 들리지 않는 곳으로 달려가 그곳에서 제 마음대로 살았습니다. 자식은 아버지 이름을 거룩히 높이지도 않았고 아버지의 권세가 자신에게 미치는 것도 거부했습니다. 그러다가 결국 이 자식은 누가복음의 탕자처럼 파멸을 맞았습니다. 허기가 지고 모멸 당하여 죽음 직전까지 이르렀습니다. 그런데 이때 이 자식은 갑자기 이 모든 것이 아버지 탓이라며 아버지를 원망합니다. 아버지가 나를 외면하고 나를 무시하며 나를 버려 내가 이렇게 되었다고 아버지를 탓합니다.

하지만 틸리케 목사는 여기서 분명하게 일깨워줍니다. 아버지는 이 자식이 이렇게 되기를 한 번도 원하시지 않았습니다. 아버지는 지금도 그 자식이 전화를 하고 전보를 띄우며 사람을 보내어 "아버지, 도와주세요!"라고 말하기만 하면 금세 달려오실 준비를 하고 계십니다. 아버지는 자식이 당신을 외면하고 무시하며 버린 뒤에도 늘 그 자리에서 자식을 기다리셨습니다. 심지어 아버지는 자식 몰래 사람들을 풀어 자식을 지켜보게 하셨습니다. 그 자식이 아버지 얼굴을 보지 않고 아버지 목소리를 듣지 않으려고 도망쳐버린 그 먼 곳에서도 낙심하거나 고통스러워 무심결에 "아버지!"라고 한 마디만 내뱉어도 그 자식이 바라는 것이 무엇이며 그 마음이 어떠한지 다 헤아릴 수 있게 손을 다 써놓으셨습니다. 자식은 아버지를 외면하고 무시하며 버렸지만 아버지는 늘 변함없이 자식 옆에서 자식을 지켜보시고 자식의 가냘픈 신음에도 귀를 기울이셨습니다. 결국 이 자식이 파멸에 이른 것은 하나님이라는 아버지가 잘못하셨기 때문이 아니라 그 자식이 잘못했기 때문입니다. 이제 이 자식이 살 길은 다시 아버지께 돌아가는 것뿐입니다. 아버지 음성이 들리지 않고 아버지 얼굴이 보이지 않는 곳으로 도망쳐온 여기에서 돌이켜 아버지가 계신 그곳으로 돌아가는 것입니다. 아버지 품으로 돌아가 아버지를 믿고 아버지가 일러주신 가르침대로 살면서 영원히 썩지 않을 아버지의 소유를 물려받는 길밖에 없습니다. 이것이 바로 틸리케 목사가 청중들에게, 나아가 모든 독일 사람들에게, 그리고 이 시대 우리를 향해 부르짖은 회개[3]였습니다.

틸리케 목사가 부르짖은 이 회개는 독일 국민, 그리고 특히 독일 그리스도인들이 걸어온 길을 마음에 둔 외침이었습니다. 독일은 제1차 세계대전 패배를 외부의 적들과 내부의 적들 탓으로 돌리고 이들에게 복수할 것을 다짐했습니다. 이런 다짐을 발판으로 등장한 인물이 아돌프 히틀러 Adolf Hitler(1889-1945)였습니다.[4] 그는 독일 민족이 가장 뛰어난 민족임을 외치며(아리안족 우월주의) 독일보다 못한 모든 족속을 독일 앞에 무릎 꿇게 하겠다고 선언했습니다. 히틀러는 독일 군사력 재건을 막은 베르사유 조약(1919년에 독일과 연합국이 맺은 제1차 세계대전 강화조약)을 무시해버리고 재무장을 선언한 뒤 무시무시한 군사력을 갖추기 시작합니다. 그리고 이 군사력을 동원하여 오스트리아, 체코를 야금야금 집어삼키더니 이윽고 폴란드를 공격하여 제2차 세계대전을 일으킵니다(1939년). 그리고 독일 내부에서는 나치가 독일의 적으로 규정한 "살 가치가 없는 자들", 곧 유대인들, 불구자들, 사회주의자들을 사회에서 매장하고 학살하기 시작합니다.

이 과정에서 히틀러는 독일 교회에게도 자신을 따를 것을 요구했고 많은 독일 목회자들과 신학자들과 신자들이 그의 요구에 호응했습니다. 독일 교회는 히틀러를 독일이 당면한 모든 문제를 해결해줄 구세주로 떠받들었습니다. 독일의 경제난을 해결해주고(히틀러가 택한 경제난 해결책은 토목 사업―가령 그 유명한 고속도로인 아우토반 건설 사업―에 사람들을 값싼 노임을 주어 동원하는 것이었고, 청년 실업 해결책은 젊은이들을 독일군에 입대시키거나 군수 공장 노동자로 징발하는 것이었습니다) 제1차 세계대전 때 당한 패배를 되갚아주며 독일을 전 세계에 으뜸가는 민족으로 만들어줄 메시아가 히틀러라고 믿었습니다.[5] 그래서 독일 교회는 히틀러가 수행한 전쟁에 적극 동참했고 히틀러가 유대인들을 학살할 때도 예수 그리스도를 죽인 유대인에 대한 복수라며 적극 지지했습니다. 독일 전체가 독일이 가진 힘을 의지했고, 독일이 적이라고 규정한 이들이 비참하게 죽어가는데도 눈 하나 깜짝 하지 않았습니다. 틸리케 목사는 이런 모든 역사를 하늘에 계신 아버지를 철저히 무시한 채 아버지 이름을 높이지 아니한 행위, 아버지 나라가 이 땅에 임하기를 원한 게 아니라 인간 히틀러의 나라가 이 땅에 임하기를 바란 행위로 규정합니다. 독일 그리스도인들이 올리던 주기도는 그냥 쓸데없는 주문呪文이 되어버렸고 의미 없는 말이 되어버렸습니다. 이제 틸리케 목사는 자기 앞에 비참한 모습으로 앉아 있는 청중들에게 독일이 이 주기도를 얼마나 철저히 짓밟았는지 일깨워주면서 회개를 요구합니다.

그리고 틸리케 목사는 장차 그리스도인들이 어떤 길로 나아가야 하는지 일러줍니다. 그는 먼저 모든 그리스도인들이 아버지를 높이지 아니하고 자기를 높이라고 유혹하는 사탄에 맞서 인생 끝날까지 싸움을 벌여야 한다는 것을 일러줍니다. 그러면서 떡과 권세로 유혹한 마귀를 물리치시고 십자가를 향해 걸어가신 예수 그리스도를 따라가야 한다고 요구합니다. 더불어 틸리케 목사는 그리스도의 교회가 다시금 거듭나기를 소원하며 이렇게 기도합니다. "나는 기도합니다. 이 시대에 하나님의 부르심을 받은 예수의 교회가 달콤한 삶이나 꿈꾸는 곳이 되지 않기를 기도합니다. 나는 기도합니다. 교회가 저 잃어버린 자들에게 깊숙이 몸을 굽혀 그들을 보호해주는 어머니가 되기를 기도합니다. 나는 기도합니다. 교회가 권력을 쥔 자들의 영광을 흘낏흘낏 훔쳐보며 그 영광을 좇아가는 추종자가 되지 않기를 기도합니다. 나는 기도합니다. 교회가 증오와 복수가 판치는 이 세상 어디에서나 진정 사랑받는 위로의 기념비가 되기를 기도합니다.

하나님의 아들이 이런 세상을 구원하고자 도무지 이해할 수 없는 방식으로 죽임을 당하셨기 때문입니다."[6]

틸리케 목사가 이 설교를 한 지 70년이 다 되어갑니다. 그러나 이 설교는 시간과 공간을 뛰어넘어 오늘 한국의 상황에도 절절이 다가옵니다. 틸리케 목사가 요구하는 회개 그리고 떡과 권세에 마음을 두지 말고 그리스도의 십자가를 따라가라는 부르짖음은 오히려 오늘 한국의 그리스도인들과 교회를 향한 설교 같습니다. 틸리케 목사는 생전에 한국을 한 번도 방문하지 않았습니다. 세상을 떠나기 전에 한국 쪽에서 그를 초대하려 했으나 결국 그가 병환으로 하나님의 부르심을 받으면서 이 땅과 인연을 맺지 못했죠. 그러나 가슴 깊이 아려오는 그의 설교가 이렇게 책으로라도 우리에게 전해질 수 있으니 다행입니다. 우리 한국의 그리스도인들 역시 주기도를 그저 아무 생각 없이 달달 외우는 주문으로 전락시켜버리지는 않았는지 돌이켜 보았으면 합니다.

• 주

1. 그러나 다행히도 헬무트 틸리케를 자세히 소개하는 평전이 나와 있습니다. 살림출판사에서 펴낸 현대 신학자 평전 시리즈 가운데 헬무트 틸리케를 소개하는 평전이 있습니다.

2. 제2차 세계대전 당시 가장 많은 사람들이 숨진 나라는 소련이었습니다. 군인과 민간인을 합쳐 2천만 명이 목숨을 잃었습니다. 그 다음이 독일이었는데, 8백만 명에 이르는 민간인과 군인이 숨졌습니다.

3. 실제로 회개를 가리키는 그리스어 메타노에오에는 "지금까지 걸어온 잘못된 길을 돌이켜 바른 길로 되돌아가다"라는 뜻이 담겨 있습니다.

4. 히틀러가 이끄는 나치당은 1933년 2월에 총선에서 승리하여 집권하

고 히틀러는 총리가 되었습니다. 그리고 3월에는 의회가 가진 입법권을 없애버리고 히틀러에게 헌법도 무시할 수 있는 법률을 만들 수 있는 권한과 조약 체결권을 4년 동안 마음대로 행사할 수 있는 힘을 부여한 법률을 만듭니다. 이 법이 저 유명한 "민족과 국가의 위기를 제거하기 위한 법률Gesetz zur Behebung der Not von Volk und Reich"이며 보통 "수권법"이라고 부르는 법입니다. 히틀러에게 무시무시한 독재권을 부여한 이 법은 국가와 민족이 당면한 위기를 해결한다는 이름 아래 6년 임기를 가진 대통령을 체육관에서 선출하고, 이 대통령이 무제한 연임할 수 있게 하며, 대통령에게 국회의원 중 3분의 1을 임명할 권한을 주고 헌법을 뛰어넘어 개인의 기본권을 제약할 수 있는 긴급조치권을 주었던 1972년 박정희 유신 헌법과 비슷합니다. 히틀러는 이듬해인 1934년에 총통에 올라 명실상부한 독재자로 등극합니다.

5. 독일의 진실한 그리스도인들은 고백교회 공동체를 조직하고 이런 히틀러의 악행과 히틀러를 지지한 독일 교회의 거짓 복음에 맞섰습니다. 그들은 1934년 5월에 그들의 신학과 신앙을 밝힌 「바르멘 신학 선언Barmer Theologische Erklärung」을 발표했는데, 이 선언의 마지막 테제인 6조에는 이런 말이 들어있습니다.

> "교회가 누리는 자유의 기초인 교회의 사명은 그리스도를 대신하여 그리고 그리스도가 친히 하신 말씀과 일들을 섬기는 가운데 설교와 성례로 하나님이 값없이 베푸신 은혜를 모든 민족에게 선포하는 것이다. 우리는 마치 교회가 인간이 자기 주권을 행사하여 주가 하신 말씀과 일을 제멋대로 골라 뽑은 소원과 목적과 계획을 섬기는 일에 사용할 수 있는 것처럼 가르치는 거짓 가르침을 거부한다."

독일 교회는 히틀러와 나치가 이루려 하는 소원과 목적과 계획을 하나님의 소원과 목적과 계획으로 규정하고 이를 신학과 설교로 뒷받침하는 데 앞장섰습니다. 그러나 고백교회와 양심 있는 그리스도인들은 이것을 거짓 복음이라며 단호히 거부했습니다. 그렇게 거부한 사람

가운데 이 설교를 하는 헬무트 틸리케도 들어 있었습니다.

6. 헬무트 틸리케, 『세계를 부둥켜안은 기도』(박규태 옮김; 서울: 홍성사, 2008), 262-263.

알리스터 맥그라스의 『기독교 그 위험한 사상의 역사』

제가 번역을 시작한 뒤로 외국 저자 중 가장 많이 만난 저자가 바로 이 알리스터 맥그라스*Alister McGrath(1953-)* 교수입니다. 맥그라스 교수가 쓴 『종교개혁 시대의 영성*Roots that Refresh*』, 『기독교의 미래*The Future of Christianity*』, 그리고 『구속사로 본 핵심주석*NIV Bible Companion*』을 번역하고 만난 책이 이 책입니다. 이 책은 본디 제목이 『기독교의 위험한 사상*Christianity's Dangerous Idea*』입니다. 개신교 뿌리인 종교개혁부터 시작하여 오늘에 이르기까지 개신교의 밑바탕이 된 위험한(?) 사상, 곧 "누구나 성경을 읽고 해석할 수 있다"는 생각이 개신교 역사를 어떻게 형성해왔는지 살펴본 역사책입니다. 종교개혁은 바로 이 사상이 실천으로 나타났기에 가능했습니다. 부패한 로마가톨릭교회를 보면서 사람들은 그 교회가 가르치는 것이 과연 진리인지 의문을 품기 시작했고 교회가 가르치는 내용들이 정말 성경 속에 들어 있는지 알아내려 했습니다. 그래서 그들은 직접 히브리어/아람어 성경과 헬라어 성경을 붙들고 연구했습니다. 그리고 이 성경을 통해 로마가톨릭교회가 성경이 말씀하는 진리에서 많은 것을 더하거나 빼버렸다는 것을 알게 되었습니다. 가령 삼위 하나님이 값없이 이루어주신 구속으로 말미암아 모든 신자가 사제를 거치지 않고도 직접 하나님 앞에 나갈 수 있다는 진리는 빼버렸는가 하면, 연옥 교리와 교회의 가르침을 성경과 같은 반열에 두는 교리를 마음대로 추가했습니다. 개혁자들은 오직 성경만을 무기로 삼아 로마가톨릭교회에 맞섰고 결국 그들은 하나님 말씀인 성경만이 진리임을 믿는 교회의 밑바탕이 되었습니다. 이것이 개신교회의 출발점이었습니다.

그러나 이렇게 "누구나 성경을 읽고 해석할 수 있다"는 사상은 오직 성경을 그 바탕으로 삼는 교회를 탄생케 했지만, 다시 이 사상은 이런 개신교회를 갈라놓는 촉매제 역할을 했습니다. 같은 성경 말씀을 두고도 개혁자들 사이에 의견이 갈라졌습니다. 유아세례를 인정할 것인가, 성례 종류를 몇 가지나 인정할 것인가, 교회 정치 형태를 어떻게 할 것인가를 놓고 또다시 분열이 일어났죠. 이 바람에 개혁자들 사이에서도 심한 다툼이 일어났고 아예 개신교회가 여러 교파로 쪼개지는 일이 일어났습니다. 심지어 재세례파(재침례파) 같은 경우는 거의 이단처럼 취급받아 멸절 위기까지 내몰렸습니다. 애초에 "누구나 성경을 읽고 해석할 수 있다"는 사상은 성경이 말씀하는 진리를 다시 발견하게 하여 성경에 근거한 새 교회를 세우게 해주었습니다. 그러나 실제로 "누구나" 성경을 읽고 해석하는 바람에 여기저기서 중구난방으로 성경 해석이 터져나오다 보니, 새 교회를 낳게 했던 그 사상은 다툼과 분열을 통해 또 다시 새 교회들을 끊임없이 만들어내는 원인이 되고 말았죠.

하지만 이것은 필연일 것입니다. 성경 말씀은 모든 것을 망라하여 규정해주지 않습니다. 우리가 살아가는 상황은 성경이 말씀하는 시대 상황과 너무 다르고 이렇게 살아가는 상황도 제각각입니다. 이렇게 다양한 상황 속에 말씀을 적용하려 하면 자연히 말씀을 해석할 수밖에 없는데, 그 해석이란 것이 백 사람이면 백 사람, 천 사람이면 천 사람이 다 똑같을 수는 없는 일이죠. 자연히 해석을 둘러싼 논쟁과 갈등이 일어날 수밖에 없고 다툼이 생길 수밖에 없습니다. 여기서 사람들은 지혜를 짜냈습니다. 가능한 한 많은 이들을 한 울타리 안에 묶어둘 수 있는 성경 해석의 공통분모를 정리하여 이를 교회의 신앙고백으로 선포한 것이죠. 이리하여 성경 해석의 공통분모를 같이 하는 이들이 루터파면 루터파, 개혁파면 개혁파, 성공회면 성공회로 모이게 되었고 이들이 루터교회와 장로교회와 성공회로 발전해갔습니다.

성경 해석의 공통분모를 같이 하는 이들끼리 모인 것은 좋았지만, 문제는 그 다음이었습니다. 이들은 자신들이 정리한 공통분모를 각 교파의 교리로 내세우면서 이 교리를 그 교파에 속한 지체들에게 강제하기 시작했습니다. 한 교파 안에서 성경을 달리 해석하는 목소리가 나오지 않게 단속한 것이죠. 그러다 보니 성경을 활기차게 해석하는 움직임은 수그러들고 교리만을 강조하는 움직임이 나타났습니다. 다양성이 사라지고 획일성만이 자리하게 된 것이죠. 그러나 이렇게 한다고 "누구나 성경을 읽고 해석하는" 일이 사라지지는 않았습니다. 교리는 성경 해석의 공통분모였기 때문에 공통분모에 속하지 않은 영역에서는 여전히 논쟁과 갈등이 일어날 여지가 있었죠. 그리고 그 공통분모란 것이 신자들이 성경을 읽을 때 가질 수 있는 의문점을 모두 망라하지는 않았기 때문에 신자들이 많은 의문점을 발견하면 할수록 논쟁과 갈등이 일어날 가능성도 더 커질 수밖에 없었습니다.

결국 이런 논쟁과 갈등이 불거지면 각 교파는 두 가지 방향을 따라 문제를 해결했습니다. 하나는 그 교파가 내세운 성경 해석의 공통분모 범위를 확대하는 것이었습니다. 여성을 안수하여 목회자로 세울 수 있는가라는 문제가 불거졌을 때 몇몇 교파들이 여성 안수를 허용한 사례가 이에 해당한다 할 수 있습니다. 다른 하나는 분열과 새로운 교파의 탄생이었습니다. 사도행전 2장을 읽으며 오순절 성령 강림이 이 시대에도 일어날 수 있고 일어나야 한다고 해석했던 이들은 기존 교파와 결별하고 오순절파를 형성했습니다. 하지만 이후에도 교회 안에서는 여전히 성경 해석의 공통분모 범위를 확대하는 일 그리고 분열과 새로운 교회 탄생이 이어지고 있습니다. 이것 역시 "누구나 성경을 읽고 해석하는" 일이 계속 이어지고 있기 때문입니다. 이렇게 교회가 마치 끊임없이 세포 분열을 일으키는 유기체처럼 생명을 이어온 것은 결국 "누구나 성경을 읽고 해석할 수 있다"는 사상 때문이었습니다.

그렇다면 오늘 우리 한국 상황에서는 "누구나 성경을 읽고 해석할 수 있다"는 사상이 무슨 의미가 있을까요? 오늘날 한국 교회에 자리 잡은 교파는 거의 모두 외국에서 수입해온 것들입니다. 각 교파를 특징짓는 성경 해석의 공통분모들도 이미 오래전에 외국에서 다 결정된 것들이죠. 때문에 한국에서는 새삼 "누구나 성경을 읽고 해석할 수 있다"는 사상이 큰 의미를 가질 것 같지는 않습니다. 그렇지만 실상은 다릅니다. 성경이 모든 그리스도인의 삶과 행위를 규율하는 하나님 말씀이요 유일한 진리임을 믿는다 할 때, 우리나라 현실에서도 이 성경을 규준으로 삼아 과연 이것이 옳은지 그른지 짚어봐야 할 일들이 너무나 많기 때문입니다.

하지만 무엇보다 우리나라 현실에서 문제가 되는 것을 꼽으라면 저는 이렇게 말하고 싶습니다. "누구나 성경을 읽고 해석할 수 있는데, 누구나 성경을 읽고 해석하지 않는다." 이게 무슨 궤변이냐고 따지는 분들이 계실지 모르겠습니다만, 사실이 그렇습니다. 신자들의 삶을 들여다보면 목회자라는 이들에게 성경을 읽고 해석하는 짐을 넘겨버린 채 정말 편하게 사시는 분들이 많습니다. "세상 살아가기도 힘들고 고달픈데 언제 이 어려운 성경을 읽고 해석하란 말인가? 그런 일 하라고 목사, 강도사, 전도사 세워놓은 것 아닌가? 그런 사람들 보고 그런 일 하라고 우리가 헌금해서 매달 사례도 주는 거고! 다 그런 거 아닌가? 안 그래?" 이 말대로 하자면 목회자는 우리 대신 성경을 읽고 해석하여 그 내용을 우리에게 들려주고 그 대가로 사례를 받는 종교 서비스 제공자인 셈입니다.

하지만 이것이 우리 현실입니다. 다른 목회자들보다 훌륭한 해석을 들려주는 목회자는 훌륭한 종교 서비스 제공자가 되어 많은 고객들을 불러 모을 수 있게 되었고, 급기야 이렇게 많은 고객들을 불러 모은 종교 서비스 제공자는 자기 고유 브랜드를 갖게 되었으며, 지교회라는 이름으로 프랜차이즈점들을 거느리게 되었습니다. 이제 이런 목회자는 전 세계를 연결해주는 인터넷 덕분에 전 세계를 상대로 성경 해석 제공 서비스를 펼칠 수 있게 되었고 그의 성경 해석을 담은 설교는 특허 상품이 되어버렸습니다. 사람들은 이제 목회자가 성경을 해석하여 만들어낸 설교라는 상품 가운데 자기 마음에 드는 것을 얼마든지 골라잡을 수 있게 되었고 목회자의 설교는 종교 서비스 시장에 나온 상품이 되어버렸습니다. 인기 있는 상품에는 팬이 생기듯이, 목회자가 성경을 해석하여 만들어낸 설교에도 팬들이 따라붙게 되었습니다. 팬들 가운데에도 자기가 좋아하는 대상을 우상으로 떠받드는 이들이 있듯이, 특정 목회자의 설교를 우상처럼 떠받드는 이들이 생겨났습니다. 이제 사람들은 성경이라는 책이 있다는 것조차도 희미하게 기억합니다. 목회자가 강단에서 말씀을 띄워주는 스크린, 성경 말씀이 내장된 스마트폰이 성경인 줄 알다 보니, 성경을 구약 39권과 신약 27권을 모아놓은 책이 아니라, 성경은 곧 스크린, 성경은 곧 스마트폰으로 생각합니다.

이런 현상이 생기다 보니 이제는 더 두려운 일들이 벌어지고 있습니다. 첫째, 이제 신자들은 성경 해석으로 만들어낸 설교를 내다 파는 목회자가 그 설교 안에 넣지 말아야 할 첨가물(=애초에 성경이 전혀 말씀하지 아니한 것들, 거짓 말씀들)을 마구 집어넣어도 그런 첨가물들을 가려낼 수 없게 되었습니다. 목회자는 자기가 파는 상품을 처음부터 확실하게 각인시켜 많은 고객들을 끌어 모으려고 설교라는 상품에 처음부터 아주 강한 흥분 효과, 아주 강한 위로 효과를 발휘하는 첨가물을 집어넣습니다. 이 강한 흥분과 위로를 맛본 고객들은 그 아찔함에 취하여 그 뒤에도 이 목회자의 설교를 찾습니다. 그러다 결국은 성경이 본디 말씀하지 아니한 것들인데도 그것들을 성경이 본디 말씀한 것으로 여기며 믿어버립니다.

그런가 하면 둘째, 어떤 목회자는 자기 고객들이 아예 씹을 필요도 없이 술술 넘길 수 있도록 설교라는 음식을 잘게 쪼개는 것도 모자라 믹서로 분쇄하여 액체로 공급하거나 애초부터 부드럽게 소화할 수 있는 것만 골라줍니다(=고객이 아예 해석이라는 것을 할 여지가 없게 그리고 하나도 어려운 구석이 없게 말씀을 샅샅이 분해하고 해석하여 통째로 먹여주거나 고객이 어렵게 여길 만한 부분은 아예 설교하지 않는 것입니다). 그러다 보니 이제 이 목회자에게 설교를 공급받는 고객들의 치아는 도저히 딱딱한 것을 씹을 수 없는 치아로 퇴화해버립니다. 그들은 조금이라도 딱딱한 말씀이 주어지면 아예 씹지 못하니 받아먹지 못합니다. 누구나 성경을 읽고 누구나 성경을 해석할 수 있다는 것은 아무 음식(성경 말씀)이든 씹어 먹을 수 있고(읽고 깊이 생각하며 해석할 수 있고) 소화할 수 있다(그 말씀을 받아들여 삶으로 나타낼 수 있다)는 말인데, 치아가 딱딱한 것을 씹을 수 없게 되었으니 이제 그 고객이 먹을 수 있는 것은 한정될 수밖에 없습니다. 이제 이 고객을 기다리는 것은 영양실조와 그에 따른 죽음뿐입니다.

셋째, 목회자가 상표는 성경 구절을 붙여놓았는데 실은 완전 짝퉁인 음식을 내놓아도 그것이 진품인 줄 알고 기꺼이 받아먹는 일이 생깁니다.

성경 구절만 제시하고 성경이 전혀 말씀하지 않은 내용으로 설교를 가득 채워도 그 설교가 성경 말씀인 것으로 착각하며 받아들입니다. 이런 설교는 그리스도인을 독毒 가운데中 빠뜨려(=中毒) 죽이는 "그리스도인의 아편"일 뿐입니다. 오늘날 한국 교회는 "사람을 죽이는" 이런 아편을 "사람을 살리는" 약으로 알고 냉큼 받아먹습니다. 이제는 이런 일이 당연한 일이 되었습니다.

이렇게 이야기하면 "우리는 다 성경을 읽는데 무슨 소리를 하는 거요? 나는 성경을 백번이나 읽었소!"라고 항변하시는 분들이 계실지도 모르겠습니다. 그러나 성경을 "읽는" 것과 성경을 "읽고 해석하는" 것은 엄연히 다르다는 점을 유념해주셨으면 합니다. 해석은 말 그대로 말씀을 풀어 그 뜻을 밝히는 일입니다. 이 해석이 어떤 일인지 귀띔해주는 구절이 있습니다. 사도행전 17:11이 그것입니다. 이 구절은 바울과 실라가 전한 말씀을 받아들이던 베뢰아 사람들 모습을 전하면서 이들이 "간절한 마음으로[1] 말씀을 받아들이고 이것이 그러한가 하여 날마다 말씀을 상고詳考했다"(개역개정판)고 말합니다.

이 11절에서 말씀을 해석하는 모습을 표현하는 말로 볼 수 있는 말이 "상고하다"라는 말입니다. 이 말은 본디 그리스어 아나크리노인데, "모르는 것을 묻고, 미심쩍은 것을 더 캐묻고(법정에서 피고인을 신문하듯 캐묻는 것을 말합니다), 샅샅이 탐구하며, 검증하다"[2]라는 뜻입니다. 이 말에서 짐작할 수 있듯이 말씀의 뜻을 아주 샅샅이 파헤치는 것이 해석입니다. 우선 그 말씀에 들어 있는 낱말 뜻이 무엇인지, 그 말씀이 어떤 상황에서 나온 것인지 알아야 하고 앞뒤 문맥, 나아가 구약과 신약을 번갈아가며 그 말씀의 의미를 찾아내야 합니다. 그리고 그렇게 찾아낸 말씀의 의미가 옳은지 겸손하게 검증해봐야 합니다. 따라서 말씀 해석에는 앞서 그 말씀의 뜻을 밝혀놓았던 신앙 선배들이 남긴 글(책)을 참고하거나 그 말씀을 놓고 함께 탐구하는 지체들에게 물어서 깨달아가는 과정이 필요합니다. 그리고 반드시 자기가 깨달은 내용이 혹 잘못되지나 않았는지 여러 신앙 선배들이 남긴 자료를 참고하고 다른 지체들에게 물어 검증하는 일이 필요합니다. 종교개혁자들은 한 가지 좋은 해석 방법을 일러주었는데, 그것은 "성경에서 그 의미가 명확하지 않은 부분을 만나거든 성경에서 그 의미가 더 명확한 부분에 비추어 해석하라"는 것이었습니다. 이 가르침은 성경이 성경 자신을 충분히 설명하고 증명해준다는 믿음에서 나온 것인데, 이 믿음은 오늘날 우리가 성경을 읽고 해석할 때도 가져야 할 믿음이라고 생각합니다. 이처럼 해석은 수고가 필요하고 열심을 쏟아야 하며 시간이 걸리는 과정입니다. 때문에 성경을 "읽는" 것과 성경을 "읽고 해석하는" 것은 분명 다릅니다.

종교개혁 이전 로마가톨릭교회는 교회만이, 사제만이 그런 권리를 가진다고 주장했고 이런 주장을 확실하게 뒷받침할 요량으로 일반인들이 읽을 수 없는 라틴어 성경[3]을 가톨릭교회 공인 성경으로 내세웠습니다. 그러나 종교개혁자들은 라틴어로 번역해놓은 성경이 아니라 원문 성경에서 직접 자기나라 말로 성경을 번역했습니다. 루터가 독일어로 성경을 번역한 것(루터는 구약을 독일어로 번역하고자 나이 40에 일부러 히브리어를 배웠습니다)이나 영국이 영어로 성경을 번역한 것이 이런 사례에 해당합니다. 이렇게 성경을 번역해놓은 것은 모든 이가 "성경을 읽고 해석하게 하려는" 개혁자들의 노력이었습니다. 우리나라도 여러 한글 역본을 갖고 있습니다.

이처럼 모든 이가 "성경을 읽고 해석할 수 있는" 기본 환경이 마련되었는데도, 이 시대는 마치 종교개혁 이전에 로마가톨릭교회가 지배하던 시대처럼 "누구나 성경을 읽고 해석하지 않습니다." 오히려 신자들 스스로 성경을 읽고 해석하는 일은 무거운 짐이요 번거로운 일이라 여겨 목회자에게 떠맡겨버렸습니다. 그리고 마음 편히 이들이 제공해주는 해석의

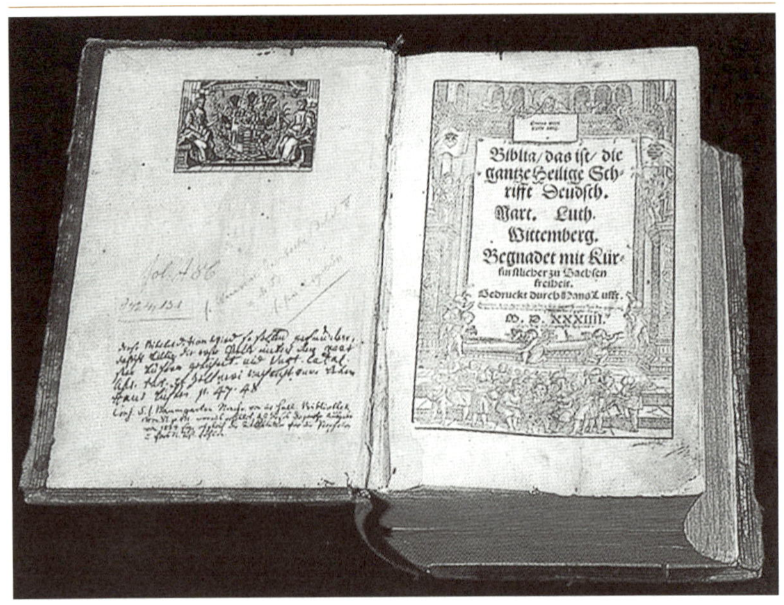

루터가 독일어로 번역한 성경전서 1534년판입니다. "성경/이것은 독일어 성경전서입니다"라는 말이 기록되어 있습니다.

열매만 받아먹고 있습니다. 종교개혁 정신을 이어받았다는 개신교회에서도 이런 일이 벌어지고 있습니다. 이것은 신자 스스로 말씀을 통해 하나님을 만날 수 있는 기회를 포기하는 것입니다. 신자 스스로 목회자라는 신종新種 사제를 거쳐 하나님을 만나겠다고 선언하는 것입니다. 이것은 십자가에 죽으심으로 지성소와 성소를 가로막았던 휘장을 갈라 이전에는 대제사장만이 1년에 한 번만 들어갈 수 있었던 지성소를 천하 만민에게 공개하신 예수 그리스도의 뜻을 거부하는 것입니다. 더 나아가 이 신종 사제요 설교라는 종교 상품 제공자가 되어버린 목회자가 성경에 들어 있지 않은 이상한 첨가물을 설교에 집어넣어도 가려내지 못하고 이 목회자가 아주 부드럽게 만들어 제공해주는 설교만 받아먹으며 성경 구절이라는 상표만 붙인 짝퉁 복음을 제공해도 열렬히 환영하는, 말 그대로 목회자가 주는 대로 받아먹을 수밖에 없는 노예가 되어버리는 것입니다.

맥그라스 교수는 "누구나 성경을 읽고 해석할 수 있다"는 명제가 살아 숨 쉴 때 개신교회도 살아 움직인다고 말합니다. 그렇다면 오늘날 한국 교회는 "누구나 성경을 읽고 해석하지 않으니" 죽어 있는 셈입니다. 생물이 죽으면 썩고 악취가 나며 온갖 악한 것이 들끓습니다. 한국 교회가 썩고 악취가 나며 본디 생물에는 있지 않은 악한 것들이 들끓는 이유도 교회가 죽어 있기 때문일 것입니다. 우리 교회가 아무리 호화로운 예배당을 짓고 파이프오르간으로 치장하며 세상에 그 위용을 과시해도 그 예배당은 결국 죽은 교회, 죽은 신자들을 포장해놓은 "회칠한 무덤"일 뿐입니다. 한국 교회가 살아날 길은 신자들이 깨어나 스스로 성경을 읽고 해석하는 길밖에 없습니다. 그것이 개신교 역사가 그리고 "누구나 성경을 읽고 해석할 수 있다"는 사상이 우리에게 주는 가르침입니다.

• 주

1. 여기서 "간절한 마음"으로 번역한 말은 그리스어로 프로뛰미아인데, 이 말이 본디 "준비된 마음, 열심"이라는 뜻을 가진 것을 생각한다면 "간절한 마음으로"보다 "준비된 마음으로 열심을 다해"로 번역하는 편이 나을 것 같습니다. Horst Balz/Gerhard Schneider(hrsg.), *Exegetisches Wörterbuch zum Neuen Testament III* (Stuttgart: W. Kohlhammer, 1983), 375.

2. 앞의 책, *I* (Stuttgart: W. Kohlhammer, 1980), 199.

3. 가톨릭교회가 공인 성경으로 인정한 라틴어 성경은 5세기 초에 히에로니무스가 히브리어/아람어 구약 성경과 그리스어 신약 성경 그리고 외경들을 그 시대 라틴어로 옮긴 성경이었습니다. 일반인들이 사용하

는 라틴어로 옮겼다 하여 이 성경에는 불가타Vulgata라는 이름이 붙었습니다. 그러나 종교개혁 당시 로마가톨릭교회가 사용한 불가타는 로마가톨릭교회의 교리에 맞게 성경 자체를 왜곡한 부분이 많았고, 개혁자들이 이를 비판하자, 결국 가톨릭교회도 이를 인정하고 왜곡한 부분을 바로 잡은 수정판을 내놓습니다.

고든 피의 『우리에게 능력 주시는 하나님의 임재』

이 시대 한국 교회에 필요한 가르침을 주는 책으로서 또 하나 소개하고 픈 책은 고든 피Gordon Donald Fee(1934-) 박사의 대표작이라고 할 수 있는『우 리에게 능력 주시는 하나님의 임재God's Empowering Presence』[1] 입니다. 고든 피 박사는 일반 신자들에게 깊이 있는 신학 훈련을 제공할 목적으로 1968년 에 세워진 캐나다 밴쿠버 리젠트Regent 칼리지에서 오랫동안 신약신학을 가르쳤다가 지금은 은퇴하여 이 대학 명예 교수로 있습니다. 이 책이 우 리에게 의미가 있는 이유는 두 가지 이유 때문입니다. 첫째는 고든 피 박 사 자신이 성령 체험을 중시하는 오순절파 목사이지만 그가 체험보다 성 경 말씀을 늘 우선시하기 때문입니다. 그는 이 책에서도 모든 체험과 현 상을 성경에 비추어 판단하고 분별해야 하며 체험을 말씀보다 우선시하 는 것은 잘못이라고 단언합니다. 둘째는 이 책이 성경 본문들을 상세히 해석하고 그 뜻을 밝힌 뒤 이런 결과들을 체계 있게 종합하여 일정한 원리로 가르쳐주기 때문입니다.

　우리나라 기독교 역사를 돌아보면 여러 가지 성령 운동이 있었고 성령 체험을 중시하는 교파가 그 나름대로 의미 있는 역할을 했습니다. 기독교 신앙이 메말라갈 때 성령 운동은 신앙에 활력을 불어넣고 교회를 자라가게 만드는 요인이 되기도 했습니다. 그러나 근래 한국 교회에서 벌어지는 여러 가지 성령 운동을 보면 걱정스러운 점들이 많습니다. 첫째로 성경 말씀보다 체험과 신비를 강조하는 성향이 있습니다. 우리 민족 자체가 이성보다 감성에 친숙하기 때문인지, 또 성정性情 자체가 조급하기 때문인지, 그리스도인들도 성경을 읽고 해석하여 자라가는 신앙을 추구하기보다 단번에 뭔가 화끈한 체험, 신비한 체험을 하고 싶어합니다. 그리고 뭔가 신비한 체험을 하면 그것을 자기 신앙의 토대로 삼아버립니다. 더 나아가 아예 이런 체험을 성경을 해석하는 기준으로 삼고 다른 이들의 신앙을 판단하는 기준으로 만들어버립니다. 말하자면 지극히 개인성을 가지는 체험을 무슨 보편 법칙이라도 되는 것처럼 여기는 것이죠. 이런 이들이 한 체험에 성경 말씀이라는 잣대를 들이대어 그 체험이 과연 합당한 것인지 분별하려 하면, 이들은 당장 "신비한 영의 세계를 모르는 자들이 함부로 성경이라는 문자와 지식에 의지하여 성령이 하시는 일을 판단하려 한다"고 반발합니다. 그러나 이들이 하는 이런 반발은 전혀 앞뒤가 맞지 않습니다. 왜냐하면 성경 자체가 단순한 문자가 아니라 하나님의 영에 감동한 저자들이 기록해놓은 하나님 말씀이기 때문입니다. 하나님이 한 가지 일을 놓고 두 말씀을 하시지 않는 분이라면 그분이 성경이 말씀하는 것과 다른 체험을 허락하실 리가 없기 때문입니다.

　둘째로 근래 벌어지는 성령 운동을 보면 예언이나 방언, 병 고침 같은 것들을 강조하는 경향이 강합니다. 물세례와 성령세례란 것을 구분하여 성령세례를 받아야만 진정한 그리스도인이라고 주장하는 이들은 성령세례를 받았다는 증거로 예언과 방언 그리고 병 고침 같은 것들을 듭니다. 그러면서 그리스도인이라면 이런 증거를 꼭 받아야 한다며 이런 것들에 매달립니다. 그러나 바울 사도는 고린도전서 12장에서 이것들이 삼위 하나님이 당신 뜻대로 (당신이 원하시는 대로) 나눠주시는 선물들 가운데 한 종류일 뿐이라고 단언합니다. 사도는 이외에도 하나님이 주시는 선물들이 여러 가지가 있는데 다 당신 뜻대로 이 사람에게는 이런 것을, 저 사람에게는 저런 것을 나누어주신다고 말합니다. 그러면서 이런 선물들은 어디까지나 그리스도의 몸인 교회를 세우고 지체들끼리 서로 섬기며 돌보게 하실 목적으로 주시는 것이지 결코 자랑하게 하거나 과시하게 하려고 주신 것이 아님을 분명하게 선언합니다. 그렇다면 방언과 예언을 해야만 참 그리스도인이라는 논리는 성립할 수 없습니다. 하나님이 택하신 백성 중에는 분명 당신 뜻에 따라 방언과 예언이 아니라 지혜와 지식을 선물로 받은 이도 있을 것이기 때문입니다.

셋째로 우리나라 성령 운동은 정말 중요한 것을 놓치고 있습니다. 성령이 이 땅에서 하나님 백성이 하나님 나라의 가치와 질서를, 하나님 나라의 윤리를 따라 살아가면서 세상이 추구하는 가치와 질서에 맞설 수 있는 능력을 부어주시는 인격자이심을 깨닫지 못하고 있다는 것이 그 증거입니다. 이를 잘 보여주는 예가 여러 성령 운동이 소위 이 세상의 부와 명예와 권세를 추구하는 번영 복음과 결합하여 나타난 현상입니다. 성령 체험을 부르짖은 많은 이들이 결국 신자들에게 외친 것은 "이 땅에서 성공하자", "이 땅에서 부와 권세와 명예를 누리자"인 경우가 많았습니다. 그리고 그렇게 외쳤던 많은 목회자들이 솔선수범하여 이 땅의 부와 권세와 명예를 추구하는 길로 달려갔습니다. 그 때문에 성령 운동은 타락한 성령 운동이 되어버렸고 변질되어버렸습니다. 이런 와중에 교회에 다니는 사람들이 늘어났다는 것은 그만큼 이런 거짓 복음인 번영 복음을 숭상하는 이들이 많아졌다는 증거일 것입니다(이 책 저자인 고든 피 박사 자신도 오순절파 출신입니다. 그러나 피 박사는 순수한 진짜 오순절 신앙은 번영 복음을 거부하며 번영 복음을 받아들이는 오순절파는 변질된 오순절이라고 단언합니다).

이렇게 여러 성령 운동에 걱정스러운 점들이 많은데도 교회들은 여전히 "성령, 성령!"을 외칩니다. 분명 우리는 성령을 훼방해서는 안 됩니다. 또 우리가 성령의 역사를 가로막는다고 해서 그분이 역사하지 못할 분도 아닙니다. 그분이 이뤄가시는 구속 사역, 그분이 완성해가시는 하나님 나라를 그 누가 막을 수 있겠습니까? 그러나 우리 교회들은 위에서 몇 가지만 열거한 문제점들을 바로잡거나 심각하게 고민하지 아니한 채 그저 "성령"을 외쳐댑니다. 장로교도 성령, 감리교도 성령, 침례교도 성령, 순복음도 성령, 심지어 가톨릭교회조차 성령을 외쳐댑니다. 지난 2천 년 교회사를 살펴보면 교회 분열이라는 아픔을 치료해보려고 수많은 사람들이 발 벗고 나서서 뛰었습니다. 그러나 이 아픔을 치료한 경우가 없었는데, 한국 교회는 아무도 이루지 못한 그 일을 순식간에 이루면서 성령교^{聖靈敎}로 통일되어버린 것 같은 생각이 듭니다.

그런데 이렇게 성령교로 통일되었다면, 그리고 많은 목회자와 신자들의 바람대로 성령이 이 나라 교회에 충만히 임했다면 하나님의 백성다운 거룩함이 나타나고 그리스도가 교회의 머리시라는 사실이 분명하게 나타나야 할 터인데, 왜 그런 모습을 찾아보기가 힘들까요? 이유는 간단합니다. 성령교가 추구하는 성령은 이 땅에서 우리가 부와 권세와 명예를 누리게 해주시는 성령이기 때문입니다. 대한민국 성령교가 그리스도인이 이 땅에서 부와 권세와 명예를 누리는 것이 곧 하나님의 뜻이라고 주장하는 번영 복음과 자연스럽게 한 몸이 된 것은 결코 우연이 아닙니다.

특별히 근래에 들어와 한국 교회에서 성령교를 따르며 성령을 외치는 많은 목회자들이 자주 쓰는 말이 "영향력"이라는 말입니다. 이들이 말

광야에서 사탄에게 시험을 받으시는 예수를 그린 12세기 모자이크. 이탈리아 베네치아 성聖 마가 성당에 있습니다. 이 사건은 예수가 세상을 이기신 방법이 오늘날 한국 성령교가 추구하는 부와 권세와 영향력이 아니었음을 분명하게 일러준 사건이었습니다.

하는 "영향력"은 쉽게 말하면 이 땅에서 누리는 권력을 말합니다. 이 권력은, 정치, 경제, 문화를 비롯하여 어느 분야에서 나타나든, 또 어떤 형태로 나타나든, 다른 사람이나 다른 집단보다 우월한 힘을 가리킵니다. 이런 목회자들은 그리스도인들이 이런 우월한 힘을 가져야 하나님께 영광을 돌릴 수 있고 하나님 나라를 이룰 수 있다고 주장합니다. 말하자면 그리스도인들이 우월한 벼슬, 우월한 재력, 우월한 명예를 가져야 하나님께 영광을 돌릴 수 있고 하나님 나라를 이룰 수 있다는 것이죠.

그러나 성경을 아무리 찾아봐도 그리스도인이 이런 우월한 힘을 가져야 하나님이 영광을 받으시고 하나님 나라를 이룰 수 있다고 말씀하는 곳은 한 군데도 찾을 수 없습니다. 도리어 참 하나님이시며 참 사람이신 예수 그리스도만 보더라도 사역을 시작하시기 전에 광야에서 사탄에게 시험을 받으실 때는 물론이요 또 십자가에서 돌아가심으로 사역을 끝마치실 때도 이런 우월한 힘이 아니라 세상이 도무지 이해할 수 없는 가장 약한 방법으로 하나님께 영광을 돌리고 하나님 나라를 세우셨습니다. 그리스도인이 영향력 내지 우월한 힘을 가져야 한다고 강조하는 성령교는 정치와 경제, 사회와 문화, 군사 분야 등에서 남보다 우월한 힘을 추구하고 그런 힘을 숭배하는 현대 사회가 만들어낸 신흥 종교이지 기독교가 아닙니다. 『삶으로 담아내는 십자가』에서 그리스도인들이 하나님의 심정을 품고 이 세태를 비판하는 선지자 정신을 가져야 한다고 주장했던 마이클 고먼 교수도 근래 내놓은 한 저서에서 세상 권력을 우상처럼 떠받드는 모습을 시민 종교라고 규정하면서, 이 시대 그리스도인은 이런 시민 종교에 맞서 하나님의 어린 양이신 예수 그리스도만을 예배하고 그분만을 증언해야 한다고 역설합니다.[2]

고든 피 박사가 내놓은 이 역작은 분량이 아주 방대하여(저자 자신도 이 책을 끝까지 다 읽을 사람들이 있을지 모르겠다고 책 속에서 걱정합니다) 그 특징을 몇 마디로 집약하기는 힘듭니다. 그러나 고든 피 박사가 강조하는 것 가운데 반드시 유념해 두어야 할 것이 몇 가지 있습니다. 첫째, 소위 영의 은사(와 모든 체험)는 반드시 성경에 비추어 판단하고 분별해야 한다는 것, 둘째, 은사는 다양하고 각양각색이며 어디까지나 하나님이 당신 주권을 따라 부어주시는 것이요 교회를 세우려고 부어주시는 것이라는 점, 그리고 셋째, 바울이 말하는 성령의 능력의 핵심은 이미 구원받은 하나님 백성들이 그리스도를 본받아 십자가를 지는 삶을 살아가게 하는 데 있었지, 육의 것을 누리게 하거나 일부 사람들이 오해하는 것처럼 예언이나 방언이나 병고침 같은 것을 행하게 하는 데 있지 않았다는 것입니다. 성령은 신자가 십자가를 지고 그리스도를 따라가게 하시는 분입니다. 오늘 한국 교회가 알고 있고 그 임재를 그렇게 갈망하는 성령이 과연 이 성령이실까요? 이 물음 앞에서 무거운 마음을 감출 수 없습니다.

• 주

1. 이 책은 본디 1994년에 미국 헨드릭슨Hendrickson 출판사에서 하드커
버로 펴냈습니다. 그러나 헨드릭슨은 2010년에 이 책 출판권을 미국
베이커Baker 출판사에 넘겼습니다. 때문에 현재는 베이커가 종이 표지
책으로 펴내고 있습니다. 책 내용은 변함이 없으나, 헨드릭슨 판에 실
려 있던 추천사 중 네 사람의 추천사가 빠지고 세 사람의 추천사만 실
려 있습니다.

2. Michael Gorman, *Reading Revelation Responsibly*(Eugene: Cascade, 2011),
xv-xvi. 시민 종교라는 말은 프랑스의 유명한 계몽 사상가인 장 자크
루소Jean Jacques Rousseau(1712-1778)가 그의 주저 『사회계약론』 4편 8장에
서 사용한 말로 한 국가의 시민이 공통으로 따르는 신념을 가리킵니
다. 세상에서 우월한 부와 권세와 명예를 가져야 한다고 주장하며 이
런 것들을 숭배하는 한국 성령교도 말하자면 이런 시민 종교라고 말
할 수 있겠습니다.

크레이그 블롬버그의
『가난하게도 마옵시고 부하게도 마옵소서』

이 책은 제가 번역을 마친 지 오랜 시간이 흘렀지만 여러 사정이 있어 이 글을 쓰는 시간까지 아직 책으로 나오지 못했습니다. 그래도 여기서 굳이 이 책을 번역하며 얻었던 가르침과 고민했던 생각을 조금이나마 적어보는 것은 나름대로 그만한 의미가 있는 책이었기 때문입니다. 크레이그 블롬버그Craig Blomberg는 이미 여러 번역서를 통해 우리나라에 알려져 있는 신학자입니다. 미국 덴버 신학대학원에서 가르치고 있는데, 성경과 현실을 오가며 성경이 말씀하는 것을 현실에 적용하려고 노력하는 학자입니다.[1] 그는 이 책에서도 성경과 현실을 부지런히 왕복하면서 성경이라는 대전제를 현실이라는 소전제에 적용하여 말씀에 합당한 그리스도인의 삶이라는 결과를 이끌어내려는 모습을 보여주었습니다. 이 책은 본디 제목이 *Neither Poverty Nor Riches*입니다. "나를 가난하게도 마옵시고 부하게도 마옵소서"라는 잠언의 기도(잠언 30:8)에서 가져온 것이 분명한 이 제목은 이 책이 말하는 내용을 그대로 압축하여 전달해줍니다. 하지만 이 책은 이 시대를 사는 우리 그리스도인들에게 상당한 찔림과 도전을 던집니다. 성경신학 책임이 분명한데도 책 마지막 장을 적용에 할애하면서 실제로 성경의 가르침을 실천하는 사례들을 소개하는데(저자 자신의 사례도 들어있습니다), 아마도 이 책이 나오면 한국 교회가 상당한 도전을 받지 않을까 하는 생각이 듭니다.

근래 우리나라 사회에서 큰 문제로 등장한 것이 점점 더 커져가는 빈부 격차와 빈부의 대물림 현상입니다. 이 문제는 단지 각 개인이나 가정이 어느 정도 경제력을 갖고 있느냐라는 차원에 머물지 않고 주거나 교육이나 의료나 문화 같은 영역에서 누리는 혜택에서도 큰 차이를 가져와 사람들 사이에 계급을 만드는 주된 요인이 되어버렸습니다. 이제 우리 사회에서는 강남과 강북이라는 말이 사회 계급을 상징하는 말이 되어버리고 학군이나 주거 종류가 역시 사회 계급을 나타내는 말이 되어버렸는데, 이렇게 된 근본 원인은 어찌 보면 빈부 격차와 빈부의 대물림 때문이 아닐까 합니다.

그러나 역사를 살펴보면 이 문제는 가벼이 생각할 문제가 아닙니다. 빈부 격차 때문에 생기는 계급 사이의 갈등은 반드시 혁명을 낳았기 때문입니다. 1789년에 일어난 프랑스 대혁명도 루소나 볼테르 같은 계몽 사상가들의 영향이 컸다고 말하지만, 사실은 프랑스 서민의 주식인 빵값이 폭등하면서 이 서민들이 프랑스 왕정에 맞선 정치범들이 갇혀있던 바스티유 감옥을 공격한 일이 그 발단이 되었습니다. 아무리 루이 16세와 왕비 마리 앙투아네트가 호사를 부리며 난잡한 사생활을 즐겨도[2] 귀족들과 성직자들이 아무리 민중을 착취하고 사치를 즐겨도 분노를 꾹꾹 참았던 서민들이 결국 빵조차 마음껏 먹을 수 없는 현실에 부닥치자 폭발하고 말았던 것입니다. 결국 왕과 왕비는 단두대에서 처형당하고 맙니다.

러시아 혁명도 마찬가지였습니다. 이미 1905년 1월 22일에 가난한 노
동자들과 농민들은 상트페테르부르크에 있는 차르Czar(러시아 황제)의 겨울

1789년 프랑스 혁명이 일어날 당시 프랑스 사회 현실을 풍자한 만화. 귀족과 관리, 성직자들(소위
1계급과 2계급)의 착취에 시달려 고통스러운 나날을 보내던 민중(3계급) 위에 기름지고 배부른
귀족과 관원들이 올라타 있습니다.

궁전(이곳은 이제 유명한 에르미타쥐 박물관이 되었습니다)에 몰려가 민생고를 해결해달라고 호소했지만, 그들에게 돌아온 것은 무자비한 살육이었습니다. 차르는 그들을 압제하는데도, 20만 명이 넘는 순박한 민중들은 도리어 하나님을 향해 차르를 구해달라는 노래를 부르며 자신들의 처지를 차르에게 호소하려고 궁전으로 다가갔지만, 그들을 기다린 것은 군대와 경찰이었습니다(피의 일요일 사건).[3] 니콜라이 2세(1868-1918, 재위 1894-1917)는 이 사건을 계기로 처음에는 강압 통치를 중단하고 서민들의 요구를 들어주는 척하다가 금세 더 민중을 강압하는 통치를 실시합니다. 그러나 민중의 불만과 분노는 누르면 누를수록 더 강한 폭발력을 가지는 법이지요. 결국 이 폭발력이 1917년 혁명으로 이어져 러시아를 사회주의 국가로 만드는 원인이 됩니다.

이런 역사를 보면, 마치 1989년부터 1991년에 걸쳐 소련과 동유럽이 무너지면서 자본주의가 승리를 거둔 것 같았지만, 어쩌면 그 뒤에 나타난 신자유주의로 말미암아 자본주의의 약점인 빈부 격차와 빈부의 대물림이 심해지면서 마르크스가 예언했던 사회주의 혁명[4]이 이제야 정말로 일어나는 것이 아닌가 하는 걱정이 생깁니다. 실제로 근래 유럽과 미국에서 일어나는 여러 시위와 항의들[5]은 이런 빈부 격차와 빈부의 대물림이 옳지 않은 사회 구조 때문이라는 인식에서 비롯되었다는 점에서 결코 쉽게 생각할 일이 아닙니다.

이 책도 빈부 격차와 빈부의 대물림이 사회 구조, 특히 "나만 잘 먹고 잘 살면 남이야 어찌 되든 상관없다"나 "빈부 차이는 개인의 능력 차이"라는 고약한 생각을 먹고 자라난 사회 구조, 부패와 부조리에 찌든 사회 구조 때문에 생겨난다는 점을 분명하게 지적합니다. 동시에 이 책은 하나님이 이렇게 빈부 격차와 빈부의 대물림을 낳는 사회 구조를 원하시지도 않고 악하게 보신다는 것을 구약과 신약 정경 그리고 심지어 외경까지 동원하여 논증합니다. 저자는 바로 이런 하나님의 시각에 기초하여 빈부 격차와 빈부의 대물림을 해소하는 것이 그리스도인이 할 일이라고 규정합니다.

그러나 저자는 각 사람이 모든 소유를 포기하고 다른 이들에게 모두 나누어 줌으로 빈부 격차를 해소하는 방향이 아니라, 모든 이가 "가난하지도 않고 부유하지도 않은 삶"을 지향하는 쪽으로 나아가야 한다고 생각합니다. 그는 이런 삶을 이뤄낼 수 있는 방법 중 하나로 그리스도인들에게 누진 십일조를 제안합니다. 우선 저자는 십일조라는 것을 자기 소득 가운데 10분의 1을 연보하는 개념으로 이해하기보다 그리스도인들이 하나님의 시각을 따라 하나님이 악하게 보시는 사회 내부의 빈부 격차와 빈부의 대물림을 해소하는 데 참여하는 활동으로 봅니다. 그리하여 그는 수입이 많은 사람은 수입 중 10분의 1이 아니라 10분의 2, 10분의 3, 10분의 4를 연보하고, 수입이 적은 사람은 수입 중 20분의 1, 30분의 1을 연보하는 것이 옳다고 주장합니다. 월수입이 가령 천만 원이 넘는 사람은 그중 이백만 원, 삼백만 원을 연보하여 하나님이 긍휼히 보시는 가난한 자들(여기서 가난한 자는 악한 사회 구조 때문에 가난할 수밖에 없는 자들을 말합니다. 저자는 오늘날 자본주의 사회에는 이런 이들이 아주 많다고 말합니다)을 교회가 돕게 해야 하며, 월수입이 백만 원, 이백만 원인 사람은 오만 원, 십만 원을 연보하는 것이 옳다고 말합니다. 이런 말을 들으면 소위 체면 유지비용 같은 것 때문에 "버는 만큼 써야 하는 게 한국 현실"이라고 항변하는 이들이 있을지 모릅니다. 이런 예상을 했기 때문인지 저자는 교수이자 저술가인 자신이 어떤 삶을 살아가는지, 그럼으로써 사회 내부의 빈부 격차와 빈부의 대물림을 해소하는 십일조 활동에 어떻게 참여하는지 소개합니다.

그는 유명한 학자요 사회에서도 명망이 있는 인물입니다. 그런데도 그가 소개하는 그의 생활 모습을 보면 어찌 보면 구차하다 싶을 정도입니다. 필요한 옷이나 가전제품 같은 것은 헌옷이나 중고제품을 구입하여 활용하고 외식 같은 것도 거의 하지 않으며 대출을 받아 자산을 늘려가는 행위(부동산 구입 같은 것)를 일체 하지 않는다고 합니다. 그렇게 자신과 가족은 철저히 아끼는 삶을 살면서 벌어들이는 수입 가운데 10분의 3, 10분의 4를 하나님이 악하게 보시는 사회 내부의 빈부 격차와 빈부의 대물림을 해소하는 십일조로 연보한다고 합니다(물론 그는 이런 연보에 아내와 다른 가족의 동의와 적극 참여가 있었다고 말합니다). 더불어 저자는 자신처럼 살아가는 이들이 모인 한 교회 공동체를 함께 소개합니다. 캘리포니아에 있는 이 교회는 기성 교회의 삶과 가르침에 회의를 느낀 이들이 나와 만든 공동체인데, 이 교회 지체들이 바로 이런 누진 십일조를 한다고 합니다. 이들은 이렇게 거둔 십일조로 지역 사회에서 살 집이 없거나 학비가 없어 고생하는 이웃들에게 거저 베풂으로써 사회 내부의 빈부 격차와 빈부의 대물림을 해소하는 활동을 펼쳐가고 있다고 합니다. 저자는 교회 안에서 이런 움직임이 더 활발하게 일어나야 한다고 호소합니다.

앞에서 말한 프랑스 대혁명이나 러시아 혁명에는 몇 가지 공통점이 있습니다. 그중 하나가 민중들이 비판한 부패 세력 가운데 소위 성직자들과 교회가 들어있었다는 것입니다. 실제로 프랑스 역사가 알베르 마티에가 『프랑스 혁명사』에서 증언한 내용을 보면 고위 성직자들이 얼마나 호사스럽고 문란한 생활을 했는지 알 수 있습니다.[6] 그런가 하면 러시아 혁명 때도 한때 러시아 정교회 성직자였던 신비주의자 그레고리 라스푸틴(1869-1916)이라는 요망한 인물이 황후인 알렉산드라의 총애를 등에 업고 온갖 문란한 행위를 저지르고 민중들에게 가혹한 세금을 거두어 자기 배를 채우다가 결국 처참한 최후를 맞았던 일이 있습니다.[7]

종교가 세상이 추구하는 가치, 세상이 얻고자 하는 권세나 돈이나 명예를 추구하는 길에 빠지는 순간 그 종교는 썩기 시작하고 세상의 소금이 될 수 없습니다. 사회가 썩어가는 것을 막아야 할 종교가 그 자신부터

1905년 1월 22일, "피의 일요일" 사건이 벌어지던 그날, 차르에게 민생고를 해결해달라고 탄원하러 차르 궁전으로 행진해가는 시위대. 이들이 가진 것은 이 깃발과 하나님께 차르를 지켜달라고 기도하는 찬송뿐이었지만, 궁전 앞에서 이들을 기다린 것은 굶주림에 지친 백성을 불쌍히 여기는 차르가 아니라 권력을 지키는 데만 급급한 차르의 군대와 경찰이 겨눈 총칼이었습니다.

썩기 시작한다면 종교가 존재할 의미는 사라지고 말 것입니다. 프랑스 혁명파가 혁명 뒤에 부패한 로마가톨릭을 몰아내고 이성을 숭배하는 종교를 만든 것이나 러시아 혁명 세력들이 러시아 정교회를 몰아낸 것은 썩어버린 종교를 향한 반감도 한 원인이 되었을 것입니다.[8] 빈부 격차가 커지고 빈부의 대물림이 생겨나 사회 내부에 계급이 생겨나기 시작하는 사회 구조는 분명 하나님이 보시기에 악한 것입니다. 이런 사회 구조는 그 사회가 썩어가기 시작했다는 분명한 경고일 수 있습니다. 그러나 이럴 때에 교회와 그리스도인들이 가진 자와 강한 자 편에 서서 부와 권세를 두둔하고 부와 권세를 얻는 데 앞장선다면 그것은 분명 가난한 자와 함께 우시고 약한 자와 함께 탄식하시는 하나님을 저버리는 일입니다. 이런 교회와 그리스도인은 하나님께 버림을 받고 말 것입니다.

블롬버그 교수에게 메일을 보냈습니다. 메일에서 한국 사회와 교회의 현실을 일부 알려주면서 그가 쓴 내용이 한국 교회에 큰 자극이 되었으면 한다는 소망을 이야기했습니다. 그랬더니 블롬버그 교수가 아주 재미난 답신을 보내왔습니다. 답신 말미에 이런 말이 적혀 있었습니다. "당신의 공동성명communiqué에 감사합니다!" 자신과 같은 뜻을 밝혀준 것이 고맙다는 뜻이었나 봅니다. 저와 제 가족 공동체의 삶도 블롬버그 교수와 교수의 가족 공동체의 삶처럼 더 열심히 이웃을 생각할 줄 아는 삶으로 바꿔가야겠다는 다짐을 해봅니다.

• 주

1. 직접 메일로 대화를 나눠보니 위트도 있고 활력이 넘치는 분이었습니다.

2. 프랑스의 유명한 역사가 알베르 마티에Albert Mathiez(1874-1932)는 그가 쓴 유명한 『프랑스 혁명사』 2장 서두에서 루이 16세가 얼마나 품위가 없는 인간이었는지, 왕비 마리의 사생활이 얼마나 난잡했는지 이야기해줍니다. 마티에는 마리가 "쾌락에 몸을 던졌다"고 말합니다.

3. 김학준, 『러시아 혁명사』(서울: 문학과 지성사, 1985), 185-190. 이 책 이외에 러시아 혁명을 이끌었던 사상들이 역사 속에서 어떻게 전개되었는지, 특히 러시아 공산주의와 기독교의 관계가 어떠했는지 살펴볼 수 있는 책으로는 러시아의 유명한 종교 사상가요 철학자인 니콜라이 베르자예프Nikolai Alexandrovich Berdyaev(1874-1948)가 쓴 『러시아 지성사』(이경식 옮김; 서울: 종로서적, 1980)가 있습니다.

4. 마르크스는 자본주의가 정점에 이르러 그 폐단이 극에 달할 때 이를 뒤집어엎는 사회주의 혁명이 일어난다고 말했습니다.

5. 미국 월가에서 일어난 자본주의 반대 시위, 영국과 독일에서 일어난
   학생들의 등록금 투쟁, 프랑스에서 일어난 빈민 청년들의 폭동이 그
   런 예입니다.

6. 알베르 마티에, 『프랑스 혁명사』(서울: 창작과 비평사, 1983), 11-14. 그
   는 여기서 고위 주교들이 교구에는 관심이 없고 오로지 자기 수입에
   만 관심이 있었으며, 정부情婦와 동거하는 주교들도 있었다고 말합
   니다.

7. 김학준, 『러시아 혁명사』, 382-387. 라스푸틴이 얼마나 음탕했던지
   황후는 물론이요 수많은 고관대작 부인들이 그와 간음한다는 소문이
   나돌 정도였고, 황제는 줏대 없이 이 요망한 인물의 농단에 놀아났습
   니다. 결국 펠릭스 유스포프를 비롯하여 이런 현실에 분개한 귀족들
   이 라스푸틴을 총으로 쏜 뒤 네바강의 차가운 얼음물에 집어넣어 죽
   이고 맙니다.

8. 그리스 문호 니코스 카잔차키스가 쓴 『러시아 기행』을 읽어보면, 공
   산 혁명 이후에 러시아 교회들이 문을 닫았는데도 러시아 민중들의
   마음에는 여전히 신앙심이 살아 있었다는 대목이 나옵니다. 신앙은
   건물이나 제도 속에 있는 것이 아니라 인간 중심에 자리해 있음을 알
   수 있습니다.

앨런 스팁스의 『이 큰 구원을 보라』

마태의 법칙이란 것이 있습니다. 본디 이 법칙은 과학자들 세계에서 일어나는 어떤 현상에 붙인 이름입니다. 가령 A라는 학자가 있다고 해봅시다. 이 학자가 X라는 논문을 발표했는데, 이 논문이 학계뿐 아니라 언론에서도 큰 주목을 받습니다. 그 바람에 A라는 학자는 일약 스타가 됩니다. 그런데 같은 분야에서 일하는 B라는 학자가 있습니다. 이 B도 어느 날 아주 탁월한 논문인 Y를 발표합니다. 실상 학계에서는 이 Y가 X보다 더 뛰어난 논문이라고 인정했는데, 이상하게도 학계에서나 언론에서는 이 Y를 주목하지 않았습니다. 그런데 조금 시간이 흘러 A가 또 다른 논문을 발표했는데, 이번에는 지난번에 발표한 X보다 훨씬 떨어지는 논문을 발표했습니다. 한데 희한하게도 이 후속 논문 역시 학자들로부터 주목을 받고 언론에서도 계속 띄워주는 바람에 유명세를 탑니다. 그런가 하면 B는 오히려 지난번에 발표한 Y보다 더 뛰어난 논문을 발표하는데도 이 논문에 아무도 관심을 기울이지 않습니다. 이처럼 논문의 질을 떠나 일단 유명세를 탄 학자는 그 뒤에 그 질이 떨어지는 논문이나 책을 내놓아도 계속 주목을 받지만, 아무리 훌륭한 실력이 있어도 애초에 주목을 받지 못한 학자는 그 뒤에 계속 뛰어난 논문을 내놓아도 역시 주목을 받지 못한 채 역사 뒤편으로 사라진다 합니다.

이런 현상을 발견한 과학사 연구자들은 이 현상이 흡사 마태복음 13장과 25장에서 예수가 말씀하신 명제, 곧 "있는 자는 받아 넉넉해지지만 없는 자는 그나마 있는 것조차도 빼앗기리라"(마태복음 13:12, 25:29)와 흡사하다 하여 이 현상에 마태의 법칙이라는 이름을 붙였습니다. 경제 현상에서도 이런 법칙을 발견할 수 있는데, 부익부 빈익빈, 곧 "부자는 더 부자가 되고 가난한 자는 더 가난해진다"는 현상이 바로 그런 예입니다. 하지만 이 마태의 법칙은 어쩌면 신학자의 세계, 저술가의 세계에서도 통용되는 법칙이 아닌가 하는 생각이 듭니다. 독자들은 이미 이름난 신학자나 저술가에게만 주목합니다. 이름난 학교를 나오거나 화려한 경력을 가진 사람에게만 관심을 기울입니다. 때문에 실제로 이들이 정말 그런 명성을 얻을 만한 실속을 가졌는가를 따지지 않은 채 그저 유명세만 믿고 그 사람을 주목하며 그 사람이 쓴 책을 구입합니다. 이들이 정말 성실하게 자기 힘으로 그 책을 썼는가는 문제 삼지 않고, 이들이 그럴싸하게 포장하여 세상에 내놓은 화려한 수사와 알량한 말잔치에 마음을 내줍니다. 그러다 보니 마땅히 이미 주목했어야 할 사람인데도 주목 한 번 받지 못하고 역사 속으로 사라져간 사람들이 많습니다. 앨런 스팁스Alan Marshall Stibbs(1901-1971)도 그런 사람 가운데 하나입니다.

스팁스는 우리나라 사람들이 열렬히 환호하는 마틴 로이드 존스와 더불어 제2차 세계대전 이후 영국 복음주의를 성경을 하나님 말씀으로 확고하게 믿는 복음주의로 되돌려놓는 데 큰 공을 세운 사람입니다. 그는

잉글랜드 성공회의 본산인 캔터베리Canturbury 대성당. 1890년에서 1900년 사이에 찍은 사진입니다. 스팁스는, 독립교회를 택한 동지이자 친구인 로이드 존스와 달리, 성공회에 남아 성공회가 종교개혁 정신을 지키는 교회로 나아가도록 이끄는 데 힘썼습니다.

신학자요 성공회 사제였으며 선교사였고 목회자를 양성한 신학교 교수였습니다. 케임브리지 대학에서 고전학과 신학을 공부한 스팁스는 본디 중국 내지內地 선교회 선교사로 봉사했지만 병을 얻어 고국인 영국으로 돌아온 후 성공회 목회자들을 길러내는 오크힐Oak Hill 신학교에서 평생을 교수로 봉사했습니다.

그러나 그는 오크힐이라는 신학교 울타리 안에만 머물지 않았습니다. 마틴 로이드 존스와 함께 "웨스트민스터 동지회"를 조직하여 복음주의 목회자들이 성경을 올바로 가르치도록 이끌었는가 하면, 올 소울즈All Souls에서 성직자들을 상대로 성경을 하나님 말씀으로 확고히 믿으며 올바로 강해하는 길을 지도하기도 했습니다. 그는 또 IVF 활동에도 참여하여 IVF 부총재까지 역임했으며, 저 유명한 케임브리지 대학의 틴들 하우스Tyndale

House(신학자들이 숙식하며 신학 연구 활동을 펼 수 있게 마련해놓은 곳입니다)와 런던 바이블 칼리지 설립을 주도하기도 했습니다. 그에게 가르침을 받은 인물 중에는 저 유명한 존 스토트John Stott(1921-2011)와 제임스 패커James Packer(1926-)도 들어 있습니다. 그는 이 모든 과정에서 로이드 존스와 한 몸처럼 협력했습니다. 그런데도 사실 우리는 로이드 존스는 잘 알지만 스팁스는 잘 모릅니다. 몇 가지 이유가 있을 것입니다. 우선 스팁스는 많은 책을 쓰지 않았습니다. 그리고 자신을 잘 드러내려고 하지 않았습니다(가령 로이드 존스가 모임 회장을 맡으면 스팁스는 서기를 맡는 식으로 활동하곤 했습니다). 어떤 모임이 있어도 늘 조용히 구석에 있는 편을 좋아했다고 합니다. 또 로이드 존스는 성공회와 결별하고 독립교회인 웨스트민스터 채플에서 설교자로 봉사했지만, 스팁스는 성공회를 떠나지 않고 신학교 안에서 성경을 바로 가르칠 목회자를 양성하는 데 많은 시간을 보냈습니다. 자연히 세상 이목은 로이드 존스를 더 주목했고 스팁스는 로이드 존스의 그림자에 가리는 사람이 되었습니다.

그러나 한 후학後學이 스팁스가 쓴 글들을 모아 엮어놓은 이 책을 보면 스팁스가 얼마나 확신에 찬 신학자였으며 신앙인이었는지, 그가 얼마나 시대를 올바로 분별하고 이 시대 그리스도인들이 걸어갈 길을 올바로 제시한 사람이었는지 잘 알 수 있습니다. 이 책에는 스팁스가 쓴 글 열여덟 편이 담겨 있습니다. 그 가운데 특별히 저는 우리 한국 교회의 상황과 관련하여 열다섯째 글인 "교회를 진지하게 생각함"을 잠깐 이야기해보고 싶습니다. 이 글은 이 책에 있는 글 가운데 짧은 글에 속합니다. 그러나 이 글이 던지는 메시지는 다른 글 못지않게 묵직하고 무겁습니다. 스팁스는 오늘날 많은 성직자들이 사람들, 특히 젊은이들이 교회를 진지하게 생각하지 않는다고(=교회를 우습게 알고 비판한다고) 말하지만, 실상은 교회를 진지하게 생각하지 않는 것이 아니라 성직자들(목회자들)을 진지하게 생각하지 않는 것이라고 따끔하게 꼬집습니다.

스팁스는 성직자들이 그런 대우를 받게 된 이유를 이렇게 제시합니다. 첫째, 성직자들 자신부터 사도들이 전해준 복음을 신실히 선포하지 않고 하나님의 영감으로 기록된 권위 있는 하나님 말씀을 열심히 가르치길 포기했기 때문입니다. 둘째, 성직자들이 자신들이 회중을 섬기도록 부르심을 받았다는 것을 잊어버린 채 오히려 자신들을 높임을 받아야 할 존재로 여기게 되었기 때문입니다. 스팁스는 이 때문에 교회가 모든 신자들이 그리스도 안에서 참된 성숙을 이뤄가며 참된 평등을 이뤄가는 한 몸이 될 수 없게 되었고 한 몸으로서 사귐을 갖지 못하는 공동체가 되어버렸다고 탄식합니다. 스팁스가 제시한 이유들은 사실 당시 영국 교회의 독특한 상황에서 나왔습니다만,[1] 그가 말한 이유들 자체는 오늘 한국 교회와 한국 목회자들도 곱씹어볼 필요가 있습니다.

오늘 한국 교회는 기독교더러 "개독교"라 부르고 목사를 "먹사"라 부르는 상황을 바라보며 억울해하고 분개합니다. 그러나 솔직히 말하지만 스팁스가 영국 교회 성직자들이 신자들과 일반인들로부터 진지한 대우를 받지 못하는 이유로 제시한 것들은 오늘 우리 한국 교회의 많은 목회자들에게도 그대로 적용됩니다. 우선 한국 교회 목회자들은 복음을 신실하게 선포하지 않았습니다. 세상의 부와 권세 같은 것을 복음으로 추앙하는 번영 복음 같은 거짓 복음을 참 복음이라 전했고 그 삶 역시 거짓 복음을 쫓는 삶을 살았습니다. 스팁스는 생각 있는 신자들이 교회에서는 더 이상 들을 것이 없다 하여 교회를 떠나는 이유가 참 복음을 들을 수 없기 때문이라고 말하는데, 과연 그렇습니다. 한국 교회도 성경이 말씀하는 대로 복음을 전하지 않습니다. 그것은 목회자들 자신부터 성경을 확신하지 못하기 때문이요 이 말씀을 하나님 말씀으로 여기지 않기 때문입니다. 성경을 하나님 말씀으로 여긴다면 "회칠한 무덤"이라는 예수의 말씀 한마디에도 소름이 돋고 겁을 냈을 텐데, 이미 이 나라 교회와 목회자들은 이런 말씀에 무덤덤해진 지가 오래되었습니다. 그런가 하면 한국 교회 목회자들도 자신이 섬기는 자가 아니라 높임을 받아야 할 자로 여깁니다. 그 목이 뻣뻣함은 예수 그리스도가 이 땅에 계실 때에 그분이 책망하신 바리새인과 대제사장을 능가합니다. 한국 교회 목회자들이 어떤 모양으로 자기를 높이라고 신자들에게 요구하는지 일일이 열거할 수 없을 정도입니다. 오늘날 많은 사람들이 이 나라 목회자를 진지하게 생각하지 않는 이유는 바로 이런 이유 때문입니다. 사람들은 바로 이런 이유 때문에 목회자를 비판합니다. 스팁스 말대로 비판을 받는 것은 분명 예수 그리스도와 그분의 몸인 교회가 아니라 바로 목회자들입니다.

비록 단편들을 모아놓은 책이지만, 이 책을 번역할 때 제 마음에는 큰 울림이 있었습니다. 특히 이 책을 읽어보면 성공회 내부에서 벌어진 전례 논쟁과 신학 논쟁도 일부 알 수 있어서 우리에겐 생소한 성공회의 모습을 살펴보는 데도 도움이 됩니다. 그러나 무엇보다도 현대 서양 신학계에서는 좀처럼 찾아보기 힘든 든든한 믿음과 확신에 찬 신학을 읽을 수 있다는 것이 이 책의 매력입니다. 저는 이제 스팁스가 마태의 법칙이라는 굴레에서 벗어나 최소한 그가 쓴 글만이라도 제 평가를 받을 수 있기를 간절히 바랍니다. 스팁스는 뇌종양으로 세상을 떠났습니다. 세상을 떠나기 전, 그는 자기 후배들에게 "오직 그리스도만을 굳게 붙드십시오!"라는 유언을 남겼습니다. 그런데 작년에 세상을 떠난 스팁스의 제자 존 스토트 역시 늘 이 말을 사람들에게 권면했다고 합니다.[2] 그들이 후배들에게 사랑과 존경을 받는 이유는 말뿐이 아니라 삶으로 오직 그리스도만을 붙들었기 때문이겠죠. 고급 양복과 허울 좋은 가짜 학위와 빛나는 외제 승용차와 썩어 없어질 재산과 순간의 육욕과 세상 어느 누구도 인정해주지 않는 갖가지 감투만을 붙들려는 이 땅의 목회자들은 이 땅을 떠날 때 어떤 유언을 남길까요? 그런 목사 중 하나인 저도 두려운 마음뿐입니다.

- • 주

1. 첫 번째 이유는 성경을 하나님 말씀으로 믿지 않는 역사비평이 영국의 신학 교육을 점령한 상황을 염두에 둔 것이었고, 두 번째 이유는 로마가톨릭교회를 본받아 성직자 중심의 예전과 교회법으로 돌아가려는 성공회 내부의 흐름을 염두에 둔 것이었습니다.

2. 『존 스토트, 우리의 친구』(서울: 한국기독학생회출판부, 2011), 281-286을 읽어보십시오.

독자 여러분을 배웅하며

부족한 이야기들을 읽어주셔서 감사합니다. 어찌 보면 두서없는 이야기들입니다. 공연히 비싼 종이만 축내고 독자 여러분의 아까운 시간만 빼앗은 것 같아 송구스럽습니다. 하지만 혹여 한 가지라도 유익한 구석이 있었다면 그것으로 부족한 이 지은이를 너그러이 이해해주시길 부탁드립니다. 이 이야기는 시작입니다. 앞으로는 정말 마음먹고 글을 쓰게 될지도 모르겠습니다. 정말 하고 싶은 이야기, 쓰고 싶은 글이 많답니다. 어쨌든 이 부족한 이야기들을 책으로 낼 수 있게 해주신 새물결플러스 대표 김요한 목사님, 책을 편집하시며 많은 조언과 도움을 주신 정모세 편집장님 그리고 새물결플러스의 여러 지체들께 이 자리를 빌려 감사 말씀을 드립니다. 삼위 하나님이 주시는 정의와 평강이 이 땅에 임하길 기도하며 부족한 이야기를 마칩니다. 감사합니다.

번역과 반역의 갈래에서
어느 번역가의 인문이 담긴 영성 이야기

Copyright ⓒ 박규태 2012

2쇄 발행   2102년 10월 18일

지 은 이   박규태

펴 낸 이   김요한
펴 낸 곳   새물결플러스
편   집   정모세·정인철·최율리·이지형
디 자 인   엔터디자인
마 케 팅   오현숙
총   무   윤미라

홈페이지   www.hwpbooks.com
이 메 일   hwpbooks@hwpbooks.com
출판등록   2008년 8월 21일 제2008-24호
주   소   (우) 158-718 서울특별시 양천구 목1동 923-14 현대드림타워 920호
전   화   02) 2652-3161
팩   스   02) 2652-3191

ISBN 978-89-94752-23-5   03230

책값은 뒤표지에 있습니다.